KB245301

한국 기독교를 빛낸 사람들

- 신信·효孝·충忠의 아름다운 삶을 위한 성찰 -

한국 기독교를 빛낸 사람들

- 신信·효孝·충忠의 아름다운 삶을 위한 성찰 -

최성규 감수

김덕균 지음

다른생각

국립중앙도서관 출판예정도서목록(CIP)

한국 기독교를 빛낸 사람들 : 신(信)·효(孝)·충(忠)의 아
름다운 삶을 위한 성찰 / 지은이: 김덕균. ― 서울 : 다른생
각, 2016
    p. ;   cm

감수: 최성규
ISBN 978-89-92486-24-8 03230 : ₩13000

한국 기독교 인물사[韓國基督敎人物史]

230.99-KDC6
230.092-DDC23   CIP2016011105

한국 기독교를 빛낸 사람들
－신(信)·효(孝)·충(忠)의 아름다운 삶을 위한 성찰－

초판 1쇄 인쇄 2016년 4월 20일
초판 1쇄 발행 2016년 4월 30일

지은이 김덕균
감수자 최성규
펴낸이 이재연
표지·본문 디자인 박정미
펴낸 곳 다른생각

주소 서울 종로구 창덕궁 3길 3 302호
전화 02) 3471-5622
팩스 02) 395-8327
이메일 darunbooks@naver.com
등록 제300-2002-252호(2002. 11. 1)

ISBN 978-89-92486-24-8 03230
값 13,000원

*잘못된 책은 구입하신 서점이나 저희 출판사에서 바꿔드립니다.

감수의 글

1912년 4월, 뉴욕항을 향하여 출항한 영국의 호화 여객선이 있었습니다. 뉴펀들랜드 남방을 지나던 중 이 여객선은 "쿵!" 하는 소리와 함께 침몰하기 시작했습니다. 그만 빙산에 충돌한 것입니다. 그것은 바로 1500여 명의 사망자를 낸 타이타닉호입니다. 이 비극적인 사건을 전하는 기사는 전 세계로 타전되었습니다. 기울어져 침몰하는 사진과 더불어 전송된 기사는 세계를 경악시켰습니다. 당시 최고의 기술을 자랑하며 만든 호화 여객선이 대자연 앞에 힘없이 무너지는 장면이었습니다. 위대한 인간의 기술이 더 위대한 자연 앞에 무릎 꿇는 순간이었습니다. 여기서 우리는 세 가지 교훈을 얻습니다.

첫째, 하나님과 하나님이 만드신 자연 앞에 겸손해야 할 '신앙심'을 가져야 한다는 것입니다. 우주 만물을 만드신 하나님 앞에 인간은 한없이 나약한 존재입니다. 한순간 인간의 오만함은 자연을 정복하려고 했습니다. 실제로 정복하기도 했습니다. 인간의 힘 앞에 불가능은 없는 것처럼 보였습니다. 하지만 하나님이 만드신 자연 앞에 속수무책일 때가 많습니다. 인간은 하나님이 만드신 자연과 화해하고 하모니(조화)해야 할 이유입니다. 자연은 정복의 대상이 아닌 하모니의 대상입니다. 그것은 곧 하나님과의 하모니입니다. 여기서 우리는 하나님의 창조 질서와 원리를 존중하며, 하나님을 섬기는 겸손한 자세를 배워야 합니다. 바르고 겸손한 '신앙심' 훈련입니다.

둘째, 인간관계 속에서의 사랑과 공경, 곧 '효심'입니다. 침몰하는 타이타닉호의 선상에는 아기를 품에 안은 여인이 있었습니다. 당황해서 이리 뛰고 저리 뛰는 아비규환의 긴박한 상황에서도 여인은 무엇보다 아기의 목숨을 소중히 여겼습니다. 어머니의 자녀 사랑은 이렇듯 숭고합니다. 이런 어머니와 아이를 위해 절체절명의 상황에서도 조난자들이 구조선의 자리를 양보하는 장면은 모든 사람들에게 진한 감동을 주었습니다. 부모님의 사랑은 이렇게 지극합니다. 이제 그 사랑은 자녀가 갚아야 합니다. 그것은 당연한 인간의 도리입니다. 동양에서는 '부자자효(父慈子孝)'라고 합니다. 성경에서는 "네 부모를 공경하라. 이것이 약속 있는 첫 계명이다."라고 했습니다. 인간은 누구나 부모에게서 태어납니다. 그리고 사랑을 받습니다. 자식은 부모에게 사랑의 빚을 진 자들입니다. 빚을 지면 갚아야 합니다. 받은 은혜를 갚아야 합니다. '보은(報恩)'입니다. 사랑을 받은 사람은 누구나 갚아야 할 의무로서 '효심'을 지녀야 합니다.

셋째, 개개인의 이익보다 공동체의 이익을 먼저 생각하고, 개인과 가정과 교회의 이익보다 국가의 이익을 우선시하는 '애국심'입니다. 타이타닉호가 파선하고 침몰하는 동안 배 안에는 음악이 흘렀습니다. 배가 침몰하고 있는 긴박한 순간에도 악사들은 쉬지 않고 음악을 연주했다고 많은 생존자들이 증언합니다. 당황한 승객들을 진정시키고자 음악 연주를 쉬지 않았던 것입니다. 당시 이 배의 음악을 지도하고 직접 바이올린을 연주한 사람은 잉글랜드 랭커셔의 작은 동네인 코른에서 감리교 신자로 성장했습니다. 그들은 침몰하는 선상에서 〈예부터 도움 되시고〉(찬송가 438장)와 〈내 주를 가까이〉(찬송가 364장)를 연주하며 놀란 이들의 마음을 진정시키려 했습니다. 개인보다 공동체를 먼저 생각한 마음입니다. 공동체 없는 개인은 있을 수 없습니다. 나라 없는 가정이나 직장은 생각할 수 없습니다. 무엇보다 공동체와 나라를 우선하는 마음, 곧 '애국심'이 중요하다는 것입니다.

신앙심, 효심, 애국심. 이 세 가지를 저는 '삼심(三心)'이라고 부릅니다. 하나님 섬김, 부모·어른·스승 공경, 어린이·청소년·제자 사랑, 가족 사랑, 나라 사랑, 자연·환경 사랑, 이웃 사랑·인류 봉사 등 일곱 가지 효의 실천 항목, 즉 7효를 셋으로 종합하면 신앙심, 효심, 애국심입니다.

이 '삼심'으로 나라와 민족을 바로 세운 사람들이 있습니다. 풍전등화의 위기에 처한 조국을 살린 분들입니다. 격동기의 근·현대 시기에 이 나라를 세운 기독교 지도자들입니다. 그들에게는 한결같이 하나님을 섬기고, 부모와 어른을 공경하고, 나라를 사랑하는 마음이 있었습니다. '삼심'이 개인과 가정, 사회와 교회, 나라와 민족을 다시 세운 원동력이었습니다. 그들의 '삼심'은 개인의 구원만이 아닌 사회 구원·나라 구원을 이룬 '구국'(救國)운동으로 확장되었습니다. 그들은 사익(私益)보다 공익(公益)을 앞세운 사람들입니다. 때로는 개인·가정·교회보다 나라를 먼저 생각한 사람들입니다. 나라가 어려울 때 어떻게 하는 것이 참된 도리인지에 대해 그들은 큰 교훈을 줍니다.

덕분에 우리는 독립된 나라, 자유와 평화가 있는 나라, 잘 사는 나라, 행복한 나라에서 살고 있습니다. 그들이 지니고 살았던 세 가지 마음은 앞으로도 계속되어야 합니다. 다가올 미래 세대를 위해 '삼심'은 계승되어야 합니다. 그것은 우리 세대의 책임이자 의무입니다.

부족하지만 저는 "하나님 먼저, 너 먼저, 그리고 나" 또 "성도의 기쁨은 나의 기쁨"이라는 목회 방침을 갖고 지금까지 강단에 섰습니다. 역시 그 이면에는 '삼심'이 있습니다. 이 일을 위해 『효와 복지신문』도 만들었습니다. 우리가 추구해야 할 복지사회는 서양과는 다른 한국형 복지사회이어야 합니다. '효와 복지'가 하모니하는 형태가 한국형 복지입니다. 한국형 복지사회의 정신은 '삼심'에 있습니다. '신앙심'·'효심'·'애국심'이 기반입니다.

마침 뜻을 같이하는 성산효대학원대학교의 김덕균 교수가 한국 근·현대사 속의 인물들을 연구하면서, 그들 마음속에 '삼심'이 공통적으로 들어 있음을 확인했습니다. 그리고 그들 한 사람씩 정리한 글들을 『효와 복지신문』에 연재했습니다. 그런 가운데 호남의 어느 대학에서는 신문에 실린 그 지역 선조의 위대한 업적(삼심)을 전교생에게 알리겠다며 사용을 허락해 달라는 요청도 있었습니다. 몇몇 애독자들은 근·현대사 정신(삼심)의 중요한 사실들을 알게 해줘서 고맙다며 크게 격려해 주었습니다.

이에 그동안 발표된 자료를 모아 단행본으로 출간하겠다는 김 교수로부터 감수와 함께 추천사를 써달라는 부탁을 받고 흔쾌히 수락했습니다. 그간 효 운동을 하며 세계 유일의 효 전문 인력 양성을 위한 '성산효대학원대학교'를 세우고, 사라져가는 효 문화 진작을 위해 '효행 장려 및 지원에 관한 법률' 제정에 앞장섰고, 새마을운동을 대신할 '효나라운동중앙회'를 전국 조직으로 만들었습니다. 나아가 한국의 효 문화를 세계에 알리고자 조용기 목사님과 연합하여 '세계 효 운동 4차원 영성 총연합회'를 결성하고 세계 각지를 다니며 효 강연회를 열고 있습니다. 목회자로서 효 운동을 하는 것이 쉽지는 않았습니다. 하지만 이제는 '최성규 목사' 하면 효 운동하는 목사로 통하고 있습니다. 보람을 느낍니다. 모두가 하나님의 은혜입니다. 앞으로도 생명이 다하는 날까지 강단에서는 효 목회, 사회적으로는 효 운동에 매진하며, '하모니 운동'을 펼치려고 합니다. 주변의 많은 뜻있는 분들의 동참에 감사와 격려의 박수를 보냅니다.

2016년 2월
최성규
(인천순복음교회 당회장·성산효대학원대학교 총장·효나라운동중앙회 대표회장)

지은이 서문

역사학자 E. H. 카(E. H. Carr)는 "역사란 현재와 과거 사이의 대화"라고 했다. 역사는 단순히 과거에 있었던 사실의 기록만이 아니다. 우리는 오늘을 사는 지혜를 역사에서 배운다. 역사는 이전에 살았던 사람들의 경험을 담고 있다. 성공했든 실패했든, 그 경험은 역사 기록에 고스란히 남아 있다.

지혜로운 사람은 경험을 통해 배우고, 현명한 사람은 역사를 통해 배운다고 한다. 실패의 경험을 거울삼아 다시는 실패하지 않도록 노력하고, 성공의 경험을 거울삼아 더 큰 성공의 기회를 만들어 가야 한다. 또 역사의 흔적들을 더듬어 가면서 실패를 방지하고 성공적인 방법으로 우리의 삶을 이어 나가야 한다. 선인들의 경험이 고스란히 간직된 역사 속에서 우리는 오늘을 사는 지혜를 배워야 한다는 것이다.

곡절 많았던 한국 근·현대사, 그 시대를 산 지도자들의 경험과 그들의 헌신적인 삶을 돌아보면서 오늘과 내일의 지혜를 얻게 된다. 또 용기와 희망을 얻는다.

위대한 인물들 중에는 가난을 이기고 성공한 사람이 많다. 위대한 예술가들도 가난 속에서 꽃을 피운 이들이 많듯이, 굴절 많았던 한국 근·현대사 속의 기독교 지도자들도 다르지 않다. 가난하면서도 희망을 잃지 않고 공부하여 큰일들을 이루었다. 그런데 공부의 목적이 일신의 영달과 안위를 위한 것은 아니었다. 그들은 고난과 역경 속에서도 공부에 매진했다. 꺼져가는 나라와 민족을 구하기 위해서였다. 내 교회만을 위한 목회가 아니라 한국 사회를 살리는 목회의 길을 갔다. 나라와 민족을 위한 목회였다. 그런 가운데 개인도 가정도 교회도 살릴 수 있었다. 나만 잘되기 위한 삶이 아니라, 나라와 민족을 위한 삶이었다. 몇몇 사람들은 목숨마저 바쳤다. 민족적 자존심과 신앙적 순수성을 지키기 위해 죽음도 마다하지 않았다.

자녀를 죽인 원수를 오히려 사랑으로 감싸며 끌어안은 사람도 있다. 사람들로부터 버림받은 나병 환자들을 위해 온몸을 던진 사람도, 소외된 이웃과 동포를 찾아다니며 희망이 되어준 사람도 있다.

이름도 명예도 없이 조용히 사라져간 분들을 찾아내어 역사에 기록하는 일은 후손된 우리들의 몫이라 생각한다. 비록 본인들은 아무런 대가도 바라지 않고 왼손이 하는 일을 오른 손이 모르게 하였지만, 그들의 귀한 뜻을 조명하여 후대에 전하는 일은 더 나은 사회를 만들기 위해 꼭 해야 할 일이라고 생각한다.

그런 뜻에서 여기에 25명의 기독교 지도자들을 소개한다. 그동안 『효와 복지신문』에 연재했던 인물들이다. 연재하는 동안 글을 읽은 독자들로부터 많은 격려를 받았다. 비록 지면의 한계로 인해 더 많은 내용을 싣지는 못했지만, 그분들이 이 땅에 남긴 족적들을 조금이나마 밝힐 수 있었던 것은 다행이라고 생각한다. 그들의 헌신과 노력이 없었다면 오늘의 한국 교회는 없었을 것이다. 나아가 찬란한 대한민국의 역사도 없었을 것이다. 그들은 오늘의 교회와 대한민국을 있게 한, 꺼지지 않는 등불과도 같다. 오늘날의 교회와 나라 안팎에서 일어나는 여러 어두운 곳을 비추는 등불이 되기를 바라는 마음에서 그들을 등불이라 한 것이다. 그렇기 때문에 여기서는 가급적 그들의 긍정적인 면에 초점을 맞췄다. 사람은 누구나 빛과 그림자가 공존한다. 하지만 이 글을 쓰면서 가급적 그림자 부분은 언급을 삼갔다.

이 책에서 다룬 교회 지도자는 모두 25명이다. 그 가운데 목사가 13명이고 장로도 여러 명이다. 이들의 공통점이 있다면, 교회의 사명이 나라를 바로 세우는 데 있다고 여겼다는 것이다. 기독교의 사회적 책임을 강조한 분들이다. 기독교 지도자들의 이러한 사회에 대한 관심과 노력 덕분에 우리 사회가 바로 설 수 있었고, 교회도 부흥할 수 있었던 것이다.

2016년 4월
성산연구실에서 김덕균

한국 기독교를 빛낸 사람들·차례

(위 순서는 가나다순임)

길선주

한국 기독교의 아버지

산을 등지고 흐르는 냇가에 이르니, 누각은 높이 솟아 있고
아름다운 경치는 사철 흥을 돋우지 못하는구나.
학은 희고 소나무는 푸르니 산봉우리는 늙고 젊었고
소는 누르고 풀은 푸르니 들은 봄과 가을일세.
서로 친하고 서로 가까우니 천 년 사슴이요,
날아가고 날아오니 한 떼 갈매길세.
만사가 마음에 없고 성경 두 권이 있으니
내 이 밖에 더 무엇을 구하랴.

(이 시는 일제가 독립운동을 탄압하기 위해 조작한 '105인 사건'으로 아
들을 잃고, 슬픔에 젖어 쓴 「마음이 노니는 딴 세계」이다. 민족적 수난
과 아들을 잃은 선생의 절절한 마음이 배어 있다.)

잠든 '해 뜨는 나라'에 복음의 촛불이 밝혀졌고, 은둔의 '백의민족'에 시대
적인 새 문화의 종이 울렸다. 민족 역사의 최후 왕조였던 이조의 종묘가 쓰러
졌고, 부패한 소위의 사대당들은 무수한 사연을 남겨놓고 몰락되었다. 시대
가 바뀌는 과정에 혼란의 물결이 일어났으나, 새 시대를 맞이하려는 대중의
가슴은 설레었고, 민중이 쌓아올리는 새 나라를 지향하려는 희망찬 대중은
시대적인 교육의 전당의 문을 두드리기 시작했다. 교육은 배달의 문화를 모
르는 외국인 손에 맡길 것이 아니다. 단군 성조의 창업을 이을 어린 자녀들의
교육 터전은 민족의 힘으로 닦아야 한다는 민족적 각성이 떠오르는 아침 햇

볕에 점화되었다. (순회강연에서 했던 선생의 언설 중에서)

인격이 위대할수록 그 생활에 시련이 따르는 것은, 이 세상이 인간의 사회인 탓이다. 아버님이 당하신 생의 굴곡은 견디기 어려운 시련이었다. 그러나 나라가 거센 바람 앞에 한 작은 촛불처럼 그 존망의 시간을 다투고, 민족이 도탄에 시달리고 있던 당시의 깜깜한 사회에 민족의 유일한 희망인 복음의 빛을 비추기 위해 하나님은 그의 종들을 준비하시는 가운데 아버님을 미리 택해 두셨다는 것을, 그의 생애를 되짚으며 나는 새롭게 깨달았다. (길진경, 『靈溪 吉善宙』, 종로서적, 1980, 이하 생략)

엄격한 한학자 집안의 촉망받는 효자

영계 길선주(1869~1935). 그는 평안남도 안주군 후장동에서, 조선 말 무과에 급제한 아버지 길봉순의 둘째 아들로 태어났다. 고려 말 망국의 한을 온몸으로 노래한 야은 길재 선생의 19대손이다. 아버지는 무관으로, 매우 엄격했다. 경제적으로 비교적 안정된 가정에서 아버지는 건강·지식·정직·견인·창의성을 가훈으로 삼고, 자녀 교육을 엄하게 하였다. 의식주에 대한 범절, 출입에 대한 규율, 상하에 대한 예절, 남녀유별, 주종의 구별 등 생활 전반에 걸쳐 이루어졌다.

정숙하고 온화한 어머니는 한학에 조예가 깊어 아들 선주를 동양 고전의 길로 인도하였다. 4세 때 한문 공부를 시작했고, 7세 때에는 덕망 높은 스승을 찾아 심도 있는 한학 공부를 했다. 그의 뛰어난 사고력과 출중한 한문 실력은 주위 사람들을 놀라게 했다.

그는 워낙 조숙했기에 어려서부터 남다른 면모를 보였다. 주위 또래들과 비교해서 감수성도 풍부했다. 8세 때 일이다. 하늘에 떠가는 구름을 보면서 그는 눈물을 흘렸다. 주변 가까운 사람들과도 저렇게 헤어질 거라고 생각했기 때문이다. 친구들이 "당연히 구름은 흘러가는 것이지!"라고 놀려대자, "그거야 나도 안다만, 장차 네 것이나 내 것이나, 네 몸이나 내 몸이 저 구름처럼 없어질 것 아니니?"라고 되물을 정도로 풍부한 감수성을 지니고 있었다. 이렇게 감수성이 풍부했던 선생이었기에 어려서부터 한시에도 능했다.

1885년 17세 때, 급변하는 국제 정세 속에서 조선은 이념을 달리하는 사람들 간에 파벌 싸움이 심화되었다. 조용하던 선생의 고향에도 그 영향이 미쳤다. 선생도 거기에 휘말리면서 화를 당했고, 급기야 생명이 위독한 상황에 처했다. 이듬해(18세)에 선생은 가까스로 고향을 빠져나와 평양으로 피신했다. 그때 아버지는 노쇠하여 더 이상 집안을 꾸릴 수 없는 상황이었다. 결국 책임을 느낀 선생이 성치 않은 몸을 이끌고 장사를 하며 살림을 꾸렸다. 장사 경험이 없던 선생은 고생만 하다가 결국 실패하고 말았다. 엎친 데 덮친 격으로 깡패를 만나 흠씬 두들겨 맞아 다시 중병에 걸렸다.

입산수도의 길

절망에 빠져 있던 선생에게 그래도 힘이 되어 준 사람은 11세 때 만나 결혼한 아내였다. 아내는 비관하고 있던 선생을 이렇게 위로했다.

도덕이 무너진 세상을 비관하지 아니할 수는 없으나, 그것은 한 사람의 힘으로 바로잡을 수는 없는 것이 아닙니까? 옛 성현의 말씀에 사람을 사귐에 있어서 나쁜 사람도 있고 좋은 사람도 있으나, 그들에게서 배울 것이 있으니 모두가 다 자기에게는 선생이 된다고 한 말이 있지 아니합니까? 세상을 비관만 하지 말고 우선 건강을 회복해야겠으니, 조용한 곳에 가서 휴양하는 것이 좋지 않겠습니까?

　사려 깊은 아내의 권유에 따라 선생은 평양 근처의 산 속으로 들어갔다. 그리고 입산수도 생활을 시작하면서 선도(仙道)에 입문하였다. 선생은 산 속에서 무예를 닦으며 건강을 회복했고, 차력도 연마했다. 어느 날 선생은 산에서 내려와 도시로 갔다. 마침 패싸움하는 장면을 목격하고는 달려가서 말렸다. 그리고는 싸움꾼들을 향해 "너희들이 일은 아니하고 작당해서 성중을 시끄럽게 해서야 되겠느냐? 일에 충실하고, 부모를 잘 공양하고, 사회의 촉망을 받는 사람이 되어야 하지 않겠느냐?"라고 타일렀다.

　하지만 어려 보이던 선생의 훈계가 못마땅했던 싸움꾼들은 "당신이 뭔데 참견하느냐"며 덤벼들었다. 선생은 그간 닦은 무예로 그들을 단숨에 물리쳤다. 이후 선생의 무예 솜씨가 주변에 알려지자, 무예를 배우려는 전국의 젊은 이들이 몰려들었다. 그들 가운데에는 지사(志士)도 여럿 있었다. 졸지에 선생은 도인(道人)·무인(武人)·선인(仙人)·신인(神人)·이인(異人)이 되었다. 비슷한 시기에 그는 사찰에 들어가 불법(佛法)에 귀의하기도 했다. 그런 와중에 왼쪽 눈의 시력을 잃고 말았다.

기독교 신앙인으로

　이렇게 산 속에서 29세까지 생활했지만, 뭔가 허전한 마음을 달랠 수는 없었다. 당시는 나라가 내우외환에 휩싸여 있던 구한말로, 사회적 혼란기였다. 양귀자(洋鬼子), 곧 서양 귀신으로 불리는 서양 선교사들도 속속 조선에 들어와 활동하기 시작하던 때였다. 미국 선교사 마포삼열(麻布三悅, 본명은 Samuel

Moffett)도 1893년 평양에 들어와 활동하고 있었다. 하지만 이들에 대한 소문은 흉흉했다.

> 이상한 사람이 왔는데, 키가 크고, 파란 눈이 우묵하고, 코가 크고, 머리털은 빨갛고, 옷은 괴상스럽게 쳇다리 같은 바지에 무당의 덧옷 같은 긴 저고리를 입었고, 말은 무슨 말인지 도대체 알아들을 수 없는데, 그것이 곧 양귀자라더라. 그런데 그 사람이 양교(洋教)라는 교를 가지고 와서 전하는데, 한번 거기에 발을 들여놓으면 혼을 뽑아서 미치고 만다더라.

당시 평양에 퍼져 있던 초기 선교사들에 대한 소문인데, 이 소문의 주인공은 마포삼열이었다. 끝없는 조선의 추락을 목도하고 참담한 눈물을 흘리며 활로를 모색하던 선생의 귀에도 이런 소문이 들렸다. 선생은 호기심이 발동했다. 마침 기독교에 입문해서 믿음을 갖고 있던 김종섭이라는 친구가 있었다. 그 친구는 선생에게 『천로역정』을 비롯한 몇 권의 책과 함께, 기도하는 방법도 알려주며 기도를 권했다. 그를 통해 선생은 뜨거운 신앙 체험을 하고, 마포삼열 선교사도 만났다. 그리고 1897년에 마침내 세례를 받았다. 속전속결로 신앙을 갖게 된 것이다.

한국 최초의 새벽기도회

기독교에 귀의한 선생은 그 징표로 상투부터 잘랐다. 만나는 사람 누구에게나 눈물 흘리며 간절하게 전도하는 열정도 보였다. 가장 가까운 부모님도 교회로 인도했다. 선생은 신앙을 접한 지 1년 만인 1900년, 30세에 널다리골 교회(장대현으로 이전하기 전의 교회)의 영수(領袖)가 되었다. 그만큼 선생의 적극적인 성격과 지도력은 남달랐다. 33세에는 평양 장대현교회 장로로 선출되었다. 그리고 또 그 해에 선교사의 추천을 받아 평양신학교에 입학했다. 본격적으로 목회자의 길에 들어선 것이다.

한국 교회의 최고령 목회자였다가 최근에 소천한 방지일 목사는 다음과 같이 회상했다. "길선주 목사님은 찬송가 177장 〈성령이여 강림하사〉를 부흥회 때 최소 10번 이상씩은 불렀습니다. 〈요한계시록 22장〉을 처음부터 끝까지 암송하시며 열정적으로 설교하시던 그 모습이 눈에 선합니다. ……당시 부흥사경회는 일주일씩 집회를 했지요. 새벽과 저녁에는 집회를 갖고, 낮에는 성경 공부를 했어요. 당시 장대제교회라고 부른 장대현교회는 대동강이 한눈에 내려다보이는 언덕에 있었습니다. 길 목사님이 설교하면 모두가 숨을 죽였고, 나중에는 눈물과 회개의 기도가 터져 나오곤 했지요." 당시 선생의 열정이 얼마나 청중들을 감동시켰는가를 짐작할 수 있다.

선생의 신앙적 열정은 교육사업과 더불어 발휘되었다. 1898년에는 '교회학당'이란 말도 처음 사용하였다. 교회에서 성경만 가르친 것이 아니라 사회에서 필요로 하는 다양한 학문도 함께 가르쳤다. 그 내용과 목적은 다음 두 가지로 요약된다. 첫째, 기독교 주간학교를 설립하여 교회의 일꾼을 양성할 것. 둘째, 극빈자 가정의 자녀들을 위해 야간학교를 설립할 것.

그리고 문맹 퇴치를 위한 운동을 전개했다. 구체적으로는 두 가지 활동이다. 첫째, 야간학교를 설립하여 성인들에게 한글 교육을 실시할 것. 둘째, 성경 지식을 함양하기 위한 성경 야학과 계절 사경회를 개최할 것.

이때 특기할 것은 전 세계의 교회 중에서 한국의 교회만이 실시하는 새벽기도회가 시작되었다는 점이다. 선생은 기독교로 개종하기 이전부터 새벽마다 기도하던 습관이 있었다. 이를 기독교 신앙에 접목시키킨 것이다. 하루의 첫

시간인 새벽을 깨우는 기도는 삶의 많은 요소를 변화시키는 요인으로 작용하였다. 그 소중한 체험이 주변으로 확산되면서 동조하는 교우들이 공식적인 새벽기도회를 조직한 것이다. 결국 새벽기도회는 1907년 평양대부흥운동의 한 요인이자 한국 기독교회 부흥의 밑거름이 되었다.

이런 선교활동과 교육사업으로 인해 선생이 담임하던 널다리울교회는 날로 부흥 발전하였다. 폭발적으로 늘어난 교인들을 위해 교회도 새롭게 세웠다. 장대현 언덕에 2천여 명을 수용할 수 있는 대형 예배당을 건립한 것이다. 실로 엄청난 성장이었고, 한국 기독교 교회사에 길이 빛나는 치적이었다.

이렇게 성공적인 목회가 가능했던 것은 단순히 복음주의적 입장만이 아니라 사회적 현안에 대한 관심을 함께 갖고 있었기 때문이다. 당대의 핵심 과제가 문맹 퇴치를 위한 교육과 민족적 자강운동이었다면, 선생은 이 문제 해결을 위해 누구보다 앞장섰던 것이다. 교회의 사명은 단지 개인의 구원만이 아닌 사회 구원, 나라 구원도 함께 이루어야 한다는 철저한 신앙적 판단에서 비롯된 결과였다.

변화된 삶과 사회 개조운동

기독교로 개종한 뒤 선생의 삶은 완전히 달라졌다. 가치관도 철학도 삶의 방식도 달라졌다. 그런 각도에서 자신의 할 일들을 정리했다. 가정 예배도 매일 다른 목적을 위해 드리기 시작했다. 월요일에는 가족을 위해, 화요일에는 친족들을 위해, 수요일에는 친구들을 위해, 목요일에는 나라와 민족을 위해, 금요일에는 교육기관과 자선사업기관을 위해, 토요일에는 해외 동포와 혁명 유지들을 위해, 일요일에는 국내외 교회와 세계 교회를 위해 가정 예배를 드렸다. 예배의 주제가 가족 사랑, 이웃 사랑, 나라 사랑, 인류 사랑, 교회 사랑의 내용을 담았다.

자녀 교육을 위한 가도(家道)도 새롭게 정했다. 첫째, 거짓말을 하지 마라. 둘째, 시간을 지키고 아껴라. 셋째, 제 할 일은 제가 해라. 넷째, 기도하고 성경을 읽어라. 다섯째, 학교에 성실하고 책을 읽어라. 여섯째, 친구들과 잘 어울려라. 일곱째, 운동을 해라 등등.

기독교 신앙생활을 하기 전 주입 위주의 강압적이던 자녀 교육 방식을 자율적 방식으로 바꿨다. 자녀들이 자율적인 분위기에서 스스로 판단하고 실천하도록 유도한 것이다. 그러면서도 주변 사람을 대하는 예법만큼만은 더 엄격히 했다. 상스러운 말은 입 밖에 내지 못하게 했고, 흉내도 못 내게 했다. 그리고는 어른들을 깍듯이 예를 갖춰 대하라고 일렀다.

단지 가정에서의 자녀 교육만 그런 것은 아니었다. 교회와 사회에도 마찬가지로 적용하였다. 특히 일본의 위압적 통치에 눌려 수동적 삶으로 전락한 한민족을 일깨우는 데 자립은 매우 중요한 요소였다. 자립적 의식 개조가 절실했다. 스스로 서고, 스스로 계획하고, 스스로 일하고, 스스로 돕고, 서로 협력할 것을 강조했다. 선생은 나라가 기울어진 것은 국민들이 기존의 생각과 습성에서 벗어나지 못했기 때문이라고 여겼다. 자립하는 정신의 중요성을 강조한 이유였다. 스스로의 무장과 개혁이 절실하다고 역설하며, 선생은 전국적으로 강연을 이어갔다. 풍속 개량, 물산 장려, 산림 녹화, 가축 사육 등 자립을 위한 구체적 방안들을 제시했다. 이런 자립 운동을 말할 때마다 청중들이 열광하자, 선생을 초청하는 교회와 단체가 쇄도하여 모두 수용할 수 없을 정도였다.

언어 순화와 생활 개선운동

선생은 번잡한 관혼상제를 간소화하려고 노력했을 뿐 아니라, 평소의 언어습관까지도 긍정적으로 순화하도록 독려했다. 가까운 친구일수록 소홀하기 쉬운 언어 예절을 특히 강조했고, 어린아이들이 상스러운 말을 하는 것도 지적했다. 어른들이 자주 쓰는 "좋아 죽겠네"·"우스워 죽겠네"·"바빠 죽겠네"처럼 입버릇이 되어 버린 "죽겠다"는 말도 쓰지 말도록 권장했다. 부정적 언어나 잘못된 말들이 민족의 장래를 더욱 암울하게 만든다고 생각했기 때문이다. 선생은 언어 순화가 민족을 희망으로 이끈다고 확신했다.

생활공간의 개선운동도 함께 펼쳤다. 가옥 구조를 개선하여 청결한 우물과 변소를 만들고, 행주와 걸레를 구별하자는 운동이었다. 지금은 상상하기 어려운 일들이지만, 생활환경이 불결했던 당시로서는 매우 중요한 개선 과제였다.

교회에서는 전도를 강조하며 분명한 목표를 정했다. 첫째, 개인 전도에 주력하여 신도마다 적어도 한 명씩은 교회로 인도하게 할 것. 둘째, 구역을 분할 설정하고 심방대를 조직하여 가정 방문을 장려할 것. 셋째, 여자교회를 세우고 여성 개방운동을 전개할 것. 넷째, 해마다 전도대회를 개최하여 복음화 운동에 힘쓸 것. 여기서 재미있는 것은 여자교회 건립과 여성 개방운동이다.

단순히 전도에만 치중한 것이 아니고, 교화를 겸한 사회활동과 전도를 연계하였다. 당시 조선은 엄격하게 남녀유별(男女有別)이 강조되는 유교 사회였다. 거주 공간도 안채와 사랑채로 구분되어 남녀의 접근이 자유롭지 못했다. 안방의 여인들은 상당수가 미신에 빠져 있어 사회적 불상사도 자주 일어났다. 사회가 달라지기 위해서는 이런 여성들이 근대적인 문화와 문명으로 교화되어야 한다고 생각했다. 일종의 안방 개방운동이었으며, 그것이 한국 사회를 바꿀 수 있다고 여긴 것이다. 억눌린 여성을 해방하고, 미신의 미혹으로부터 사회를 구제하는 사회 개방운동이었다. 국가적 과제이기도 하지만, 교회가 그 역할을 해야 한다고 여겼다. 교회가 솔선해서 국가적 과업에 앞장서도록 실천한 것이다.

'부인교회' 운동

이 무렵 여성들도 교회에서 주도적인 역할을 하게 되었다. 하지만 사회에는 여전히 남녀유별의 전통이 강하게 자리하고 있었다. 교회는 남성들만의 집회를 가졌고, 여성들은 가정에서 예배를 드렸다. 그나마 서울 정동교회는 칸막이로 중간을 가로 막은 상태에서 남녀가 함께 예배를 드렸다. 평양 장대현교회와 전북 김제의 초창기 교회는 ㄱ자 형태로 교회를 지었는데, 이 또한 남녀를 구분하려는 의도였다. 남녀는 서로 자리만 구분한 것이 아니라 출입문도 달리했다.

그런 가운데 평양에서는 '부인교회'라 해서 별도의 집회를 가졌다. 갑오개혁이 일어난 1894년의 일이다. 여성들이 안방에서 해방되었으니 '부인교회'는 여성 해방의 첫걸음이었다. '부인교회'는 한국 여성 신앙운동의 발원지이자 훗날 '여전도회'나 '여선교회'의 원조가 되었다.

이후로 평양 선정현교회는 남녀 공동의 집회장소를 만들었다. 당시로서는 첨단 교회 건물이자 선구적인 설계였다.

선생은 불길이 번지듯이 일어나는 부인교회에 가서 예배를 인도하고 회원들을 격려했다. 얼마나 부인교회가 활성화되었던지, 자체적으로 경비를 모아 역시 남녀 문제에 관한한 비슷한 처지에 있던 중국에 여자 선교사를 파견하여 중국 여성 전도에도 앞장섰다. 이는 선교운동뿐 아니라 안방 해방운동 차원으로 확대되었고, 급기야 나라 구하는 운동으로 나아갔다. 구국의 대열에서 여성들이 중추적인 역할을 맡도록 한 것이다. 그러던 중 활화산 같던 부인교회가 장대현교회로 통합되면서 부인교회는 발전적으로 해체되었다. 대략 1905년경의 일이다.

이렇듯 선생의 신앙적 열정은 사회 변혁운동이자 사회 통합운동으로 이어졌다. 그것이 또 나라를 살리는 길이었다. 나라 없는 개인·가정·교회는 있을 수 없듯이, 신앙도 나라가 굳건해야 바로 가질 수 있다는 확신이 선생으로 하여금 사회문제에 뛰어들도록 만든 것이다. 이는 구한말 선장 없는 배와도 같았던 조선의 현실을 타개하기 위한 방책이기도 했다. 당시 조선은 길을 잃어버린 상태에서 열강의 각축장이 되었다. 이런 암담한 조국의 현실을 목도한 선생은 새로운 미래를 꿈꿨다. 그 길은 교육과 민족 개선 활동에 있다고 생각했다. 또 그것을 가능케 할 수 있는 것은 기독교 정신이라고 확신했다. 백범 김구, 도산 안창호 선생 등 구한말의 수많은 민족 선각자들이 기독교 정신으로 새로운 세계를 추구했듯이, 선생도 역시 기독교 신앙으로 새로운 미래를 위해 헤쳐 나가야 한다고 보았다. 그리하여 안창호와 더불어 독립협회의 발기인 17명 중 한 명으로 참여했고, 사법부장의 책임도 맡았다.

나라와 민족을 위한 간절한 기도

하지만 조국의 현실은 갈수록 암담해졌다. 선생의 모든 가족들은 일제 경찰의 요주의 인물이 되었다. 그런 가운데 1910년 8월 26일, 잊을 수 없는 민족적 치욕의 날이 다가왔다. 나라를 일본에게 완전히 빼앗긴 것이다. 선생은 주체할 수 없는 눈물을 닦으며 가족들과 함께 기도했다.

선조들과 우리들의 잘못으로 당하는 이 수난의 날이 길지 않게 해 주시옵소서. 이 날을 자손에게 물려주게 된 이 아픔을 기억하시고 자비를 베푸시옵소서. 이 욕된 날을 속히 거두어 주시고, 우리 민족이 영광의 날을 보게 해 주옵소서.

국권을 상실했으니 나라의 상징인 태극기도 더 이상 사용할 수 없게 되었다. 선생은 때마다 게양했던 태극기를 잘 접어 한지에 쌌다. 그런 다음 그 안에 "이 국기는 잃었던 나라를 회복하고 자주 독립하는 그 날에 게양하기 위해서 여기에 비장(秘藏)하였다."라고 썼다. 한지에 싼 태극기는 교회 강당의 천장에 숨겨 놓았다. 아꼈던 성화 한 폭도 함께 간직했다.

그리도 애타게 그리던 태극기를 다시 꺼내 보게 된 것은 그로부터 9년이 지난 뒤인 1919년 3.1운동 때였다. 전 민족이 궐기하여 손에 태극기를 들고 대한독립 만세를 외친 감격적인 날이었다. 교회 정문에도 내걸고, 한없이 감격의 눈물을 흘렸다.

기독교인이 먼저 나라 사랑의 본을 보여야

그는 신앙생활과 민족운동을 함께 해야 한다는 자신의 신념을 표현하기 위해, 조선을 이집트·아시리아·바벨론의 박해 아래 있던 이스라엘에 비유하였다. 하나님이 이민족의 억압 하에 있던 이스라엘을 구원해 준 것처럼 우리 한민족도 구원해 줄 것이라는 신념이 신앙생활과 민족운동을 병행하도록 만든 것이다.

기도를 중시하고 강조했던 그가 특별히 안타깝게 생각한 것은 기독교인의 실천력 부재였다. 성경 읽기와 기도에 열중하는 사람들이 흔히 빠지기 쉬운 행동의 결여를 지적한 것이다. 기독교인이 먼저 나라 사랑의 모범을 보여야 한다고 주장한 것이다. 선생의 나라 사랑 정신은 우리의 전통문화를 아끼고 사랑하는 모습으로도 나타났다. 외래 문물을 무비판적으로 마구 도입하여 휩쓸리는 것을 경계하고, 우리 민족 고유의 문화를 전승 발전시켜야 한다고 생각했다.

전통문화 계승을 통한 애국운동

그는 우리의 전통문화를 함부로 버리지 말고 잘 활용하여 대대로 계승해야 한다고 여겼다. 그것이 또 민족적 의무라고 여겼다. "우리는 다른 민족이 될 수 없다. 다른 민족의 옷을 입어도 안 되는 것이다. 우리는 백의민족이며, 우리 자체가 백의민족의 문화적 존재임을 잊어서는 안 되는 것이다. 우리의 것을 버리지 말라. 우리의 것을 애호하고 시대화하는 데에서 우리가 우리로서 성장하고 영원히 존속되는 것이다. 문화는 그 민족 역사의 배색인 것이다. 문화는 인도의 척도요, 역사는 민족 생태의 비망록인 것이다. ……남이 하는 일에 맹종해서도 아니 되고, 남의 것을 따르는 모방 인간이 되어서도 아니 되는 것이다. 모방은 자체의 얼이 빠진 표현이며, ……민족문화가 빠져나간 그 자체에 시대적 비전도 있을 수 없고, 민족이 지향할 지표를 설정할 설계도 있을 수 없는 것이다."라고 하여, 전통문화를 보존하고 수호할 것을 호소했다.

찬송가도 외국 곡 이외에 우리 민족 고유의 가락에 한글 가사를 붙여 '찬미가'라 불렀다. 새로 들어온 기독교가 지나치게 서구화된 측면을 고려해 볼 때, 선생의 이런 노력은 매우 혁신적인 것이었다. 많은 기독교인들이 우리의 전통 문화를 지나칠 정도로 문제시하고 있지만, 선생은 오히려 우리 민족문화 속에서 기독교 문화를 만들어 가야 한다고 생각했다. 우리 정서에 맞는 기독교 문화 창달이 필요하다는 것이었다. 다음은 청년들에게 민족문화의 중요성을 강조한 연설 내용이다.

지금의 우리 민족은 외국 문화와 우리 문화의 갈등이 시작된 현실에서 살고 있다. 이는 후진 민족이 당하는 가장 무서운 싸움인 것이다. 총칼의 승리는 외적인 모든 것을 약탈하고 그 민족을 포로로 하지만, 문화 싸움의 패배는 민족의 멸망을 의미하는 것이다. 이스라엘 나라는 총칼에 망했다. 나라를 잃고 그 민족은 세계로 흩어졌다. 그러나 자기 문화를 고수한 그 민족은 수천 년이 지난 오늘에 와서도 생존했고, 국가 독립을 위해서 싸우고 있는 것이다. 그 민족의 밑뿌리인 민족 철학이 살아 있기 때문인 것이다.

민족문화를 바탕으로 한 기독교를 위하여

그는 민족문화와 철학이 저변에 흐르기 때문에 이스라엘은 비록 총칼에 의해 나라가 망했어도 다시 일어설 수 있었다고 주장했다. 그러면서 우리 민족의 철학인 '홍익인간'을 잘 간직하고 이어 간다면 우리나라와 민족은 다시 살아날 수 있다고 확신하였다. 정신과 철학이 없는 나라는 사라진다. 하지만 정신과 철학이 존재하는 한, 비록 망한 나라일지라도 언젠가는 다시 일어선다는 강한 의지가 서려 있다. 당시 서구화를 곧 근대화로 인식하는 젊은이들에게 경종을 울린 것이다. 교회도 마찬가지라고 여겼다. 선생은 "외국 문화와 우리 문화의 교차로가 된 오늘의 교회가 외국 문화 산실의 전제적인 그림자가 되어서는 아니 될 것이다. 우리 문화 위에 꽃을 피우는 기독교가 되는 때 우리 민족의 종교가 될 것이다."라고 하여, 우리 문화 속에 뿌리를 내린 기독교를 강조하였다. 사실 기독교는 서구화된 기독교이지 본래 초기 기독교의 모습도 아니다. 그렇다면 선생의 이런 우리 문화 속의 기독교가 되어야 한다는 주장은 매우 설득력이 있고, 오늘날에도 시사하는 바가 크다.

특히 국악을 찬송가에 활용하려고 착상했던 것은 성경과 한국 문화를 조화시키려는 의도에서 비롯되었다. 성경 구절을 선택하고 이를 한국인의 정서에서 우러나온 가락에 맞춰 찬송가로 만들어, 행사 때마다 불러 감흥을 돋운 것이다. 오늘날 성산효대학원대학교 최성규 총장이 우리의 전통 아리랑 선율에 성경적 일곱 가지 효 사상을 붙여 만든 〈효 아리랑〉도 같은 맥락에 있다. 사실 찬송가가 대부분 서양 음악의 운율로 이루어져 있기 때문에 우리 정서와 꼭 맞는 것은 아니다. 따라서 선생의 이런 국악 찬송가 도입은 한국적 기독교 문화 창달에 큰 반향을 불러왔다.

선생은 민족문화의 기틀 위에서 가정도 교회도 나라도 세워 나가야 한다고 여겼다. 문화 없는 가정·교회·나라는 있을 수 없다고 생각하여 몸소 실천하였다. 민족문화 말살정책을 펼치던 일제로서는 눈에 거슬릴 수밖에 없었다. 민족운동도 못마땅한데 민족문화 보존운동까지 펼치는 선생이 일제 당국에게는 눈엣가시였다. 더군다나 선생의 민족운동은 자유와 평화가 핵심이 아니었던가. 자유는 신앙의 본질이며 사랑은 평화의 내용이라고 생각한 선생은 가는 곳마다 자유와 평화가 인간의 본래적 요구라고 외쳤다.

자유와 평화, 그리고 3.1 만세운동

선생은 자신이 민족 대표로 참여한 3.1운동 직전에, 사리원에서 예정된 사경회를 마치고 서울로 향했다. 기차 시간이 늦어진 관계로 〈독립선언서〉가 낭독되기로 예정되었던 장소에는 가지 못했다. 이미 만세운동의 물결이 지나간 서울 거리는 전쟁터를 방불케 했다. 선생은 스스로 총독부에 갔다. 그리고 자신이 민족 대표 33인의 한 사람임을 당당히 밝혔다. 그리고 곧바로 투옥되었다.

서울에서 〈독립선언서〉가 낭독되던 그 시간 평양의 장대현교회에서도 독립만세운동이 일어났다. 선생이 교회 천장에 숨겨 두었던 태극기를 게양하고 시작한 만세운동이었다. 이 운동은 선생의 부인이 선도했으며, 아들 진경도 참여했다. 결국 그들은 모두 연행되어 고초를 겪었다. 모진 고문으로 아들 진경은 실신까지 했다. 비록 선생도 서울의 감옥에 갇힌 처지였고, 큰아들은 105인 사건으로 죽었다. 둘째 아들마저 감옥에서 사경을 헤매고 있었으니 얼마나 안타까운 일인가. 어머니는 눈물로 세월을 보냈다. 자유와 독립을 위한 성대한 민족적 행진에 가족 모두 나섰다가 고통을 당한 것이다.

이렇게 나라와 민족을 위해 평생을 헌신한 선생에게 남은 것은 가난뿐이었다. 초가집 한 채 마련하지 못하고 여생을 살다 하늘나라로 갔다. 오죽하면 선생이 떠난 뒤에 지인들이 가족들을 위한 성금을 모았을까. 끝으로 선생을 기리는 제자(한평룡)의 시 한 편 소개한다.

<스승을 보내며>

한마음 한뜻으로 흰 羊떼 먹이신지
四十年 하로 같이 피땀을 부으시고
이제 곧 떠나셨다니 가슴털털하외다.
님께서 거러오신 七十年 옛길엔
눈보라 비바람 끊칠 날 없었건만
끝끝내 씩씩한 자취 그 더욱 뚜렷해
막막한 넓은 들에 羊떼는 길을 잃코
牧者찾어 우는 소리 끊임없이 들릴 때.

살아도 예수 죽어도 예수

萬七千番 웨치시니 그 더욱 놀랍고나

아마도 강단에 쓰러짐 님의 뜻이오리. (『신학세계』에서 원문대로 인용)

김교신

평생 정직을 강조한 교육자

나는 학창(시절)에 있어 학욕에 탐취하였을 때에 종종 자긍(自矜)하였다. '학문
엔 국경이 없다.' 장엄한 회당 안에서 열화 같은 설교를 경청할 때에 나는 감사
하기가 비일비재이었다. '사해가 형제 동포라'고 단순히 신수(信受)하고 강호성
(江戶城)의 내외에 양심에 충(忠)하고 나라를 사랑함에 절실한 소수자가 제2국
민의 훈도(薰陶)에 망식몰두(忘食沒頭)함을 목도할 때에 나의 계획은 원대(遠大)
에 이르려 함이 있었다. (『성서조선』 창간사)

효자 김교신

"호랑이는 죽어 가죽을 남기고 사람은 이름을 남긴다"고 했다. 하지만 엄
청난 일을 하고도 이름이 알려지지 않은 사람도 있다. 이름도 빛도 없이 "옳
은 일을 하는 데에야 누가 시비하랴!"(『성서조선』 창간사)라는 자세로 일관한 사
람이다. 조선인으로서 오로지 조선의 독립과 조선인의 삶을 위해 헌신한 김
교신을 두고 한 말이다.

김교신(1901~1945). 그는 함경남도 함흥 사포리에서 아버지 김염희와 어머니
양신 사이에서 장남으로 태어났다. 유교적 생활을 하며 일찍 세상을 떠난 아
버지에게 못다 한 효를 어머니와 남은 가족에게 대신 했다. 살아 계실 때 잘
해야 하고 살아 계신 분에게 잘해야 함을 강조하며 어머니와 가족에게 효성
과 사랑을 다한 것이다. 일찍 세상을 떠난 아버지를 원망하지 않고, 외롭고

힘든 자신의 삶을 한탄하지도 않으며, 오히려 하늘에 계신 영원한 아버지를 그리면서 살았다. 자신의 삶이야말로 풍성한 삶이라고 오히려 감격해 하며 고백하였다. 그런 가운데 주변의 살아 있는 사람들을 애경(愛敬)하며 스스로 박복한 삶을 극복한 것이다. 1940년대에 쓴 일기의 내용을 보면 어머니와 관계된 일화가 기록되어 있다. 그는 어머니에 대한 효심이 지극했고, 어머니 또한 그를 무척 사랑했다. 어렸을 적 선생은 숙모의 지갑에서 동전 세 닢을 훔친 일이 있다. 그를 의심하는 숙모와 절대 그럴 리 없다며 자식을 두둔하는 어머니가 심하게 다툰 것이다. 정직하라고 가르친 어머니는, 자신의 아들이 그런 불미스러운 짓을 하지 않았다고 믿는 자식 사랑이 돋보인다.

선생은 이런 어머니를 회상하며 제자들 앞에서 눈물지은 적이 한두 번이 아니었다. 정직을 교육의 가장 중요한 항목으로 여긴 것도 어머니의 이런 가르침이 크게 작용한 것이다. 매일 가족예배를 드리고, 1일 1장 성경 읽기를 의무로 한 것도 가족 간의 사랑과 부모에 대한 효성에서 비롯된 것이다.

선생은 1918년 함흥농업학교를 졸업한 뒤, 이듬해 일본으로 유학을 떠났으며, 유학 중 기독교 신앙을 접하고 1920년에 세례를 받았다. 하지만 교회의 내분을 목격하고는 무교회운동을 하는 일본인에게 사숙하며 성경 공부를 시작했다. 성경 공부에 열정을 보인 그를 비롯한 한국 학생들은 '조선성서연구회'를 결성하고, 성서를 통해 민족 구원의 꿈을 키우기 시작했다.

실천하는 신앙인

선생은 책 가운데 가장 소중한 책은 『성서』라고 주장하며, "이는 우리의 편견이 아니라 『성서』 자신이 증명하는 바요, 세계 역사가 증명하는 바다."라고 하였다. 동시에 "세상에서 제일 좋은 것은 『성서』와 조선"이라고 당당히 말했다. 그리고 1930년부터 발행되던 신앙 동인지 『성서조선』의 주필을 맡았다.

『성서조선』을 창간한 이유는 간단하다. 행동하는 신앙인을 독려하기 위해서였다. 이는 창간사(1927년 7월)에 잘 드러나 있다. "『성서조선』아, 너는 소위 기독 신자보다도 조선 혼을 가진 조선 사람에게 가라, 시골로 가라, 산촌으로 가라, 거기에서 나무꾼 한 사람을 위로함으로 너의 사명을 삼으라."

한마디로 선생은 '성서를 조선에' '조선을 성서 위에' 올려 놓기 위한 일에 진력하며 다음과 같은 생각을 펼쳐 나갔다.

> 사랑하는 자에게 주고 싶은 것은 한두 가지에 그치지 않는다. 하늘의 별이라도 따주고 싶으나 인력에는 스스로 한계가 있다. 혹자는 음악을 조선에 주며, 혹자는 문학을 주며, 혹자는 예술을 주어, 조선에 꽃을 피우며, 옷을 입히며, 관(冠)을 씌울 것이나, 오직 우리는 조선에 성서를 주어 그 골근(骨筋)을 세우며, 그 혈액을 만들고자 한다.
>
> 구형적(具形的) 조선 밑에 영구한 기반을 넣어야 할 것이니, 그 지하의 기초 공사가 곧 성서적 진리를 이 백성에게 소유시키는 일이다. 넓게 깊게 조선을 연구하여 영원한 새로운 조선을 성서 위에 세우라. (이상 『성서조선』의 解)

민족 구원과 교회의 본질

어떤 것이든 이 땅에 있는 것들은 모두가 그 존재 이유가 있다. 하물며 한민족임에랴! 일제 식민지 시절 한민족은 그 존재 이유를 잃고 방황하고 있었다. 이때 선생은 힘써 한민족의 각성을 외쳤다. 일제에 항거하는 글로 민족 구원을 도모했다. 때로는 직설적으로, 때로는 은유적인 화법으로 민족을 일깨우려고 노력했다.

대표적인 것이 1942년 「조와(弔蛙: 개구리의 죽음을 슬퍼함)」라는 글이다. 어떤 고난에도 살아남는 민족의 끈질긴 생명력을 개구리에 빗대어 노래했다. 하지만 이 때문에 그는 함석헌·유달영 등 지인들과 더불어 1년간 옥고를 치렀다. 이를 구독했던 전국의 수많은 사람들은 검거되었고, 『성서조선』은 폐간되었다. 일명 '『성서조선』 사건'이다. '조선어학회 사건'과 성격이 같은 나라의 정신 살리기운동이었다. 당시 한국 교회의 상황에 대한 자성이자 고발이기도 했다. 외국의 선교 지원금에 의지해서 운영되는 교회는 진정한 우리의 교회가 될 수 없고, 국적 없는 교회는 참다운 교회가 될 수 없으며, 민족혼을 일깨우지 못하는 교회는 참다운 교회가 될 수 없다는 것이다. 민족과 함께하는 교회, 스스로의 힘으로 자생하는 교회, 애국운동을 하는 교회, 민족 교육에 앞장서는 교회를 강조한 것이다.

교회가 교회로 기능하지 못함을 경고하며, 그는 무교회(無敎會)운동을 펼쳤다. 무교회란 교회를 없애자는 것이 아니라 생명력을 잃은 교회, 민족과 국가를 생각하지 못하고 오로지 껍질만 남은 교회를 부정한 것이다.

애국운동과 민족혼 교육

선생은 『성서조선』 주필을 맡기 전 교편생활을 하면서도 제자들에게 애국의 길을 안내했다. 경기중학교 교사로 있을 때에는 민족혼을 불러일으켰다는 이유로 교직에서 파면되었다. 개성의 송도중학교에 부임한 다음에는 '『성서조선』 사건'으로 고초를 겪었다. 선생이 가는 교육 현장에는 늘 민족과 나라 사랑을 위한 가르침이 있었던 것이다.

당시 한국의 상황에서 가장 절실한 것은 힘이었다. 국가가 힘이 없어 발생한 여러 억울한 일들을 목도하고는 철저히 힘을 길러야 한다고 강조했다. 주변 강대국들에 포위된 조선의 상황을 운명으로 받아들이지 않고 자생력을 키워야 한다고 주장했다. 주어진 여건보다는 국민들의 자세가 어떠한가가 더욱 중요했기 때문에, 무엇보다 국민적 각성이 요구되던 상황이었다.

우리는 깨닫는다. 겁자(怯者)에게 안전할 곳이 없고, 용자(勇者)에게 불안한 땅이 없다고. 무릇 생선을 낚으려면 물에 갈 것이요, 무릇 범을 잡으려면 호굴(虎窟)에 가야 한다. ……조선 역사에 영일(寧日)이 없다 함은 무엇보다도 이 반도가 동양정국(東洋政局)의 중심인 것을 여실히 증거하는 것이다. ……현세적으로 물질적으로 고찰할 때에 조선반도에 지리적 결함, 선천적 결함은 없는 줄로 확신한다. 다만 문제는 거기 사는 백성의 소질, 담력 여하가 중요한 소인(素因)인가 한다. (「조선 지리 소고」)

우리 역사를 긍정적으로 평가하며 식민사관과 맞서 싸운 신채호의 사상을 여기에서 일깨우고 있다. 교사로 재직하며 이런 교훈과 가치관으로 제자들을 양육하였다. 한민족의 존재 이유를 긍정적으로 평가하며 국민적 각성을 요구한 것이다. 때문에 평생을 평교사로 재직하면서 인격적 감화로 깊은 영향을 미친 민족의 참 스승이 될 수 있었다.

제자 사랑과 교육 철학

나무는 열매로 알 수 있다는 성경 말씀이 있다. 교사에 대한 평가는 곧바로 드러나기보다는 10년, 20년, 30년 후 제자들을 통해 드러난다. 그의 제자들의 면면을 보면 제자 사랑이나 교육의 방향과 내용이 어떠했는가를 알 수 있다. 바른 인격과 나라 사랑의 정신을 제자들에게 얼마나 강조했는가를 확인할 수 있다.

정직을 교육의 중요한 덕목으로 삼은 선생은 시험 답안지의 이름 쓰는 곳 옆에 "거짓말 쓰면 0점으로 한다."라는 주의 사항을 꼭 달아 두었다고 한다. 실제로 0점을 준 사례도 있다. 시험문제는 해당 과목과는 관계없는 조선인이 가져야 할 교양 문제나 종교·역사에 대한 내용이었으므로, 벼락치기 시험공부로는 점수 따기 어려웠다고 제자들은 전한다.

수업을 하다가 나라를 지키겠다는 충정이 빛나는 제갈공명의 출사표를 암송하면서 감격에 겨워 눈물을 흘렸고, 불사이군(不事二君)의 충정을 외치며 고려의 충신이 되기를 자원했던 정몽주를 되새기며 눈물을 보인 적도 있었다. 이런 가르침을 받은 제자들이 커서 나라와 민족을 위한 길에 나선 것은 당연한 일이었다. '새싹회'를 만들어 어린이 운동을 개척한 윤석중, 덴마크 농촌운동을 소개한 유달영, 베를린 올림픽의 마라톤 우승자 손기정 등이 대표적인 인물들이다. 그 밖에도 이름만 대면 알 수 있는 각계 대표들이 그의 영향을 받아 활발히 활동했다.

손기정의 마라톤 코치로 있을 때의 일이다. 손기정이 일본인들과 당당히 경쟁하면서 선전하자 선생은 대견해 하며 눈물을 흘렸다. 스승의 눈물을 본 손기정은 더욱 분발하여 중간 지점부터 선두를 유지했고, 결국 우승컵을 안았다. 우승한 후 손기정은 스승 김교신에 대해 "나는 지금까지 선생님만큼 크시고 참다운 교육자, 그리고 애국을 여러 면으로 스스로 실천하신 분은 본일이 없다. 참으로 선생님은 크신 분 같다."(『김교신』, 한국신학연구소)라고 회고했다.

이웃 사랑, 인류 봉사

선생은 교사로서 제자 사랑에 모범을 보였을 뿐만 아니라, 주변의 어려운 이웃을 위한 일에도 솔선수범하였다. 소록도의 나병 환자를 돌본 것은 물론이고, 어려운 사람들을 찾아다니며 위로하고 격려하는 데에도 앞장섰다. 스스로 "하수도 청소하는 일은 우리에게 주어진 책무요 사명인지라, 가장 큰 정성으로 경주하겠나이다."(「김교신 서간」)라고 말할 정도였다.

징용에 끌려간 조선인 노무자들을 위한 일도 자청했다. 흥남비료공장에 노무자로 징용된 동포들의 처참한 생활을 목도하고, 그들과 함께 기숙사 생활을 하였는데, 이는 그들을 위한 복지후생·교육·의료·주택·처우 개선을 꾀하고자 함이었다. 하지만 1년도 못 되어 그만 전염병에 걸려 하늘의 부름을 받았다. 해방을 4개월 앞둔 1945년 4월 25일의 일이다. 향년 45세였다.

그는 길지 않은 생애를 오로지 세 가지 사명을 위해 헌신했다. 첫째는 전통적 가족주의와 효심에 입각한 공동체 운동이요, 둘째는 나라와 민족을 짊어질 청소년을 위한 바른 교육의 실천이요, 셋째는 기독교의 이상을 기반으로 하는 애국운동과 이웃 사랑에 헌신하는 일이었다. 하나님 섬김, 부모·어른 공경, 가족 사랑, 어린이·청소년·제자 사랑, 나라 사랑, 이웃 사랑·인류 봉사의 길이다.

끝으로 교사로서, 신앙인으로서 나라 사랑의 모범을 보인 그의 삶을 그리며 애도하는 일본인 야나이바라(矢內原)의 글 한 편을 소개한다.

나다나엘이 참 이스라엘 사람으로 불리는 것처럼 김교신은 참 조선인이었다. 그는 조선을 사랑하고 조선 민족을 사랑하고 조선말을 사랑했다. 그러나 그의 민족애는 고루한 배타적 민족주의와는 다르다. 그는 그리스도의 복음에 의해서 신생(新生)된 조선인이었다. ……그는 그리스도 안에서 백성을 사랑하고 그리스도를 전하는 것으로 자신의 애국을 삼았다. ……조선의 영혼을 신생시키고 이를 자유와 평화와 정의의 백성이 되게 하기 위해 그는 그 귀한 일생을 바친 것이다."(『嘉信』, 제8권, 제9호, 1945. 9)

김규식

탁월한 외교력을 겸비한 독립운동가

구한말의 민족적 불운은 개인과 국가의 장래를 암울하게 했다. 민족적 좌절감을 맛보게 한 것이다. 그런 가운데에도 희망과 꿈을 버리지 않은 사람이 있었다. 찢어지게 가난한 환경 속에서 희망을 잃지 않은 사람이다. 악조건 속에서도 꿈을 키운 사람이다. "뜻이 있는 곳에 길이 있다"는 믿음을 현실로 보여준 장본인이다. 바로 김규식(1881~1950)이다.

희망을 잃지 않은 소년 가장의 효행

선생은 경남 동래에서 청풍김씨 김지성의 3남으로 태어났다. 아버지는 부산 개항장에서 일본인들에 의한 불평등무역의 부당함을 지적하고 시정할 것을 요구하다가 오히려 서남 지방의 섬으로 6년간 유배를 당했고, 어머니마저 그가 네 살 때 세상을 떠났다. 이렇게 불행한 어린 시절을 보낸 선생은 한국 최초의 장로교 선교사인 언더우드를 만나서 도움을 받았다. 선교사는 거의 고아나 다름없는 김규식을 데려왔지만, 아직 어렸기 때문에 잘 적응하지 못했다. 결국 다시 친척들에게로 돌아온 그는 중병에 걸려 친척들도 포기하는 지경에 이르렀다. 하지만 언더우드는 그를 다시 데려다 치료하였다.

어려서부터 연속적으로 이어지는 불행한 환경 속에서 가까스로 살아났으니, 남들처럼 부모와 가정에 대한 효도는 애당초 불가능했다. 오히려 목숨을 부지해 나가는 것이 가문의 대를 잇고 부모의 억울한 한을 풀어 드리는 효행이었다. 이런 상황에서 외국 선교사의 도움을 받게 된 것이다.

신앙 속에서 싹튼 새 생명

이렇게 언더우드 선교사의 도움으로 생명을 건진 선생은 더불어 영원한 생명도 찾았다. 예수를 영접한 것이다. 평생의 반려자인 부인도 교회에서 만났다. 1906년 새문안교회 교인인 조은수와 결혼한 것이다. 새 생명과 새 삶을 모두 교회서 찾은 것이다. 교회에서 결혼하면서 신랑은 사모관대를 썼다. 신부는 족두리를 쓰고 연지를 찍어 장안의 화제가 되기도 했다. 결혼식을 통해 동서 문화가 융합된 모습을 보여준 것이다.

언더우드는 김규식에게 영어를 가르쳤다. 이후로 선생은 영어 말고도 다방면에서 뛰어난 실력을 발휘했다. 1891년에 아버지가 유배지에서 풀려나와 홍천의 조부 댁에서 함께 살았지만, 유배 중에 걸린 결핵으로 인해 이듬해 그만 세상을 떠났다. 다행히 아버지와 조부에게 배운 한학은 그를 바른 길로 안내하는 길잡이가 되었다. 비록 길지 않은 시간의 배움이었지만, 그에게는 가족의 따뜻한 사랑을 체험한 소중한 시간이었다.

1894년 가을, 조부와 아버지가 모두 세상을 떠나자 선생은 다시 서울로 올라왔다. 그리고 영국인 허치슨 선교사를 만나 관립 영어학교에 입학했다. 1년 반 후에는 최상급 반에서 수석을 차지할 정도로 우수한 학생이 되었다. 실력을 인정받은 그는 졸업 후 독립신문사에서 영어 사무원 겸 회계로 근무했다. 여기에서 서재필과의 만남이 이루어졌고, 이는 다시 미국 유학으로 이어졌다.

임시정부에서의 외교 활동

미국 유학 중에도 긍정적이면서 활달한 성격은 그가 여러 방면에서 성과를 내는 데 도움이 되었다. 1900년 6월, 강연대회에서 1등을 차지하고, 다음 해 2월에는 웅변 클럽 회장에 선출되었다. 높은 정치적 식견과 진보적 생각은 주변 사람들을 감동시켰다. 1904년 귀국 후, YMCA에서 활동하면서 본격적으로 나라 살리는 운동에 나섰다.

그리고 1913년에는 또 다른 민족운동을 위해 중국으로 갔다. 북경·상해·남경 등지에서 여러 애국지사들을 만나면서 본격적인 혁명가의 길을 모색했다. 갑신정변의 주역 신채호를 만난 것도 이 무렵이다. 그는 신채호에게 영어를 가르치면서 친분을 쌓았다. 발군의 영어 실력으로 손문 등 중국 내 유명 정치인들과도 교분을 쌓았다.

그러던 중 제1차 세계대전이 일어나자 선생은 변장하고 압록강을 건넜다. 의주에서 자금을 모집하기 위해서였다. 중·일과 러·일 간에 전쟁이 일어날 것을 감지하고 미리 준비하려는 의도도 있었다. 같은 시기에 초보적인 군사학교를 세워 독립군 양성을 도모했다. 물론 둘 다 실현되지는 않았지만, 조국의 독립에 대한 집념과 의지가 얼마나 강했는가를 엿볼 수 있게 해준다.

1918년에는 독립운동 단체 대표들이 김규식을 파리 강화회의에 한국 대표로 파견할 것을 결의하였다. 3월 13일, 파리에 도착한 그는 대한 독립을 위한 다양한 활동을 시작했다. 한국의 독립 필요성을 담은 탄원서를 작성해서 각국 대표들에게 호소하고, 각국 지도자들과 교류하면서 열강의 도움을 청했다. 8월에는 미국으로 건너가 일본의 야욕을 규탄하고, 한국의 독립만이 이를 저지하는 길이라고 역설했다. 또한 교민들을 찾아다니면서 독립자금 모금 운동도 병행했다.

1921년 가을에는 러시아로 건너가 그곳에서도 독립운동을 전개했다. 공산주의 혁명 이론을 구체적으로 접하면서, 혁명 방향도 그 방향으로 구체화되었다. 하지만 러시아에서의 독립운동은 계획한 대로 결실을 맺지 못했다. 1923년, 다시 돌아온 그는 임시정부 국민위원회 위원과 외무위원에 선임되고, 여러 난관을 만나면서 좌절하지만, 교육운동을 통해 재기를 도모하였다. 운동의 방향을 바꾼 것이다. 독립운동의 돌파구를 민족 교육을 통해 찾기로 한 것이다. 그리고 다시 1933년 1월에 미국으로 건너가 항일투쟁 모금 활동을 전개하였다.

신앙을 통한 효심·애국심의 결실

1943년에는 임시정부 부주석이 되어 백범 김구 선생과 더불어 조국 독립운동의 선봉에 섰다. 그리고 마침내 1945년에 꿈에도 그리던 8.15광복을 맞이해서 임정 요인들과 함께 조국의 품으로 돌아왔다. 하지만 조국이 남북으로 갈라져 갈등과 혼란을 거듭했다. 어떻게 해서든 화해를 모색해 보지만, 조국은 마침내 동족상잔의 비극적인 전쟁을 치렀다. 전쟁 중에 그는 납북되었다가, 1950년 12월 10일 평북 만포진 부근에서 70세를 일기로 서거하였다. 정부에서는 1989년 건국훈장 대한민국장을 추서하여 그의 공적을 기렸다.

김규식은 어려운 환경 속에서도 발군의 외국어 실력으로 해외에서 독립운동을 전개하면서 무너진 가정과 나라와 민족을 되살리는 데 중추적 역할을 담당하였다. 가정과 국가를 동시에 일으켜 세웠으니, 효자 중의 효자라 할 수 있다. 또 그렇게 되기까지 선교사들의 도움이 컸다. 그 가운데 선택한 기독교 신앙은 용기 있는 독립운동을 이끄는 핵심적 요인으로 작용하였다. 신앙적 기반을 통해 무너진 가정을 살리고, 나라를 살리는 데 평생 헌신하였다.

김병조
일제와 공산주의에 온몸으로 맞선 투사

우리나라에서 정상적인 역사 교육을 받은 사람은, 1919년 하면 3.1운동, 3.1 운동 하면 33인을 자연스레 떠올릴 것이다. 3.1운동은 강제로 병탄된 나라의 민족적 울분을 폭발시킨 기폭제였다. 그 운동의 정신은 지금까지도 모든 이들의 가슴에 뜨겁게 살아 움직이고 있다. 나라 없는 백성의 설움이 한꺼번에 분출된 3.1 독립만세운동과 그 정신, 그 중심에는 민족 대표 33인이 자리하고 있다. 매년 묵은해를 보내고 새해를 맞이하면서 제야의 종을 서른 세 번 치는 것은 비록 조선 시대에 성문을 여는 의미를 지니고 있지만, 민족 대표 서른 세 분의 외침으로 들리는 것은 대한인의 자유와 독립의 문을 여는 울림처럼 느껴지기 때문이 아닐까.

한학 공부와 부모·어른·스승 공경

김병조(1877~1950). 그는 평안북도 정주군 고안면 봉명동에서 김경복의 3남 중 둘째로 태어났다. 총명했던 그는 6세에 한학 공부를 시작하여, 18세에 사서삼경과 제자백가에 통달했다. 얼마나 책 읽기를 좋아했던지 주변에선 그를 독서광이라고 불렀다. 그가 실력이 뛰어나다는 소문은 조정까지 전해져, 궁궐에서 찰방으로 근무하라는 어명까지 받았다. 고향 마을과 집안에서는 경사가 났다며 잔치를 벌였다. 가문으로 봐서는 20대조 할아버지 이후 오랜만에 벼슬을 한 것이니, 동네와 가문을 빛내는 입신양명의 효를 실천한 셈이다.

훗날 백범 김구 선생은 이런 김병조를 아들에게 소개하면서, "너희 아버지는 그 글이 아까워."라고 했다고 한다. 독서와 학문 탐구를 좋아했던 그가 북한 체제에서 시베리아로 유배형을 당했을 때의 일이다. 이렇게 어려운 환경이었지만 김병조는 하루도 빠짐없이 그 날 있었던 일을 일기로 남겼다. 평소 삶의 열정과 의지를 보여주는 상징이라 할 수 있다.

한편 그는 그간 쌓아온 실력을 후학 양성을 위해 사용했다. 서당을 개설하여 학문과 교육에 매진한 것이다. 사서삼경을 읽고는 공자에 대한 존경심도 갖기 시작했고, 아버지와 스승에게는 깍듯이 예를 갖춰 대했다. 아버지와 스승이 그에게 거는 기대는 남달랐다. 이때까지만 해도 그에게 기독교는 자신과 무관한 것이었다.

유교인에서 기독교 신앙인으로

선생은 당시 교회에 다니던 친지들로부터 전도를 받았지만, 철저한 유교적 가치관을 버리지 못했다. 기독교인들과 열띤 토론을 하면서도 전혀 움직이지 않았다. 그러던 중 1907년, 그가 사는 동네에 큰 불이 났다. 서북풍에 편승한 불길은 동네 가옥 80여 채를 모두 태우고 나서야 꺼졌다. 동네에서는 교회가 들어오니 귀신이 노해서 화재가 났다는 소문이 돌았다. 이런 소문이 주변의 다른 교회들에게까지 전해지자, 교회들은 서둘러 구호품과 의연금을 모아 피해를 당한 마을로 보냈다.

마을이 복구되면서 동네 사람들은 자신들을 도와준 교회에 감사하는 마음을 갖기 시작했다. 선생도 기독교인들의 아낌없는 지원과 봉사에 감명을 받았다. 가족주의에 기반을 둔 유교적 사랑은 가족 공동체에 국한되지만, 기독교의 박애주의는 먼 이웃에까지도 미친다는 사실을 깨닫게 된 것이다. 이후로 그는 기독교에 우호적인 생각을 갖고 가까이하기 시작했다. 마음이 열리면서 기독교에 대한 반감은 사라지고 오히려 적극적인 관심을 갖게 되었다. 그리고 선생은 이 민족과 나라를 구할 정신이 기독교에 있음을 확신했다. 1909년에는 자신이 세운 학교의 설립 취지를 기독교 이념으로 바꾸었다. 기적이 일어난 것이다. 기독교 인사들이 주축이 되어 독립운동을 하던 신민회도 그때 알게 되었다.

수많은 책을 읽은 그였기에 기독교를 이해하고 믿는 데에 남보다 빨랐으며, 결국 1911년에는 세례를 받았다. 원래 독서광이었던 그는 성경도 열심히 읽었지만 기타 수많은 기독교 관련 서적들도 있는 대로 독파했다. 평양신학교에서 신학 교육을 받을 때에도 그보다 독서를 많이 한 사람이 없었다.

기독교 신앙에 바탕을 둔 민족운동

집안 어른이자 신앙적 선배인 김관근 목사를 만나면서 선생의 인생은 또한 번 달라졌다. 김관근 목사는 독립협회 평안도 지부장으로서 지역의 독립운동을 이끌고 있었다. 선생에게 독립사상이 깃들기 시작한 것은 그를 만난 이후부터였다. 그리고 그는 평양신학교에 입학하여 목회자 과정을 밟는 동안 여러 독립투사들을 만났다.

1910년대 평양신학교는 흡사 독립운동을 위해 만든 학교라고 여겨질 정도로 수많은 우국충정을 지닌 애국지사들이 모여 있었다. 특히 민족 대표 33인 중 한 사람으로 참여했던 이승훈·유여대와의 만남은 큰 의미를 지녔다. 당시 이승훈은 장로로서 105인 사건에 연루되어 6년 동안이나 감옥에 있다가 가출옥한 상태였다. 고향이 같은 그와 친밀하게 지내면서 선생의 민족의식은 더욱 투철해졌다.

기독교를 탄압하기 위해 조작된 105인 사건은 오히려 독립운동을 자극했다. 거기에 관련되어 고문 받은 이들이 항일 투쟁의 전선에 더 활발하게 나섰기 때문이다. 3.1운동도 이때 탄압을 받은 이들이 중심이 되었다.

선생도 민족 대표 33인의 한 사람이 되면서 평북 지역을 누비며 독립운동을 전개했다. 그로 인해 1919년 3월 1일, 서울 태화관에서 발표한 선언식에는 참석하지 못했다. 선언식 현장에 없던 사람은 김병조·유여대·길선주·정춘수 목사 등 4명이다. 길선주는 사경회 인도 중이었고, 유여대와 정춘수는 지방 현지에서 시위를 주도하고 있었으며, 김병조는 의주를 비롯한 평북 지역에서 독립을 위한 격문을 띄우며 지방을 순회하고 있었다. 격문의 내용은 다음과 같다.

슬프다, 우리 팔도의 동포여! 깊은 잠에 빠져 있음을 크게 뉘우칠지어다. 하늘의 모습을 우러러보아라. 동방의 밝은 별이 이미 밝았고, 시국의 형편을 두루 살펴보아라. 많은 백성들이 세상을 경계하는 말이 저절로 소리가 들리니, 자태를 뽐내며 휘날리는 태극기는 제군들의 조국 정신이 활발한 때문이고, 열렬한 만세 소리는 제군들의 일체 생명의 맥박이 다시 진동하기 때문이다. ……젊은이는 독립을 위해 피를 바쳐 죽는 것이 옳으며, 늙은이는 독립가를 함께 부르며, 부녀자들은 독립심에 목숨을 맹세하며, 만 입을 한 말로 개가를 소리 높여 부를지어다.

선생이 지방 순회강연을 마치고 돌아올 때면, 감시망이 이미 첩첩이 둘러쳐졌다. 결국 선생은 고향으로 돌아가지 못하고 중국 상해로 떠났다. 압록강 등 국경 지대에는 일제가 독립운동에 가담한 사람을 색출하느라 혈안이 되어 있을 무렵이었다. 다행히도 선생은 때마침 몰아친 폭풍우를 틈타 국경을 넘었다. 42세 때의 일이다. 그리고 상해 임시정부로 갔다. 민족 대표 33인 가운데 유일하게 임정에 참여한 것이다. 이후로 그는 국제 사회에 나아가 한일 합방의 부당성과 일제의 기독교 탄압을 규탄하는 역할을 하였다.

『한국 독립운동 사략』 저술

1920년에 김병조 목사는 독립운동의 실상을 알리는 『한국 독립운동 사략』 이라는 책을 출판하였다. 이 책을 접한 이들은 전과 달리 독립운동에 대해 적극적인 관심을 갖게 되었다. 이 책이 민족혼을 일깨운 것이다. 이에 일제는 1927년 치안법 위반이라는 명목으로 이 책에 대해 판매금지 처분을 내렸다. 책의 서문을 쓴 도산 안창호의 글이 인상적이다.

슬프다, 이 누가 우리로 하여금 대한망국사를 읽게 하였으며, 또한 누가 우리로 하여금 대한독립운동사를 읽게 하였는고. 대한망국사를 읽게 한 자도 대한 사람이요, 또한 대한독립운동사를 읽게 한 자도 우리 대한 사람이로다. 그러면 누가 장차 우리로 하여금 대한광복사를 읽게 하겠는가. 이도 또한 우리 대한 사람이로다. ……이제 일재 김병조 선생이 이 독립운동사를 편찬함이 이것을 위함이로다. 선생은 여러 가지로 독립운동에 대하여 노력하고, 겸하여 선교의 직을 맡은 고로, 다망한 가운데서 이것을 편찬할 새, 수집하는 재료도 뜻같이 구하기 곤란하야 사술(史述)에 만족치 못한 한탄이 없지 아니하나, 만일 이것이 없었다면 우리가 무엇을 의거하여 독립운동에 경과한 내막을 참고하리요.

설교를 통한 독립정신 전파

독립운동에 대한 서술은 곧 광복에 대한 소망을 담았다. 광복에 대한 소망이 있기에 독립운동을 할 수 있었고, 또 그것을 위해 헌신한 것이다. 이는 단지 역사책 서술로만 끝난 것이 아니었다. 평소 교회 지도자로서 강단에서 행한 설교에서도 같은 주장을 펼쳤다.

> 모든 식물이 겨울에는 꽃과 잎새가 다 떨어져 온전히 죽은 물건이지만, 하나님의 섭리하시는 권능이 봄으로 변하고 바람으로 운동할 때에, 남으로 엎어지며 북으로 자빠지고, 우편으로 흔들리고 좌편으로 운동하여, 여지없는 곤란 가운데 뿌리 속에 감추었던 진액을 줄기줄기 가지가지 잎으로 통하여, 복숭아꽃은 붉고 외야지꽃은 희어 가지각색 꽃송이가 만자천홍(萬紫千紅)으로 봄 세계를 단장합니다.

「중생」이라는 제목의 설교문 가운데 일부이다. 대한민국의 처절한 상황과 앞으로의 방향을 식물에 빗대어 말하고 있다. 여기서 우리는 선생의 끈기 있는 민족주의적 애국사상을 엿보게 된다. 일본 제국주의의 차가운 겨울바람 앞에서 비록 이리저리 치이고 넘어져도 우리는 뿌리에 감춰져 있는 민족정기를 발산하여 마침내 아름다운 꽃과 열매를 맺을 것이라는 희망과 기대가 차고 넘쳐난다. "하나님께서는 한 그루의 나무도 버리지 아니하시고, 따뜻한 태양과 바람을 보내어 꽃동산을 만들게 하거늘, 하물며 우리 민족을 버릴 수야 있으랴" 하고 말한 데서도 알 수 있다.

이렇듯 독립에 대한 소망이 설교시간마다 그려지자, 그의 설교 시간에는 늘 일본 헌병이 따라다녔다. 설교 중 시국 문제를 언급하기 시작하면 헌병은

"중지! 중지!" 하고 외치며 경고하였다. 만일 중지 명령을 세 번 연속해서 받게 되면 강대상에서 끌려 내려왔고, 그럴 때마다 교회는 온통 울음바다로 변했다. 그래서 그를 초청한 부흥회는 제대로 마친 적이 거의 없었다고 한다.

신사참배 반대와 목회 은퇴 선언

일제의 강요에 의해 신사참배가 한국 교회를 분열로 몰아갈 때 선생은 신사참배 결사반대를 외쳤다. 이를 알고 있는 일제는 선생을 가택연금하고, 신사참배 문제를 논의하는 총회 참석을 막았다. 막상 총회가 열리자 신사참배는 몇몇 친일 세력에 의해 각본대로 통과되었다. 동의 재청 과정에서 의장은 찬성 의견만 묻고 반대 의견은 묻지 않은 채 넘어갔다. 소식을 접한 선생은 통탄하면서 총회의 변질에 대해 배신감을 느꼈다.

그리고는 그날로 회개를 위한 금식기도에 들어갔다. 기도를 마친 후 줄곧 강단에 서는 것을 사양하다가 1939년 현장 목회 은퇴를 선언했다. 신사참배 거부의 의지를 은퇴로 표현한 것이다. 그 높은 뜻을 기리는 목회자와 성도들이 모여 드린 은퇴예배는 역시 눈물바다를 이루었다. 그리고 5년 동안 정든 목양지인 용천 땅을 뒤로하고 떠날 때, 울고 있는 성도들을 향해 "나를 위해 울지 말고 한국 교회를 위해 울라."고 말했다.

그리고 1945년 해방을 맞이하지만, 북한 진영은 소련 공산당의 치하에 놓였다. 평소 공산 국가가 되어서는 안 된다는 소신을 갖고 있던 선생은 기회 있을 때마다 그 이유와 대안을 다음과 같이 말했다.

첫째, 공산주의는 망할 수밖에 없다. ① 무신론이기 때문이다. 하나님을 부인하고, 창조 원리를 거역하며, 기독교를 박멸하려 하기 때문이다. ② 인권이 없기 때문이다. 기독교는 인간을 최고의 가치로 보는데, 그들은 물질주의라서 인간의 가치를 노동력에 두며, 인권이 없이 오직 당권에 의하여 생존한다. ③ 자유가 없기 때문이다. 자유는 인간의 생명인데, 공산주의는 통제가 기본이다. 개인의 어떤 자유도 있을 수 없다.

둘째, 민주 국가를 세워야 한다. 민주 국가에도 물론 모순이나 부조리가 많지만, 거기에는 인권이 있고 자유가 보장되며, 하나님의 나라가 성장할 수 있기 때문이다.

이런 자유 민주 질서에 대한 확고한 신념을 가졌던 그는 소련 공산당의 협박과 회유에도 굴하지 않고, 조만식 선생과 함께 조선민주당을 창당하는 길로 나아갔다. 창당 발기인으로 참여하면서 선생은 "만에 하나 공산 정권이 북한에 들어선다면 우리 민주 인사들은 죽음을 각오하고 투쟁해야 한다. 공산당을 절대로 이 땅에 허용해서는 안 된다."라고 강조했다.

이렇게 확고한 자유민주주주의자를 공산당이 허락할 리 만무했다. 결국 북한에 들어선 공산주의자들은 선생을 저 시베리아 동토의 수용소로 보냈다. 그리고 모든 소식이 두절되었다. 다행히 수용소에서 광복단의 행동대원인 이영호를 만난 덕분에 당시 상황이 조금이라도 알려질 수 있었다. 선생은 수용소에서 이영호를 만나 "이 사람 시베리아까지 와서 혼이 나갔구먼, 오늘이 해방 3주년 기념일이야. 어디에 있더라도 자네는 대한의 아들임을 잊지 말아야 해. ……나는 어차피 늙은 몸이어서 이 형무소에서 살아나가기 어려울 것 같아."라고 말하면서, "꼭 조국 통일의 맥을 이어가게."라고 거듭 당부하고는 준비한 잉크로 태극기 문양을 문신해 주었다고 한다.

평생 십자가를 지고 가시밭길을 간 생애

이미 타개한 영락교회 한경직 목사는 생전에 김병조 목사에 대해 이런 이야기를 전했다.

"내 주를 가까이 하려 함은 십자가 짐 같은 고생이나, 내 일생 소원은 늘 찬송하면서 주께 더 나가기 원합니다." 아마 김병조 목사님께서 위의 찬송을 많이 부르신 줄 믿습니다. 또 그의 일생은 십자가를 지고 걸어가신 가시밭길이었습니다. 그러나 그 분은 끝까지 그 길을 걸어가셨습니다. 지금은 하늘나라에 가셔서 친히 지나오신 가시밭길을 돌아보시면서, 그러나 모든 것을 승리하신 승리의 기쁨이 그와 같이하실 줄 믿습니다.

1950년 봄, 선생은 향년 73세로 이국 타향, 그것도 차디찬 수용소 골방에서 하나님의 부름을 받았다. 임종을 지킨 사람도 없었다. 늦게나마 함께 수용소에 있었던 지인의 증언으로 이런 내용을 알게 된 것이 그나마 다행이라면 다행이다.

선생은 떠났지만 그가 남긴 『한국 독립운동 사략』·『대동역사』·『독립혈사』 등은 독립운동사 연구에 중요한 자료로 남았다.

김용기

젖과 꿀이 흐르는 이상촌 건설을 꿈꾸다

"일하기 싫거든 먹지도 말라."

"음식 한 끼에 반드시 4시간씩 일하자."

"버는 재주 없거든 쓰는 재주도 없도록 하자."

누구나 이상향·이상촌을 그린다. 평화롭고 목가적인 전원 풍경일 수도 있고, 온갖 시설을 갖춘 도회풍일 수도 있다. 중국의 시인 도연명은 복숭아꽃이 만개한 무릉도원을 그렸고, 토마스 모어는 유토피아(Utopia)를 꿈꿨다. 그들이 그린 이상향의 공통점은 누구나 자유롭게 갈 수 없다는 점이다. 깊은 산속이거나 사람들의 접근이 불가능한 섬이다. 때로는 동굴과 미로를 지나 쉽게 갈 수 없는 폐쇄적 공간이다.

그래서 이러한 이상향이나 유토피아는 '어디에도 없는 곳'이라는 말이 되었다. 실현 불가능한 꿈과 공상을 유토피아라고 표현한 이유이다. 거기에는 노동으로 인한 땀도, 고뇌로 인한 눈물도, 스트레스로 인한 괴로움도, 질병으로 인한 아픔도 없다. 성경에 나오는 천국으로서의 이상적 세계와는 다른, 오로지 이생에서의 꿈으로서의 이상향이자 유토피아일 뿐이다.

아버지를 신앙 세계로 이끈 효자

하지만 현실을 직시한 이상향·이상촌을 꿈꾼 사람이 있다. 땀과 노동, 그리고 성경적 삶과 가치관 속에서 교육과 계몽에 헌신한 사람이다. "한 손에는 성경, 한 손에는 호미, 머리에는 겸손의 면류관을 쓰고, 발에는 개척의 신을 신은 사람"이다. 바로 일가(一家) 김용기(1909~1988) 장로를 일컫는 말이다.

그는 경기도 양주군 와부면 능내리의 전통 유교 가문인 안동김씨 집안에서 다섯 아들 중 넷째로 태어났다. 그가 오랜 세월 동안 병으로 시달리고 있던 만 3세 되던 해, 아버지는 마침 이웃 마을 교회에서 전해준 전도지 한 장을 받았다. "하나님이 세상을 이처럼 사랑하사 독생자를 주셨으니, 이는 저를 믿는 자마다 멸망치 않고 영생을 얻으리라."는 내용의 요한복음 3장 16절 말씀이었다.

아버지는 이 말씀을 접하는 순간, 『맹자』의 "하늘의 뜻에 순종하는 자는 흥성하고, 하늘의 뜻에 거역하는 자는 멸망한다(順天者興, 逆天者亡)."라는 글귀를 떠올렸다. 이렇게 기독교가 유교와 비슷하다는 점을 발견하고는 기독교를 받아들였다. 신앙 세계를 체험한 아버지는 아들의 치료를 위해 하늘의 뜻에 순종하는 길을 선택했다. 질병에 시달리던 어린 일가가 아버지를 기독교 신앙 세계로 이끈 것이다.

기독교 가정에서 자란 그는 신앙 제일주의를 내세우며 학교와 함께 가나안교회를 세웠다. 가훈도 "너희는 먼저 그의 나라와 그의 의를 구하라. 그리하면 이 모든 것을 너희에게 더하시리라."(마태복음 6:33)는 성경 말씀으로 삼았다.

교육학에서는 자식이 부모를 존경하면 그 자녀들은 높은 삶의 목표를 설정하고 이를 성취하려는 의욕이 강하다고 말한다. 일가를 두고 한 말 같다. 그는 부모를 존경하고 그분들의 말씀에 순종했다. 시대가 평탄한 삶을 허락하지는 않았지만, 또 개척자의 정신으로 온갖 고생을 자초했지만, 그의 삶은 주변의 존경과 사랑을 한 몸에 받는 성공적인 삶이었다. 부모님을 존경하고 따랐기 때문이다.

일가의 아버지는 늘 "존경받는 사람이 되어라."고 가르치며 솔선수범하였다. 천수답이 대부분이던 그 시절에는 농사철만 되면 물 때문에 다툼이 많았다. 일가의 아버지는 논에 물을 보러 갔다가 자기 논에는 물이 많은데 옆집 논에 물이 없으면 그 논에 물을 대 주었다. 또 물이 새지는 않는지 옆집 논을 살피기도 했다. 마을 사람들은 그를 성자(聖子)라 불렀고, 일가 역시도 그런 아버지를 존경했다.

"일하고 먹어라."는 생활신조를 갖게 된 것도 아버지의 영향 때문이었다. 안동김씨 양반가의 후손인 일가의 아버지는 양반들이 놀고먹는 것을 못마땅하게 생각했다. 땀을 흘리지 않고 남의 수고를 가로채는 불한당을 경계하며 열심히 일하는 사람이 되도록 일가를 가르쳤다. 훗날 일가는 이를 가나안의 정신으로 삼았다. 이렇게 부모에게 순종하게 된 데에는 어려서부터 받은 교육이 한몫했다.

일가는 만 7세 되던 해, 마을 서당에 들어가 『명심보감』·『통감』·『소학』 등을 읽으면서 전통적인 효를 접했다. 효가 인간의 가장 참된 가치임을 고전에서 깨달은 그는 부모 공경의 모범을 보였다. 부모를 공경하는 태도는 가족 차원을 넘어서 사회적·국가적으로 필요한 일들도 자각하도록 했다. 부모의 삶을 통해서 나라 사랑 정신을 깨우친 것이다.

1919년, 3.1운동이 일어나자 아버지는 고향에서 이웃 마을과 합세하여 태극기를 들고 시위를 주도하였다. 10세인 용기는 아버지의 이런 애국운동에 감명을 받았다. 그리고 1922년, 13세 되던 해 경기도 양주에 있는 광동중학에 입학하여, 일제 치하에서 고통당하는 조선의 아픔을 뼈저리게 느끼며 나라 사랑 정신을 다졌다. 10대 후반에는 만주를 되찾겠다며 당차게 그곳으로 여행을 떠났다. 젊은 혈기에서 나온 애국심의 발로였다.

부모 공경에 대한 생각은 나이가 들면서 점차 생활신조로 변했다. "윤리를 되찾아 부모님께 효도하며 살자."라는 것을 삶의 가장 중요한 과제로 삼은 것이다. 유교적 효 윤리에서 비롯된 그의 효경(孝敬) 사상은 "네 부모를 공경하라. 그리하면 네 하나님 나 여호와가 네게 준 땅에서 장수하리라."라는 성경적 효 사상으로 나아갔다.

위대한 하나님의 사랑 정신을 가장 많이 닮은 것이 부모님의 자식 사랑이라고 한다. 하지만 자식 사랑은 다른 동물도 마찬가지로 가지고 있다. 오로지 인간만이 그 사랑에 대해 보답할 줄 안다. 보은(報恩), 곧 효도는 인간만이 갖는 특성이며, 십계명에서 부모 공경, 곧 효 실천을 강조한 것도 이 때문이다. 그리하여 효를 교육의 최우선 순위로 삼은 것이다.

아버지의 유언에 따라 농사꾼이 되다

평소 애국심이 투철하던 용기의 아버지는 1932년 세상을 떠나면서 유언을 남겼다. 이 민족에게 먹을 것을 주는 농사꾼이 되라는 것과 이상촌을 건설하라는 것이었다. 아버지는 놀고먹는 조상(안동김씨 양반)들의 죄를 대신 갚아야 한다며, 일하는 농민이 되라고 당부했다. 그는 아버지의 유훈을 따라 고향인 봉안으로 내려가 이상촌 건설에 뛰어들었다. 이상촌은 먼저 열 가구가 모여 십가촌(十家村)을 이루었다. 황무지 개간과 각종 생활 개선 작업을 통해 개척 정신을 발휘하여 이상촌을 만들어 나갔다.

그리고 1954년, 현재의 경기도 하남시 풍산동에 '가나안 농장'을 세우고 본격적인 국민 계몽운동에 돌입했다. 하루에 16시간씩 일하고, 치약은 한 번에

3mm, 세숫물도 대야의 3분의 2 이상을 못 쓰게 하는 등 철저하게 노동과 검약정신을 강조하고 실천하는 운동이었다. 주변에 소문이 전해지면서 가나안 농군학교는 점차 공무원은 물론 정치·경제·교육계 인사들의 교육장으로 사용되었다. 일가가 타계한 이후에는 그의 자녀들이 그 일을 이어받았다. 평일(제1 가나안농군학교), 범일(제2 가나안농군학교) 등 그의 아들들이 아버지의 정신을 이어가며 지금까지 70만 명 이상이 이곳에서 교육을 받았다.

이처럼 신앙 공동체였던 이상촌에 대해서도 일제는 신사참배를 강요했다. 장로인 일가는 신사참배를 거부했고, 그로 인해 양평경찰서에 끌려가 모진 고문도 당했다. 창씨개명에도 동참하지 않았다 하여 장남 종일이 퇴학당하는 일도 겪었다. 독립투사들과 학병 탈출자를 돕는 일도 했다. 농민들을 모아 일제의 공출 반대 운동도 벌이고, 징병·징용 불응 운동도 전개했다. 1945년 직후의 해방 정국에서는 상경하여 농민동맹을 결성하고, 이상촌 운동을 전국적으로 전개했다. 그리고 이어서 신탁통치 반대운동을 하다가 투옥되기도 했다.

이것이 당면한 사안들을 통한 애국운동이었다면, 이상촌 건설은 먼 미래를 내다보는 애국운동이었다. 이상촌 건설은 단순한 농촌운동보다는 학교를 세워 독립군과 지도자를 양성하는 것이 주된 목적이었지만, 일가는 농민의 의식 개혁이 선행되어야 한다고 생각하고, 농민운동을 위한 농민학교를 세웠다. 이상촌을 농촌 현장에서 찾은 것이다. 이렇게 해서 용인복음고등농민학원이 설립되었고, 이를 바탕으로 가나안농군학교를 세워 본격적인 농촌운동에 뛰어들었다.

일하기 싫거든 먹지도 말라

일가의 삶은 한마디로 감동 자체였다. 기독교 신앙적 삶을 토대로 부모 공경과 나라 사랑 정신을 실천한 삼심, 곧 신앙심·효심·애국심의 한 표상이었다. 평소의 기도 내용도 자신과 가족의 안위보다는 나라와 농민을 위한 구국의 염원을 담은 것들이 대부분이었다. 이상촌을 꿈꾸며 세운 가나안농군학교는 "노세 노세 젊어서 노세!"로 상징되듯이, 놀고먹는 것을 최고로 여기던 시절에 일하는 것을 최고의 가치로 삼은, 그야말로 새로운 인간을 만들어 내기 위한 정신의 용광로 같은 곳이었다. 신앙심·효심·애국심을 불러일으키는 삼심운동의 활동 공간이었다.

1960년 5.16 이후 육군 소장 박정희 최고회의 의장이 장성 30여 명과 함께 불시에 이곳을 찾았을 때 일이다. 중식으로 감자와 빵이 나오자 박 의장은 무심코 빵 한 조각을 입으로 가져갔다. 이때 일가는 "여기서는 내가 대통령이니 내 말대로 따라야 합니다."라며 조국과 일용할 양식에 대한 감사 기도를 먼저 올리도록 했다. 그리고 "일하기 싫거든 먹지도 말라."라는 구호를 외친 뒤 식사를 했다고 한다.

이후로 가나안농군학교의 정신은 새마을운동의 불씨가 되었다. "근로하자"·"봉사하자"·"희생하자"라는 가나안의 3대 이념은 새마을운동의 정신적 기초가 되었다. 그리고 "밥 한 공기에는 4천 알의 쌀이 들어 있고, 그것을 먹으려면 4시간 동안 일해야 한다."라거나 "흙은 거짓말하지 않는다. 땀 흘려 일하는 자의 웃음과 노력은 모든 이에게 희망의 원천이 되는 강한 생명력이다."라는 그의 철학은 새마을운동의 밑거름이 되었다.

가나안농군학교의 구호인 '개척!'은 일가의 삶 철학을 그대로 대변한다. 황무지를 개간하는 것도 개척이지만, 나태한 심성을 계발하고 일깨우는 것이야말로 진정한 개척의 정신이다. 이 땅의 잠자는 영혼들을 깨우기 위한 개척의 종소리였다. 초창기부터 매달아 놓은 가나안농군학교의 산소통은 이를 상징한다. 훈련생의 잠을 깨우는 산소통은 개척의 종인 것이다. 개척의 정신을 알리고 깊은 잠에서 정신과 육체를 깨우는 각성의 종이다.

이런 일가의 의식 혁명·생활 혁명·인격 혁명 등 개척정신의 기반은 우리나라뿐만 아니라 다른 나라의 많은 지도자들에게도 영향을 끼쳤다. 대표적인 경우가 태국의 잠롱 시장이다. 가나안농군학교에서 훈련받은 그가 청백리로 역사에 길이 남은 것은 가나안 정신의 실천과 무관하지 않다. 제3세계 지도자들의 발길이 지금까지 이어지는 것도 가나안의 개척 정신을 필요로 하는 곳이 아직도 많다는 반증이다.

신앙심·효심·애국심에 깃든 근로·봉사·희생정신은 한마디로 가나안의 개척정신이었고, 이는 다시 복민정신(福民精神)이 되어, 이 시대를 울리는 한 마디 소리로 남았다. 이를 기리는 사람들에 의해 1966년에는 그에게 막사이사이상이 수여되었다. 시상식장에 일가는 삼베 두루마기를 입은 농부 차림으로 나타나 주목을 받았다. "농업을 통해 세상의 가난을 몰아내고 평화를 이루는 게 꿈이다."라는 내용의 연설은 청중을 감동시켰다.

그는 "세상에 태어난 것이 좋은 게 아니라 태어나 좋은 일을 하는 것에 탄생의 뜻이 있다."라고 하여, 옳은 일을 하는 데에 삶의 의미를 두었다. 평생을 근면·절약·봉사의 정신으로 살면서 가난에 찌든 당시 한국 사회의 횃불이 되었던 것이다. 끝으로 그가 지은 가나안의 노래 가사를 음미해 본다.

1. 동방의 햇빛 퍼져 빛나는 조국
   그 중에도 살기 좋은 가나안 복지

얕은 산 봉이봉이 아름다운 들
흐르는 한강물은 수정 같구나.

2. 기름진 넓은 들에 풍성한 오곡
   골고루 먹고 보니 흐뭇도 하다
   동기들이 모여서 친형제 같이
   미쁘고도 정다웁게 살아 나가세.

3. 조물주 명령하신 복민의 운동
   너도나도 손잡고 밟아 나가면
   젖과 꿀이 흐르는 가나안 되고
   하나님의 영광영광 더욱 더하리.

(후렴)
대대로 살아나갈 가나안 복지
억만손 퍼져나갈 복지 여기라.

김현승

「가을의 기도」를 지은 기독 시인

가을에는
기도하게 하소서.
낙엽들이 지는 때를 기다려 내게 주신
겸허한 모국어로 나를 채우소서.

가을에는
사랑하게 하소서.
오직 한 사람을 택하게 하소서.
가장 아름다운 열매를 위하여 이 비옥한
시간을 가꾸게 하소서.

가을에는
호올로 있게 하소서.
나의 영혼 굽이치는 바다와
백합의 골짜기를 지나
마른 나뭇가지 위에 다다른 까마귀 같이.

「가을의 기도」, 해마다 가을이면 가장 많이 낭송되는 시가 아닐까. "기도
하게 하소서"·"사랑하게 하소서"·"호올로 있게 하소서", 독자의 마음을 끄는
기독 시인 김현승의 평범하면서도 뭔가를 깊이 생각하게 하는 주옥같은 시
어들이다. '신앙의 시'·'기도의 시'·'고독의 시'·'견고의 시'·'도덕의 시'·'가을
의 시'. 이 말들은 사랑을 진솔하게 실천하는 기독 시인 김현승의 시를 평가

하는 언어들이다.

부모 공경, 형제 우애에 빛나는 목회자 아들

김현승(1913~1975) 시인은 평양에서 아버지 김창국 목사와, 역시 신실한 신앙인의 가정에서 자란 어머니 양응도의 4남 2녀 중 셋째로 태어났다. 차를 워낙 좋아해서 다형(茶兄)이라 했다. 아버지 김창국 목사가 전라도 광주의 양림교회 담임자로 부임하면서 그도 함께 광주로 내려갔다. 아버지는 자녀들을 어려서부터 성경대로 살게 했고, 엄한 예절로 단속했다. 선생은 이런 아버지의 가르침에 늘 순순히 따르면서 형제 우애의 모범을 보였다. 훗날 모교인 숭일학교에서 교편을 잡은 것도 일본 동경체육전문학교를 다니던 동생의 학비를 조달하기 위해서였다. 형제간에 사랑이 투철했음을 알 수 있다.

미션 계통의 학교만을 골라 보낸 것은 아버지의 성경적 인생관 때문이었다. 가난하면서도 형제간의 우애가 투철한 것은 아버지의 엄한 도덕적 가르침 때문이었다. 어린 시절 광주 양림에서의 삶은 비록 가난했지만, 부모 공경·가족 사랑·형제 우애를 돈독히 했던 시절이다. '아버지'·'어머니'·'모성애'·'고향'·'형님'·'동생들'·'가족'·'이웃'·'친구'·'아내'와 같은 시어를 많이 사용한 것이 이를 말해준다. 문학적 소질은 광주 숭일학교를 마치고 평양의 숭실중학에 입학하면서부터 드러나기 시작했다. 선생님들이 읽어 주던 시에 매료되면서 시인의 꿈을 갖게 된 것도 이때부터다.

아버지의 청교도적 신앙생활은 어린 그를 매우 경건한 삶으로 인도하였고, 선생님들로부터 받은 문학적 소질은 그의 신앙과 삶에 절대적 영향을 주었다. 그가 즐겨 쓴 시어인 '까마귀'는 그의 삶과 신앙을 동시에 상징적으로 보여준다. '까마귀'는 백조나 비둘기처럼 낭만적인 새의 이미지와는 다르다. 원

죄를 지닌 인간 실존의 문제를 '까마귀'로 형상화한 것이다. 이면에는 사치와 호사를 경계하는 뜻도 담겨 있다. 가난했던 광주에서의 삶에서도 드러나지만, 결혼 생활 속에서도 순종과 청결은 이어졌다. 아버지의 뜻과 가르침을 순순히 따른 것이다.

어머니 생각

어머니에 대한 생각도 절절하다. 소리 없이 고생만 하다 홀로 누워 계신 어머니를 잊지 못하고, 결국 어머니가 가신 그 길, 거기엔 천국이 있다고 노래한다. 어머니를 그리워하는 김현승의 회고다.

> 나비 한 점 날지 않은
> 혼자 가는 들길엔
> 발자욱 소리뿐
>
> 풀잎 하나 일지 않은
> 혼자 가는 들길엔
> 검은 그림자뿐
>
> 누워 계신 어머니
> 이런 들에 호올로 헤매이시면 어쩌나!
>
> 어머니 어머니 생각 때문에도
> 천국은 들 가운데 있어지이다! (「천국은 들에도」)

엄부자모(嚴父慈母)의 전형적인 가정에서 그는 자랐다. 그런 김현승은 예수의 어머니 마리아를 연상하며 자신의 부모 모습을 떠올렸다. "당신은 아버지의 채찍보다, 당신은 어머니의 눈물과 사랑으로, 우리를 끝내 그 가슴에 품어 주신다."(「크리스마스의 모성애」)

가난도 축복이라 고백한 아름다운 신앙인

가난도 슬픔도 부모와 함께라면 문제없다. 고난도 역경도 주를 믿는 신앙이라면 극복할 수 있다. 가난을 오히려 축복으로 승화시킨 김현승의 노래 내용이다.

내 아침상 위에
빵이 한 덩이,
물 한 잔.

가난으로도
나를 가장 아름답게
만드신 主여.

겨울의 마른 잎새
한끝을,
당신의 가지 위에 남겨 두신
主여.

主여,
이 맑은 아침
내 마른 떡 위에 손을 얹으시는
고요한 햇살이시여. (「아침식사」)

맑은 아침, 식사 전에 드리는 기도문이다. 소찬을 들면서도 주님의 은혜에 감복하는 감사기도다. 식탁이 기름지지 않아도 마음의 풍요가 넘치는 찬양

기도다. "가난으로도 나를 가장 아름답게 만드신 주여."라고 한 데서 감사 찬양이 빛난다. 가난도 하나님의 축복이라고 고백한 것이다. 겨울의 마른 잎새 하나도 주님의 섭리에 달려 있다고 하면서 가난한 시인인 자신을 거기에 비유했다. 마른 잎새는 언제든 바람에 떨어질 수밖에 없는 위태로운 존재, 하나님의 보호하심이 없으면 홀로 버틸 수 없는 나약한 존재, 주님이 붙잡고 계시기에 붙어 있는 의존적 존재이다. 끝까지 붙들어 주시는 주님의 은혜에 감사할 수밖에 없는 피조물의 고백이다. "내 마른 떡 위에 손을 얹으시는" 주님의 축복의 손은 고요한 햇살. 보잘것없는 나와 함께하시는 주님을 노래한다.

붓을 꺾고 일제에 항거하다

광주에 터전을 잡은 김현승은 일제 식민통치가 기승을 부리자 신사참배 반대운동에 적극 가담했다. 한동안 구금되어 고문당하고 재판을 받은 이유도 이 때문이었다. 그가 자란 광주 양림 지역은 남부지방에서 가장 독립운동이 활발했던 곳이다. 독립운동 대열에 합류한 것도 이러한 지역적 영향과 더불어 넘치던 뜨거운 애국애족의 정신 때문이었다.

일제 식민통치가 극에 달했을 때, 온갖 방법으로 일제에 협조할 것을 요청받았지만 그는 단호히 거부하고 문학 활동 자체를 접었다. 1936년부터 1946년까지의 일이다. 직전까지만 하더라도 시로써 민족혼을 일깨우려고 했었다.

> 아침 해의 축복과 사랑을 받지 못하는 크고 작은 유리창들이 순간의 영광답게 최후의 찬란답게 빛이 어리었음은 저기 저 찬 하늘과 추운 지평선 위에 붉은 해가 피를 뿌리고 있습니다. (「쓸쓸한 겨울 저녁이 올 때 당신들은」 중에서)

일부분만 인용했는데, 이 시에서 '검은 광풍'·'눈보라'·'비련의 송가'·'눈물과 한숨'·'내어버린 웃음'·'표랑의 역사' 등 암울한 언어로 일제 치하의 분위기를 표현하고 있다. 그러나 비관만 하지 않고 희망을 노래했다.

그러기에 어젯밤 당신을 보고 말하지 않았습니까? 밤을 뚫고 수천 수백 리를 걸어 나가면 광명한 아침의 선구자인 어린 새벽이 희미한 등불을 들고 또한 우리를 맞으러 온다고 말하지 않았습니까? (「어린 새벽은 우리를 찾아온다 합니다」)

새벽은 푸른 바다에 던지는 그물과 같이 가볍고 희망이 가득 찼습니다. 밤을 돌려보낸 후 작은 별들과 작별한 슬기로운 바람이 지금 산기슭을 기어 나온 작은 안개를 몰고 검은 골짜기마다 귀여운 새들의 등지를 찾아다니고 있습니다. (「새벽은 당신을 부르고 있습니다」)

일제 강점기의 어둠은 곧 해가 떠오르면서 새벽이 될 것이라고 하여, 민족 독립에 대한 희망을 노래하고 있다. 시의 전문에서 '참새'·'햇발'·'아침'·'새벽'은 나라의 독립을 상징한다. 어둠 속에서 빛을 노래하며 민족의 장래를 희망적으로 노래한 것이다.

그런 가운데 찾아온 시련과 고난도 있었다. 당시 재학 중이던 숭실대학이 신사참배 반대 문제로 폐교되면서 졸업장도 받지 못했다. 훗날 재건된 숭실대학이 명예졸업장을 수여했는데, 그 기록에서 당시 김현승의 활동을 짐작할 수 있는 내용들이 보인다.

이 이는 본 대학 재학 중 본교가 일제 신사참배 요구를 거부하고 폐교함으로, 동시에 수학이 중지된 후 우리 교계 및 사회에 공헌한 바 컸으므로 본 대학 이 사회의 결의로써 졸업증을 수여함.

일제 탄압에 항거하며 10년 동안 침묵하던 그가 다시 붓을 잡은 것은 광복 후의 일이다. 이때 일제 통치 시절의 잔혹상을 그렸다.

산줄기에 올라 바라보면 언제나 꽃처럼 피어 있는 나의 도시. ……지난날 자유를 위하여 공중에 꽂힌 칼날처럼 강하게 싸우던, ……지금은 언덕과 수풀 위에 새로운 지붕들이 솟아올라, ……잔잔한 시냇물과 푸른 가로수들을 가까운 이웃을 손잡게 하여 주는…….

자유를 찾기 위한 강한 몸부림·항거의 모습을 표현했다. 항거의 현장, 그 자리에 지금은 새로운 도심이 들어섰다. 바로 자유세계다. 자유세계에는 잔잔한 시냇물과 푸른 나무, 친절한 이웃이 찾아왔다. 또 거기에는 어느 민족보다 강한 응집력이 있다. 그것이 대한의 힘이다. 그 어떤 고난과 역경도 물리칠 수 있는 이 민족만의 저력이다.

그 어느 민족보다도 강하게 폭풍에 일어서, 태양으로 치닫던 너의 산맥, 그 응결된 포효, 전진의 옷깃을. (「시인의 산하」)

절대 고독에서 희망적 구원 신앙으로

한때 김현승은 신앙적으로 방황하기도 했다. 1960년대에 그의 관심이 천상에서 지상으로 내려오면서 전에 없던 경험을 한 것이다. 가장 절실하고 가치 있는 것으로 세속적 인간을 추구하였는데, 이때 '고독'이 주된 시어가 되었다. 말이 씨가 되듯이, '고독'은 그의 삶을 고독하게 만들었다. 당시 자신이 추구하던 고독이 얼마나 빗나간 고민이었는가를 스스로 고백한 것이다.

키에르케고르의 고독은 궁극적으로 구원에 이르기 위한 수단으로서의 고독이었다. ……성경의 고독도 고독이나 허무로 끝나는 고독이 아니라 신앙적인 구원을 얻기 위한 고독이었다. 그러나 나의 고독은 구원에 이르는 고독이 아니라 구원을 잃어버리는, 구원을 포기하는 고독이다. (「나의 고독 나의 시」)

『견고한 고독』(1968)·『절대고독』(1970) 등은 이 시기 나온 시집들이다. "나는 이제야 내가 생각하던 영원의 먼 끝을 만지게 되었다."(「절대고독」) 신앙적 회의가 시작된 것이다. 하나님보다 인간적 삶의 본질에 더 충실하겠다며 신앙에서 멀어진 시절이었다. 문학적 삶을 우선하며 신앙을 등진 것이다.

나는 내게서 끝나는
아름다운 영원을 내 주름 잡힌 손으로 어루만지며 어루만지며
더 나아갈 수도 없는 나의 손끝에서
드디어 입을 다문다─나의 시와 함께. (「절대고독」)

그는 하나님과의 단절된 극한 상황에서 '절대고독'을 느꼈다. 시를 통해 해소할 수 있을 것이라는 기대도 무너졌다. 시는 인간을 더욱 고독하게 만든다. 시가 절대고독에서 자신을 구원할 것이라는 기대가 무너져 내린 것이다. 그 지점에서 그는 단절감·허무감·절망감에 빠졌다. 그러다가 1973년 차남의 결혼식장에서 고혈압으로 쓰러졌다. 여기서 하나님의 섭리를 깨닫고는 다시 회심했다. 그간의 삶을 방황의 세월로 고백하고, 다시 절실한 신앙의 세계로 돌아온 것이다. 기독교 시인으로 거듭난 순간이었다.

결국 나라는 인간은 세상의 문학으로는 썩어질 이름을 얻은 것 같았으나, 그

만큼 신앙을 잃고 천국을 향하는 길에서 까마득히 멀어져 가고 있었던 것이다. 이 나의 신앙적 배반을 오래 참고 보시다 못하여 나를 주관하시는 하나님 아버지께서 나를 치셨던 것이다. ……그러나 하나님 아버지께서는 나를 다시 깨어나게 하시어 나의 과거를 회개할 기회를 주시고, 그리하여 나는 고혈압 증세를 앓기 전보다 신앙을 회복하고, 나 자신의 죄과를 깨닫고 신앙에 전진하려고 지금은 노력하고 있다. (「하나님께 감사를 보내며」)

나는 그날 이후 시를 잃어버릴지언정 나의 구원인 나의 신앙을 다시금 떠날 수는 없다. 이 신념이 변치 않기를 나는 오늘도 나의 신인 하나님께 간곡히 빌고 있다. 엎드려 간곡히……. (「나의 생애 나의 확신」)

문인이기에 앞서 신앙인임을 고백한 내용이다. 인간을 위한 노래에서 하나님을 향한 찬양이 생의 중심임을 다시금 고백한다. 시집 『마지막 지상에서』(1975)는 이런 참회를 바탕으로 나온 것이다. 거기에 수록된 「샘물」은 경건한 신앙 회복을 희망적으로 노래했다.

> 언제나 누구에게나
> 풍성하게 솟아나는 샘물이기에
> 오히려 그의 은총을 시나쳐버리는 우리의 허물은
> 허물이어도 오히려 아름다운
> 우리의 호낙한 행복이다! 행복이다.

절대고독을 극복하고 샘물과 같은 하나님의 은혜를 깨달은 절대행복의 세계를 보여준다. 절망 가운데 따뜻한 아버지의 품으로 돌아온 탕자처럼 그때의 기분을 희망과 행복으로 표현한 것이다.

꽃피어라!

주옥같은 김현승의 시를 "아침이슬처럼 영롱하고 눈물처럼 깨끗한 증류수와 같은 시편"(이운룡)이라고 한 것은 가장 적절한 평가가 아닐까? 그의 시집이 베스트셀러가 된 것은 진보·보수를 넘어 문인들의 사랑과 존중을 받았기 때문이다. 정결하고 청초한 매력, 거기에 더한 신앙적 고백과 결단은 독자들의 마음을 사로잡았다.

"시와 삶과 신앙이 한결같았던 정결한 분"(김준태)이라는 지인의 평가도 이를 대변한다. 지속적인 신앙세계와 윤리성을 시로 표현한 것을 두고 "우리나라 시단에서 적어도 김현승 시인만큼 통일적인 시 세계를 보여주는 경우는 드물다."(곽광수)라는 평가도 있다. 시로써 그만의 철저한 청교도적 삶과 신앙관을 보여준다는 것이다.

훗날 그를 기리는 사람들은 그가 재직하던 숭실대학 교정과 광주 무등산 자락에 시비를 건립했다. 광주 양림의 골목엔 '문인의 길'도 조성했다. 미발표 작품을 망라한 『김현승 시전집』도 나왔다. 거기에 실린 「꽃피어라」는 희망찬 이 민족을 노래했다. 이 나라와 이 민족의 장래를 아름답게 그리면서 쓴 시로 마무리 한다.

남산의 깊은 눈을 헤치고
북악의 찬바람을 안고
이 나라 강이 흐르는 곳에서
이 나라 높은 산이 솟는 곳에서
이 나라 꿈을 보는 먼 들에서

아름답게
아름답게
꽃피어라!

김호
해외 독립운동의 자금책

김호(1884~1968)의 본명은 '정진'이다. 그는 서울 소안동(지금의 안국동)에서 김후규와 권낙결의 3대 독자로 태어났다. 그의 집안은 대대로 유수한 벼슬을 지낸 전통 명문의 안동김씨 가문이다. 그가 9세일 때 아버지는 생진시에 응시했지만, 합격하지 못하고 결국 세상을 떠났다. 홀어머니 밑에서 자라던 그는 일찍이 기독교인이 된 어머니를 따라 신앙생활을 시작했다.

촉망받는 효자 신앙인

어머니 말씀에 순응하며 교회에 따라다닌 것이 신앙생활의 첫걸음이었다. 가정을 꾸리기 위해 서울로 이사한 후, 어머니는 자녀들을 모두 신앙의 길로 안내했다. 정동교회에 다니면서 가족은 신앙 안에서 가족끼리 사랑을 나누며 행복한 생활을 이어갔다. 교회를 통해 새로운 문화와 문명도 접했다. 하지만 가난이 늘 앞날을 어둡게 만들었다. 그때마다 그는 성실한 삶으로 주변 사람들로부터 인정을 받았다. 워낙 근면 성실했기 때문에 안동김씨 가문에서 도움을 준 것이다. 경제적 어려움을 근근이 해결하면서 신식 교육 받을 기회를 만들었다.

1900년 한성중학교 제1회 입학생이 되어 1904년 졸업했다. 감격적인 졸업과 동시에 교편생활을 시작했다. 첫 부임지는 인천 내리교회 부설 영화학교이다. 이후로 배재학당과 이화학당에서 영어와 수학을 가르쳤고, 교과목 외에 민족의식 고취에도 앞장섰다. 주시경 선생이 만든 국어강습소에 참여해서 국어 공부도 병행했다. 한글 공부는 사라져 가는 민족의식을 일깨우는 데 매우 중요한 의미가 있었다. 영어를 공부하며 국제적 감각을 키웠다면, 한글 공부를 통해 대한인의 정체성을 확인한 것이다. 여러 민족 지도자들과의 교류도 훗날 독립운동을 하는 데 밑거름이 되었다.

이웃 사랑 · 나라 사랑 실천

그는 가난하게 살면서도 주변의 어려운 사람을 보면 아낌없이 나누는 삶을 살았다. 1907년 1월 28일자 『황성신문』에 그가 의연금을 낸 기록이 보인다. 본인도 넉넉한 형편은 아니었기에 액수가 크지는 않았지만, 주변을 돌보는 따뜻한 온정을 지속적으로 베풀었다. 미국 유학 중에도 도와야 할 이웃이 생기면 누구보다 먼저 성금을 냈다. 탄광이나 과일농장에서 일해 번 돈을 곤경에 처한 이웃을 돕는 데 아낌없이 쓴 것이다. 그것도 한두 번에 그친 것이 아니라 지속적으로 도왔다.

이렇게 젊어서 시작한 이웃돕기는 노년에 이르기까지 평생 동안 이어졌다. 독립운동 자금 모금에도 지속적으로 참여했다. 가난한 이웃을 돕고 망해 가는 나라를 살려보겠다는 생각이 얼마나 간절했는가를 알 수 있다.

1906년부터 이듬해까지는 한말의 대표적인 애국계몽운동 단체였던 대한자강회 인천지회 회원으로 활동했다. 대한자강회는 제국주의 일본의 정치적 주권 강탈과 경제적 수탈이 가속화하고 있던 시점에서 민족 주권과 국가적 독립을 자강의식으로 해결해 보자는 뜻에서 만들어졌다. "국가의 독립은 오직 자강 여하에 달렸는데, 우리 한국은 자강지술(自强之術)을 강구하지 않아 외국의 보호를 받게 되었다. 자강의 방법은 곧 교육과 산업을 발달시켜 민지(民

智)를 계발하고 국력을 배양하는 것이니, 교육과 산업을 발달시켜 독립의 기초를 닦아야 한다."라는 것이 설립 목적이었다. 국권 회복을 궁극적 목표로 삼고, 교육과 산업 육성을 통해 실력을 양성하는 것이 주된 목적이었다.

대한자강회 인천지회에서 활동한 것은 그가 인천영화학교 교사로 재직할 때의 일이다. 교육활동과 독립을 향한 사회운동을 병행한 것이다. 당시는 일제의 무단통치가 강화되면서 민족운동 진영은 숨조차 제대로 쉴 수 없는 분위기였다. 날이 갈수록 일제의 강압은 심해졌고, 민족의 앞날은 더욱 암울해져 갔다. 더불어 민족의 희망도 점차 사라졌다. 하지만 그는 포기하지 않고, 좀 더 적극적인 항일운동을 펼치기 위해 해외로 망명할 것을 결심했다. 강압적인 일제 식민통치에 순응하기보다는, 조건이 좀 더 나은 곳으로 가서 자주독립의 실력을 연마하는 것이 장기적으로 볼 때 낫다고 판단한 것이다. 그리하여 1912년, 그의 나이 28세 때 중국 상하이로 망명하였다. 나라의 주권을 회복하기 위한 숭고한 결단이었다. 어머니와 아내와 자녀들이 있었기 때문에 결코 쉬운 결정은 아니었다. 그래도 나라가 온전해야 가족도 온전할 수 있다는 신념에 따라 결단한 것이다. 일찍이 신학문을 접한 어머니의 영향도 컸다. 어머니는 비록 남편을 여의고 홀로 힘들게 가족들을 부양하고 있었지만, 자식만은 더 큰 세상에서 더 큰 꿈을 이루도록 가르쳐 왔다. 3대 독자인 아들의 앞날을 먼 안목으로 내다보았다. 이렇게 아들의 장래와 나라의 독립을 동시에 생각한 어머니의 높은 뜻이 해외 망명을 시도할 수 있게 한 것이다.

해외에서 독립운동을 하면서 그는 틈틈이 돈을 벌어 어머니와 가족들에게 송금했다. 몸은 비록 떨어져 있어도 가족을 사랑하는 마음만은 변치 않았다. 가족과 함께 사는 행복을 누리지는 못하지만, 민족적 대의를 위해서는 그런 희생은 당연히 감수해야 한다고 생각했다. 고국에서 어머니는 자식이 보내주는 생활비로 며느리와 함께 손자 교육에 온 힘을 쏟았다. 하지만 꿈에도 그리던 아들의 모습을 보지도 못한 채 어머니는 1941년에 세상을 떠났다. 김호의 부인 이숙종은 자상한 시어머니를 본받아 어린 자녀들을 교육시키는 데 정성을 다했다.

해외에서 독립운동에 열중하던 김호가 가족을 다시 만난 것은 1943년 무렵이었다. 이때는 둘째 아들만 만났을 뿐이었고, 부인이나 다른 가족들과의 만남은 해방되던 1945년에야 가능했다. 재미한족연합위원회 한국 파견 대표단의 일원으로 서울에 왔을 때였다. 이처럼 가족들과 오랜 세월 동안 떨어져 있었던 것은, 무엇보다 나라의 자주독립이 우선이라는 신념이 너무도 강했기 때문이다.

미국 유학과 독립운동

그는 중국의 상하이로 망명하여 독립운동을 펼치다가, 2년 후인 1914년에는 다시 활동 무대를 바꾸어 미국으로 유학을 떠났다. 당시 미국에 가기 위해서는 조선총독부의 까다로운 절차를 통과해야 했다. 일본 제국주의자들은 한국인들이 외국에 유학하는 것을 탐탁지 않게 여겼다. 해외로 나가는 많은 한국인들의 주된 목적이 독립운동이었기 때문이다. 일본 유학은 장려하면서도 미국 유학을 제지한 까닭은 그들을 통제하기가 어려웠기 때문이다. 처음부터 상하이를 망명지로 선택한 것은, 장차 미국에 유학할 것을 고려한 측면도 없지 않았다. 항일 독립운동의 전초기지인 상하이에서 기본을 닦은 뒤, 미국으로 건너가 또 다른 민족운동을 전개하려는 깊은 뜻이 있었다.

미국에 건너간 다음 그는 우선 이름부터 바꿨다. 원래 이름인 김정진을 김호로 바꾼 것이다. 나라를 잃은 백성인 주제에 성(姓) 하나만 있으면 족하다는 생각에서 '아무개'란 뜻의 어조사 '乎(호)'를 붙여 '김호'라 했다. 미국으로 건너간 그는 노동을 하면서 멀리 있는 가족들의 생계도 함께 챙겼다. 동시에 교포 한인들을 위한 헌신적인 활동도 전개했다. 대한인국민회의의 성실한 회원이 되어 의무금과 특별 의연금을 꼬박꼬박 기탁했다. 무의탁 노인이나 불우한 이웃을 돕는 데도 앞장섰다. 주변을 생각하는 나눔 정신은 그가 돈독한 신임을 받는 비결이었다.

모금을 통한 나라 찾기운동

1919년 국내에서 일어난 3.1운동 소식이 전해지면서 미주한인회도 역시 바삐 움직였다. 미주 한인 사회는 앞으로 취해야 할 독립운동의 방향을 세 가지로 제시했다.

첫째, 개개인의 독립의 각오와 일치된 행동을 할 것.

둘째, 미국의 각 언론 잡지나 종교계에 3.1운동 소식과 기독교 박해 사실 등의 한국 사정을 알려, 미국인들의 동정을 얻고 한인 활동에 많은 도움을 얻도록 할 것.

셋째, 이러한 일을 감당하기 위해 북미·하와이·멕시코 동포들의 재정 공급에 책임을 질 것.

미국에서의 독립운동 방향이 요약된 내용이다. 일단 개개인의 독립에 대한 각오를 다지고, 또 조국에 대한 일제의 침탈과 박해를 미국 사회에 알려 그 부당성을 호소하고, 끝으로 독립 자금을 모금하자는 내용이다. 여기에는 도산 안창호가 중심이 되었는데, 김호도 적극 참여하였다.

그는 미국이 주도하는 파리 강화회의를 한국 독립의 좋은 기회로 판단하고 이승만 등을 대표로 파견할 것을 주장했다. 이를 위한 독립 자금 모금은 동도 활발히 전개했으며, 누구보다 앞장섰다. 미주한인회는 각 주에 산재해 있는 동포들을 찾아다니며 조국의 독립운동에 대한 관심을 불러일으켰다. 정신과 물질로 일치단결하자는 뜻에서 중앙 총회도 조직했다. 이때 그는 재미 교민들을 하나로 만들고 활성화하는 데 탁월한 능력을 보였다.

그리고 기관지 『동무』를 창간하여 민족자결주의 노선에 필요한 이론들을 고취시켰다. 또 직접 서기·총무·부회장을 차례로 맡았고, 나중에는 특파위원으로 임명되었다. 주된 임무는 중국과 국내에서 전개되는 독립운동에 필요한 자금 모금이었다. 임무를 부여받자 만사를 제쳐두고 오로지 독립 자금 모금에 앞장섰다.

중앙총회 회장으로 있던 도산 안창호 선생은 그의 헌신과 노력에 탄복했다. 애국심을 기리기 위한 위임장도 발령했다. 위임장의 내용에는 미국 내에서 독립 의연금 모금 업무뿐만 아니라 일치된 행동으로 대한독립단을 응원하는 사명이 담겨 있었다(대한독립단은 미주 한인 사회에서는 3.1운동의 중심세력 가운데 하나로 알려져 있다). 당시 특파위원으로 활동하던 그는 동포들이 보인 반응을 다음과 같이 보고했다.

> 동포의 열성은 형언키 어렵게 극렬히 펄펄 끓는바, 동포의 정신이 독립활동비를 위하여 어느 때든지 기별만 하면 현성을 다하겠다 하며, 몇 동포는 기왕 습관을 고치기로 결심하여 아편대를 던지며 시거(담배)집에 안 가기로 하여 술도 끊어 일심동력으로 우리 독립군을 돕기로 맹세하는 이가 많다. (『신한민보』, 1919. 5. 10. 중앙총회 특파위원 보고)

독립 자금 모금과 생활 개선운동

독립 의연금 모금뿐만 아니라 동포들의 생활습관 개선 작업도 함께 진행했다. 독립 자금을 모금하는 그의 성실한 모습을 접한 사람들은, 그간 나태하고 게으른 습관을 고치겠다는 각오를 다진 것이다. 독립운동을 하며 생활 개선책도 함께 마련한 셈이다. 한인 동포들의 이런 열기와 협조에 감사를 표시하며 쓴 「경애하는 동포 여러분에게」라는 글을 살펴보자.

여러분 형제자매의 따뜻한 사랑을 항상 기억할 나는 다시 제군을 향하여 하올 말씀은, 경애 동포 여러분이시여! 우리가 이미 결심한 그 열정을 더욱 끌어 5천년 조국을 광복하기에, 2,500만 동포의 생명 자유를 옹호하기에, 자유 독립을 찾고자 싸워 이 독한 원수의 총칼 아래 엎드려지는 늙은 부모, 어린 처자를 구원하기에 있는 혈성을 모두 바칩시다. 아! 동포여, 펄펄 끓는 혈성이 국가 민족을 위하여 희생할 줄 믿나이다. (『신한민보』, 1919. 5. 29)

그는 미국 특파위원으로 활동하면서 독립 의연금 1만 달러 이상의 약정을 받아 주변을 놀라게 했다. 조국의 자유 독립을 갈망하는 동포들의 의지가 얼마나 강했는가를 느낄 수 있을 뿐만 아니라, 모금책인 김호를 얼마나 신뢰하였는가도 함께 확인할 수 있다. 이에 힘입은 그는 청년혈성단을 조직했다. 의연금만으로는 민족의 운명을 만회하는 게 어렵다고 생각한 것이다. 먼저 설립 취지문을 살펴보자.

본 단은 국혼이 있는 충의 용감의 열혈 남녀를 단합하여 죽고 삶에 함께 함을 맹약하고, 우리 독립 대사업을 기어이 이루기로 목적을 정하였나이다. 이러한 목적 아래 온갖 적당한 사업이면 무엇이든지 행하여 보자 함이외다. 본 단은 이에 부르짖나이다. 재미 동포여 우리는 등한하였소! 우리는 또 다시 이전 모양으로 지내지 못하겠소. 산업도 시국을 참조하여 경영하시며, 수학도 형편에 따라 행할지라. 지금부터 우리는 온 정신을 우리 독립 대사업에만 써옵시다. (『신한민보』, 1919. 5. 31)

다음은 청년혈성단이 지향한 4대 방침이다.

① 새로 건설한 우리 공화 정부를 위하여 혈성을 다할 일.

② 대한인국민회의 주의 방침에 복종하며 특별 공헌이 있을 일.

③ 속히 우리 독립운동에 실용할 군사상, 학술상 혹은 기예를 배우게 할 일.

④ 우리 독립운동에 대하여 정의 인도를 무시하고 정신상이나 물질상으로 살도하는 모든 해독물을 박멸할 일.

성공한 사업가가 되다

청년혈성단에 참여한 이들은 독립운동 자금을 충실히 모으기로 결심했다. 혹 수학 중인 자는 임시 정학을 하고 비용을 독립자금으로 헌금하기로 약정했다. '김형제상회'를 설립하여 재미 한인 사회의 백만장자가 된 것도 그 시절이다. 농산물 운송과 위탁 판매 사업을 통하여 돈을 모아 독립 자금으로 유통시킨 것이다.

대한의 자유 독립을 위해 물질과 정성을 바치기로 맹약도 했다. 또 독립운동에 헌신할 청년 역군들을 후원하고 『신한민보』를 발행하여 재미 한인들의 생활 향상과 민족의식을 고취하는 데 심혈을 기울였다. 사업과 농장을 직접 경영하면서 육영 사업과 조국의 독립을 위한 활동에 누구보다 열성적으로 나선 것이다. 또 나라를 위한 일에 동참할 청년들을 찾아 지원하였고, 그들 가운데 이용선과 한장호에게는 군사 기술을 배우고 비행학교에 입학하도록 지원하였다. 결국 그들은 훈련을 마친 후 1920년에 상하이에서 개교한 한인 비행가 양성소 교관으로 활동했다.

활동 범위를 넓힌 김호는 미국 동부로 가서 이승만을 만나 향후 독립운동 방향을 정립했다. 훗날 이승만과는 다른 길을 갔지만, 이때는 이승만의 외교 활동을 후원하는 데로 방향을 넓혔다. 조선이 자력으로 자주 독립을 이루기는 요원하다고 판단한 그는 외교 활동을 통한 조국의 광복을 꿈꾼 것이다. 효율적인 독립의 길을 외교활동을 통해 모색한 것이다. 독립운동에 필요한 자금 모금도 지속적으로 이어갔다. 미주 한인 사회의 연합활동도 적극적으로 이끌면서 한인회의 분열을 경계했다.

태평양전쟁이 발발하자 독립할 수 있는 절호의 기회가 다가왔음을 직감하고 독립전쟁을 통해 조국의 독립을 쟁취할 계획을 세웠다. 1941년에 한인 국방군 군사계획을 미국 육군사령부에 제출하고, 한인 국방경위대를 창설했다. 군사훈련도 실시했다. 1942년 3.1절 행사 때에는 관병식을 대대적으로 거행하여 한국의 독립 문제를 대내외에 알렸다. 대한민국 임시정부의 승인을 얻어 광복군의 일원이 되기도 했다.

1945년 광복 후 김규식과 함께 정부 수립에 관여하여 입법의원 초대 관선 의원이 되었지만, 처음 미국에서 뜻을 같이했던 이승만과는 노선을 달리하여 다시 미국으로 돌아갔다. 그리고 1962년, 일시 귀국하여 국군의 날 행사를 참관하고 미국으로 다시 건너가 1968년 세상을 떠났다. 어려운 환경 속에서도 나라의 독립을 우선시하였고, 멀리 있는 조국의 부모와 가족을 위해 궂은일도 마다하지 않고 도맡아 했으며, 독립 자금을 마련하는 데에도 물불을 가리지 않았던 그의 삶은 재미 한인 동포 사회의 귀감이 되었을 뿐만 아니라, 해외 독립운동사의 중요한 한 장을 이루었다. 근면·성실로 흘린 땀은 결국 캘리포니아에서 10대 농장 가운데 하나인 리틀리 농장으로 결실을 맺었으며, 성공적인 미주 한인 사회의 표본이 되기도 하였다.

1997년, 정부는 이런 독립운동에 대한 공훈을 기리며 건국훈장 독립장을 추서했다. 나라의 독립을 무엇보다 우선시한 그의 나라 사랑 정신을 높이 산 것이다. 또 그것이 가능했던 것은 어머니의 나라 사랑 정신이 이면에서 작용했다. 어머니의 높은 뜻을 받들어 독립운동을 한 것이 효심과 애국심의 발로라면, 주변의 신뢰를 구축한 근면 성실한 삶은 종교적 신앙심의 발로가 아닐까 생각해 본다. 일제 암흑기 민족 지도자들의 마음속에는 세 가지 마음, 곧 신앙심·효심·애국심 등 삼심이 크게 작용하고 있음을 김호의 삶을 통해서도 확인한 셈이다.

목일신

국민 동요 「자전거」의 작사자

찌르릉 찌르릉 빗켜나셔요
자전거가 갑니다 짜르르르릉
저기 가는 저영감 꼬부랑영감
어물어물 하다가는 큰일납니다.

찌르릉 찌르릉 빗켜나셔요
자전거가 갑니다 찌르르르릉
오블랑 꼬블랑 고개를 넘어
비탈길을 스르록 지나갑니다.

찌르릉 찌르릉 이 자전거는
을 아버지 사오신 자전거라오
머너먼 시골길을 돌아오실제
간들간들 타고오는 자전거라오. (『아이생활』, 1932)

목일신이 지은 국민동요 「자전거」의 원래 노랫말이다. 보통(초등)학교 5학년 때, 미국 선교회에서 각 지역 교회를 순회하며 목회하던 아버지에게 기증한 자전거를 타고 다니다가 착상해 낸 가사다. 우리에겐 "따르릉 따르릉 비켜나셔요. 자전거가 나갑니다. 따르르르릉. 저기 가는 저 영감 꼬부랑 영감. 어물어물하다가는 큰일납니다. ……"라는 노랫말이 더 익숙하다. 훗날 전해지는 과정에서 일부 가사가 각색되었다. 하지만 그는 가사가 바뀐 것을 못마땅하게 여겼다. 한글의 아름다운 시어로 자신의 삶을 표현했는데, 개사한 것이 마음에 들지 않았기 때문이다.

국민동요「자전거」의 탄생

목일신(1913~1986). 그는 시 쓰기를 무척 좋아하고 즐겼다. 어느 여름날 더위를 피해 바닷가에 놀러갔을 때의 일이다. 해수욕장을 바라보다가 별안간 시상이 떠올라 시를 쓰려고 했지만 종이도 연필도 없었다. 할 수 없이 그는 손가락으로 모래사장에 동시「바닷가에서」를 써 놓았다. 그리고는 집으로 재빨리 달려와 종이와 연필을 가져다가 시를 옮겨 적었다.

중학 2학년 때에는 하루에 한두 편씩 동시를 썼고, 어떤 때에는 서너 편도 썼다고 하니 얼마나 창작 의욕이 강렬했는지 짐작할 수 있다. 그가 쓴 동시는 곧바로『조선일보』와『동아일보』에 연재되었다. 시를 쓰는 즉시 우리나라 대표 일간지들에 실렸으니, 그 실력이 어느 정도였는지 알 수 있다.

그는 전남 고흥에서 항일운동가이자 목사인 아버지 목홍석과 어머니 신치숙의 장남으로 태어났다. 아버지는 고향에서 청년들을 대상으로 조선 물산 장려운동, 토산품 사용운동, 단연(斷煙) 실행운동 등을 주도하다가, 체포되어 혹독한 고문을 받고 투옥되었다. 출옥 후 감옥에서 받은 고문으로 인한 심한 후유증으로 세상을 떠났다. 목일신이 순천 매산학교 1학년에 재학할 때의 일이다.

아버지를 그리는 절절한 마음

아버지가 세상을 떠났을 때 그의 마음이 얼마나 애달팠는지, 당시 상황을 묘사한 작품이 있다.

나를사랑하시든 아버지는요
작년삼월초하로 꽃피는봄날
우리형데오남매 남겨두고서
무정히한을나라 가섯답니다
나는나는누나와 목노아울며
어머니는동생들 껴안고을제
동리동리사람들 모다차저와
애처러운눈물을 흘렷답니다
사랑하신어머님 슬퍼하실땐
나는나는언제나 위로를하죠
이밤도달밝은밤 버레우는밤
그리운아버지를 생각합니다. (「우리 아버지」, 『동아일보』, 1929. 10. 20)

아버지가 세상을 떠났을 때의 상황과 심리를 한글 고어체와 당시 어법에 따라 시로 남겼다. 얼마나 부모를 그리워했던지 꿈나라에서도 자주 나타났다.

밤마다 차저가는 나의꿈나라
훌륭하고 묘한구경 가득찻지요
이마을이 조용히 잠이들면은
나도함께 잠드러 꿈은깨이죠
밤마다 차저오는 나의꿈나라
그리운 아버지꿈 어머니의꿈
가지가지 묘한꿈 홀노꾸다가
아츰종이 울면은 꿈은깨이죠. (「꿈나라」, 『동아일보』, 1930. 2. 4)

아버지로부터 신앙심과 애국심을 물려받다

목일신이 동요를 쓰게 된 것은 독립운동을 한 아버지의 영향이 컸다. 아버지는 어려울 때 하나님께 의지하고 찬양하도록 가르쳤고, 평소에는 나라 사랑 정신을 강조했다. 그가 쓴 육필 원고에 이런 내용이 있다.

주의사랑 끝이없어 바다보다 더깊고
소리높여 주의일홈 불으며
찬숭으로 주께영광 돌리세
자비하신 하나님 우리아이들에게
복을나려 주시며 길을인도 합소셔
우리주의 날개아래 항상품어 주시고
거룩하신 손을펴서 나를안어 줍소서. (「주님의 사랑」, 『목일신전집』, 2013)

삶을 전적으로 하나님께 맡긴 신앙인의 모습을 볼 수 있다. 또한 아버지는 나라 사랑의 정신을 그만의 방법으로 일깨워 주었다. 어린 목일신에게 어린이 잡지를 사다 주고, 동요 쓰는 법을 직접 가르친 것이다. 목일신의 첫 번째 작품은 1929년 『동아일보』에 발표한 「산시내」라는 동요다. 그때 그는 보통학교 5학년이었다. 아버지가 『아이생활』·『어린이』·『새벗』 등의 잡지들을 사다 주며 문학에 대한 취미를 돋우어 주었기 때문에 가능했던 일이다.(『배화』 68호, 1974. 1)

아버지는 단지 동요만을 가르친 것은 아니다. 일제의 일본어만 쓰게 하는 정책을 거부하고, 한글 쓰기를 통해 민족정신을 고취시켰다. 우리말 글쓰기로 민족의 얼을 지키려는 뜻이 담겨 있었다. 1933년 『조선일보』에 발표한 「전화」라는 시에도 그 흔적이 남아 있다.

모시모시 하이하이 짓거리는말
나는나는 그런소린 모른답니다
왜말쟁이 우리옵바 대여주엇죠.

일본말에 대한 혐오의 심정이 묻어나고 있다. 그는 또 우리글에서 새 나라
에 대한 희망과 기쁨을 찾았다.

우리말 우리글 우리노래 새노래 ……
새나라의 동무는 우리말과 우리글
새노래 새글소리 더욱 정답다. (「새동무」, 『목일신전집』, 소명출판, 2013)

비록 오늘날의 맞춤법과는 다르지만, 이 글에서도 그만의 언어를 그대로
살렸다. 다만 초성에서 ㅽ·ㅅ 같이 자판에 없는 글자는 요즘 표현인 ㄸ·ㄲ으
로 표기했다.

시로 표현한 도란도란 가족 사랑

그는 장난꾸러기 동생의 모습을 동요로 그려 냈다.

다섯살된나의동생 사나운동생
아츰밥을먹구서 놀너나가면
동리동리애들을 따려노코서
싱긋벙긋웃고서 달녀옵니다
다섯살된나의동생 씩씩한동생
동리에어린애들 모와노코서
우렁찬큰소리로 호령을하며
온갖일을제맘껏 가르킵니다. (「나의 동생」, 『조선일보』, 1929. 11. 19)

소리글자인 한글의 아름다움이 한껏 돋보이는 작품이다. 장난꾸러기 동생이었지만, 짓궂게 호령하는 골목대장 동생의 모습을 사랑하는 형의 심정이 구구절절 다정다감하게 그려져 있다. 형제애가 묻어나는 작품이다. 공부를 잘하는 누나에 대한 글도 썼다.

글읽는 어린누나 학교갓다와
왼종일 가갸거겨 글만읽어요

빨-간 토수끼고 코ㅅ물흘려도
학교에 선생님께 칭찬만밧네. (「글 읽는 누나」, 『조선일보』, 1930. 4. 13)

일곱 살 많은 누나는 목일신을 무척 귀여워했는데, 그런 누나가 시집을 갔다. 6학년 때 그 누나의 집에 갔는데, 의과대학을 나온 잘 생긴 매형이 기타를 치며 「푸른 하늘 은하수」를 부르는 모습에 무척 감동을 받았던 일을 회고한 적이 있다.(『새벗』, 1957) 성장해서 동요 작가가 된 데에는 누나와 매형의 영향도 없지 않았으리라. 알콩달콩 가족 간의 정겨운 모습도 관계에 따라 정겹게 표현했다. 누구나 "맞아!" 하고 공감할 수 있는 할아버지·어머니·형·누나의 성격을 잘 나타내 주는 시 작품이다.

할아버지심부름은 담배심부름
압집의쇠돌이네 가개에가서
담배사다드리면 고만이지요

어머니심부름은 외가에가기
맛조흔것가저가고
날러다주고

주고밧고하면은 고만이지요

형님의심부름은 실흔심부름
머나먼길보내여 물건사오기
골나는심부름은 형님심부름

누님의심부름은 귓속심부름
남몰래숙은숙은
짓거리는말
오늘밤옥희다려 놀러오라죠. (「심부름」, 『조선일보』, 1930. 7. 8)

할아버지 심부름은 담뱃가게에 갔다 오는 것, 그것만 하면 끝. 어머니 심부름은 외갓집에 다녀오는 일, 하지만 그 심부름은 맛있는 것이 따라오는 즐거운 심부름. 형님 심부름은 귀찮은 심부름, 누나 심부름은 속닥거리며 친구에게 놀러 오라고 전하는 심부름. 이렇게 가족 구성원들의 성격을 적나라하게 표현했다. 「여름방학이면 생각나는 것」(『새벗』, 1957)에서는 누나와의 추억을 표현했다. 소학교 1학년 때 자신보다 일곱 살 많은 누나는 심부름이나 일을 자주 시켰다고 회상한다.

한번은 누나가 저녁밥을 지으며 아궁이에 불을 때는데, 이웃집 친구들이 함께 놀자고 담 너머에서 불렀다. 누나는 동생에게 불을 때라고 시켰다. 불을 때며 잠시 장난을 치다가 그만 나무더미에 불이 옮겨 붙어 지붕까지 불이 번졌다. 놀라서 엉엉 울고 있는데, 어머니와 동네사람들이 달려와서 불을 꺼 주었다. 어머니는 불을 낸 자신을 나무라는 게 아니라, 동생에게 일을 시킨 누나를 야단쳤다. "이 정신 빠진 계집애야. 글쎄 그 어린 것이 무엇을 안다고 불을 맡기고서 너 혼자서만 놀러가 버렸단 말이냐." 야단맞는 누나를 보면서 미안함과 동시에 고소한 생각도 같이 들었다고 회고한다. 안타까운 것은 이 사연에서 아버지에 대한 이야기가 보이지 않는다는 점이다. 아버지를 여읜 목일신 가정의 아픔이 드러난다.

동요와 시로 표현한 나라 사랑

원래 우리 민족은 부지런한 민족이었다. 하지만 언제부턴가 일하는 것을 천하게 여기는 풍토가 조성되었다. 정확히 말하자면 부지런해야만 살 수 있었던 농경사회였는데, 한때 "노세노세 젊어서 노세!"라는 양반놀음이 만연했던 적이 있었다.

나라가 망할 때에는 다 이유가 있는 법이다. 일하는 사람보다 노는 사람이 많고, 깨어 있는 사람보다 잠자는 사람이 많고, 부지런한 사람보다 게으른 사람이 많을 때 그런 나라가 온전할 리 없다. 당시 민족 운동가들이 이렇게 변질된 한민족을 일깨우며 일터로 나가자고 외쳤던 것은 그만큼 이 나라에 놀면서 일하지 않는 게으른 사람이 많았다는 증거다. 목일신도 위에서 본 「아츰이라네」라는 시를 통해서 민족을 일깨운 사람들 가운데 한 분이다.

동무여!
이제는 아츰이라네
暗黑의 어둔밤이 다지나가고
새빨간 아츰햇발이
東山우에 터오르는
光明의 아츰이라네.

동무여!
일터로 나가세

어지러운꿈을 다바리고
힘찬 팔다리를 뽐내면서
새벽놀의 저동쪽 하늘을向하야
씩씩하게 나아갈 아츰이라네.

땡! 땡! 땡!
우렁찬 새벽ㅅ소리는
요란하게 울리여오것만
아직도 잠자는자는 누구이뇨?
아직도 꿈꾸는자는 누구이뇨?

동무여! 그대도 저새벽종ㅅ소리를 듯는다면
일터로나아갈 일꾼이아니런가?
씩씩하게 나아갈 투사가아니런가?
동무여! 이제는 아츰이라네
고닯흔 한숨을거두고-
쓰라린 눈물을거두고-
저우렁찬 종ㅅ소리에 발을맛초아
우리의 일터를향하야
씩씩하게 행진할-
아츰이라네! (「아츰이라네」, 『신소년』, 1931. 6)

목일신은 일생에 가장 감격스러웠던 일이 해방되던 날이었다고 꼽는다. 벅
차오르는 감격과 흥분에 몸 둘 바를 모르며 목이 터져라 부르던 만세 소리를
회상한다. 교편생활 18년을 회고하면서 "이 해방의 감격이야말로 우리 생애
중 가장 의의 있고 또 감회가 깊었던 날"(『배화』, 1961)이라고 하였다. 어디 이
날이 목일신에게만 기쁨이었겠는가. 대한의 전 국민이 감격한 날이었다. 그럼

에도 목일신이 더욱 통쾌해 했던 것은 한국인 교사보다 많았던 일본인 교사들이 꽁무니를 빼며 도망가는 모습을 본 기억 때문이다. 이듬해 졸업식에서 자신이 작사한 노래를 함께 부를 때에는 벅찬 감격에 그만 울음바다가 되기도 했다고 한다.

유구한 역사와 민족을 만드는 데에는 그만한 노력이 수반되었다. 그들의 희생과 헌신의 흔적은 간단한 기념비에 담겼다. 기념비를 바라보는 시인 목일신의 마음은 남달랐다.

천년만년오래된
비석하나가
고개넘어길가에
서잇습니다
돌로만든큰관을
뒤집어쓰고
얼늑덜늑옷입고
서잇습니다

비석에씨여잇는
희미한글씨
천년만년지나서
질안뢰것민
넷날넷적이따에
한도령님이
나라위해목숨바친
비석이래요. (「비석」, 『조선일보』, 1929. 11. 30)

나라를 위해 헌신한 애국자의 희미한 비석을 본 것이다. 무엇보다 값진 기념비이다. 옛 정취 그윽한 여느 시골 마을의 관공서 터에 떠들썩한 이름만 있는 공적비에 비하면 초라한 것이지만, 나라 위해 목숨 바친 사람의 그 비석이야말로 아무리 낡고 오래되었어도 무엇과도 바꿀 수 없는 민족의 보배라는 것이다.

나라 없는 설움을 표현한 시도 있다. 자연을 읊으며 삶의 모습을 술회하는 듯한 목가적 형태가 주종을 이루지만, 시에는 시의 대상이 자연스레 녹아내리고 있다. 시로써 망국의 아픔을 노래한 것이다.

검푸른 서쪽하날 저구름속에
물그럼이 엿보는 반쪽달님은
가여운 어린몸이 동무도업시
혼자서 가는곳이 어대일가요

바람찬 겨울밤 쓸쓸한밤에
인적은 사라지고 밤은깁흔대
널따란 밤한울에 길동무업시
쓸쓸이 가는곳은
어대일가요. (「반쪽달」, 『조선일보』, 1929)

시인의 마음은 거기에 머물지 않았다. 일제에 항거하기 위해 만주와 북간도로 떠난 독립운동가를 그리는 작품도 썼다.

개골개골 개골이 우는밤이면
누나와 놀든곳이 그립습니다
창포볏해 누나와 마주안저서

개골노래 드르며 얘기햇지요

인적업는 이밤은 개고리의밤
싸인서름 무럭무럭 일으키는밤
북만주라 넓은땅 헤매는누나
오늘밤은 또어데서 눈물지우나. (「개고리우는밤」, 『신소년』, 1930. 6)

　독립운동을 하기 위해 북간도로 건너간 누나와 언니를 그리면서, 그 옛날
정겨웠던 추억을 시에 담았다. 물론 누나와 언니는 독립운동을 하는 분들을
상징하는 말들이다.

北間島 가신언니 그리울제면
끗도업시 멀고면 북쪽한울을
작구만 바라보며 울엇습니다

놉흔산 가리워서 뵈지도안는
새파란 북쪽한울 바라보면서
언니언니 부르면서 울엇습니다. (「그리운언니-순이의 노래-」, 『동요시인』, 1930)

그래도 희망을 노래한 시인

　하지만 그 시절은 절망만 있을 뿐이었다. 일제의 잔혹한 탄압은 지식인들
의 마음을 흔들어 놓았다. 민족 분열의 단초였다. 희망을 보지 못한 일부 지
식인들이 하나둘 친일 노선을 걸을 때, 그래도 우리 민족에게는 희망이 있다
고 노래하였다. 암울한 일제 치하라 하더라도 희망의 끈을 놓을 수는 없다는
굳건한 의지가 담겨 있다.

먼동이터오르네 동쪽산우에
희망의아츰햇빗 두루퍼지네
이땅의아들이여 어서니러나
괴운잇게일터로 빨니나가세

붉은햇발소삿네 동쪽하늘에
햇빗치구비구비 비최이나니
피끌는젊은이의 힘나는아츰
이땅의아들이여 어서일하세. (「希望의아츰」, 『매일신보』, 1930. 7. 22)

　　먼동이 트는 아침인데도 잠에 빠져 있는 민족은 망한 민족·좌절한 민족이
다. 희망의 아침 태양을 바라보며 벌떡 일어나 일터로 나아가 혈기 왕성한 젊
음을 불태우며 일하자는 것은 독립에 대한 희망을 노래한 것이다. 희망의 삼
천리강산은 무궁화동산, 새벽종 울리며 모두 함께 전진하여 우리의 낙원을
건설하자는 강한 일깨움이었다. 거기에 우리 땅, 우리나라, 우리 집이 있기
때문이다.

새날이 밝어오네 三千里 江山에
無窮花 東山우에 불타는黎明
새벽鐘을 울려라 잠든꿈을 깨워라
즐겁게 맞이하자 새날의아침

새하늘 새땅우에 먼동이터오네
無窮花 三千里에 불타는希望
잠든꿈을 박차고 나아가자 다같이
힘차게 씩씩하게 우리일터로
새날이 밝어오네 三千里江山에

無窮花 東山우에 넘치는기쁨
우리땅 우리하늘 우리집이다
튼튼히 建設하세 우리에樂園. (「새날이밝어오네」, 『목일신전집』, 2013)

먼동이 터 온다는 것은 희망의 빛이 솟는다는 것이다. 이 땅의 젊은이들에게, 붉은 햇살이 동쪽 하늘에서 비치니 어서 일어나서 기운차게 일터로 나가자고 강력히 권하고 있다. 자칫 희망마저 사라질 수도 있는 암울한 일제 치하의 상황에서 청춘의 활력을 불러일으키는 역동성이 돋보인다. 이 시기의 가장 큰 문제는 좌절이었다. 좌절을 딛고 희망을 노래하며 일터로 나가자고 호소력 있게 제안하고 있다.

동쪽에 떠오르는 태양은 희망의 상징이다. 희망의 아침에 온 땅을 비추는 태양을 바라보며 일터로 나가자고, 이 땅의 젊은이들을 재촉한다. 절망이 게으름을 초래했다면, 희망은 부지런함으로 나타난다. 피 끓는 젊은이들이 일터로 나아가 이 땅을 다시 일군다면 희망이 있다는 강한 메시지를 전하고 있다. 자유의 종소리가 울려 퍼지는 그날까지 열심히 일하자는 다짐이다.

거치른 꿈이 깊이잠든 이江山에
우렁차게 울려온 自由의 鐘소리
三千里 옛터위에 맑은 아침 다시 샐제
겨레여 울며 헤매던 형제여
무궁화 꽃다발을 가슴하나 담뿍안고
우리도 즐거운춤을 추어보지 않으리
잃었던 自由의노래 불러보지 않으리

悠久한 半萬年 잠들었던 옛東山에

黎明의 붉은太陽 솟아오는 이 아침
이 터전 이 보배를 그 뉘게 맡기리
기름진 三千里 일많은 이江山에
새터를 닦고 씨를 뿌리세
흐르는 땀방울에 나라가 크나니
봄바람도 香氣로운 大韓의 새 아침

우리땅 우리하늘 우리의 새집에
自由와 平和의 鐘소리를 울려라
建設과 前進의 行進曲을 울려라
太極旗 높이달고 平和의敵 무찌르려
나가자 힘차게 正義의 깃발아래
最後의 勝利를 얻을때 까지
自由의 鐘소리 울릴때 까지. (「自由의鐘」, 『갈매기』, 1951)

대한의 새아침에는 자유와 평화의 종소리가 울려 퍼진다. 태극기 높이 달고 건설과 전진의 행진곡을 부르며 최후의 승리자가 되자는 일깨움을 봄바람·붉은 태양·새아침·새터라는 희망적인 언어에 담았다. 모두가 자유롭고 평화로운 대한 조국을 상징한다.

　<새날의 일군>
　1. 씩씩하다 우리는 새날의 일군
　　피끓은 애국의 정성을 안고
　　불타는 희망에 발을 맞추어
　　새世紀를 향하여 굳세게 가자
　　우리는 무너진 옛성터 위에
　　거룩한 새탑을 쌓을 자로다.

2. 반만년 옛터에 먼동이트고
   새날을 고하는 세찬 종소리
   힘차게 새일군을 불러 주나니
   이터전 우리일을 뉘게 맡기리
   우리는 새世紀를 떼메고 나갈
   이江山의 억세인 새날의 일군.

3. 무궁화 닮은향기 三千里 江山
   말많은 이江山은 우리의 일터니
   正義의 깃발을 높이 들고서
   지키자 빛내자 우리의 조국
   우리는 반만년 잠든 역사를
   世界에 빛내일 새날의 일군.

　목일신과 더불어 '동요의 아버지'라고 일컬어지는 윤석중·강소천 등이 같은 시대에 활동했지만, 목일신은 상대적으로 낮게 평가되어 왔다. 은성(隱星: 숨은 별)이라는 호처럼 크게 주목받지 못했다. 그에 대한 연구도 많지 않다. 한국 아동문학사에서 그의 이름은 빠지지 않지만, 단편적 소개로만 끝나고 있다. 숨어 있는 존재로서 너무 큰 별이었기에 안타까운 생각도 든다.

　하지만 그를 기리는 운동이 2013년부터 활발히 전개되고 있다. 고흥군수는 "고흥 출신 목일신 선생은 참 교육자이자 젊은 나이에 항일운동에 나섰던 애국자로서, 자라나는 어린이는 물론 현대를 사는 우리들에게도 본받을 만한 표상이 될 분"이라며, "어린이들의 꿈을 심어준 동요작가로서 이제 제대로 평가받을 수 있도록 재정립해 나가겠다."(뉴시스, 2013. 4. 11)라고 추념하였다. 그의 작품을 모은『목일신 전집』도 출간하였다.

그의 작품의 특징은 밝고 건강한 동심의 세계를 추구한 데 있다. 자연과 일상생활을 주제로 한 작품을 주로 쓰면서 순수한 동심을 노래했다. 그렇다고 사회 현실을 등한시한 것도 아니다. 일제 치하의 냉혹한 민족적 아픔을 작품 속에서 표현하며, 그만의 방법으로 민족운동을 했다. 그렇게 한 데에는 아버지의 영향이 컸다. 일제에 대한 저항 정신과 기독교 정신이 특히 그러했다. 사상적으로 기독교의 박애 정신과 기질적으로 어떤 환경에도 굴복하지 않는 강한 심성을 이어받은 것이다.

감옥에서의 작품 활동

아버지의 영향을 듬뿍 이어받은 목일신은 중학교 2학년 때인 1929년, 광주학생운동에 참여했다. 직접 전단지에 항일의 내용을 담은 글을 써서 뿌렸다. 결국 만세운동을 벌인 혐의로 그는 전주형무소에 수감되었다. 그리고 한 달간 수감 생활을 했다. 한창 창작열에 불타던 그는 좁은 감방에서도 몰래 갖고 온 몽당연필로 하루에 한 장씩 지급되던 손바닥만한 휴지 조각 위에 작품을 썼다. 감방 창문으로 보이는 것이라고는 하늘과 구름뿐이었다. 그는 오로지 보이는 이것을 「하늘」·「구름」·「꿈나라」라는 작품으로 써서 출옥 후 『동아일보』에 발표했다.

항일운동을 시작한 이후 그는 1930년 3월에 전주 신흥학교에서 퇴학까지 당했다. 고향으로 돌아온 그는 동요를 쓰면서 울분을 삭였다. 생애 중 당시에 가장 많은 작품을 발표할 수 있었던 이유이다. 동요로 항일 독립운동을 한 것이다. 그의 대표적인 동시 「어린별」을 통해 살펴보자.

은하수 강물가에 어린 별들이

옹기종기 모혀안저 무엇을 하나
버레까지 잠자는 깁흔 이밤에
수군수군 모혀안저 무슨 말하나
참참하고 무서운 깁흔 이밤에
말업시 가만가만 숏곱질하나. (『아이생활』, 1931. 3)

'깊은 밤'·'캄캄한 밤'은 어두운 시대를 상징하고, 모여앉아 수군거리는 것은 큰 소리로 말 할 수 없는 아픈 시대상을 표현한 것이다. 비록 순수한 동시 형태이지만, 작자는 자신만의 시어로 어둡고 아픈 시대를 표현했다. 일제의 강압이 날로 더해 가던 시절, 작가는 시로써 대변했다.

전쟁에 광분하던 일제는 작가들까지 동원하여 전시동원 체제로 나아갔고, 많은 작가들이 친일파로 돌아섰다. 그러나 목일신은 절필로써 일제에 항거했다. 아버지의 뜻도 그러했고 본인의 생각도 친일이라는 반민족적 행위는 생각할 수도 없는 일이었다. 때문에 1930년대 이후부터 광복 전까지 그의 작품이 보이지 않는다. 그 시절 중고등학교에서 교편생활로, 탁구선수로, 탁구지도자로 활동했다. 그가 학생들을 가르칠 때 가장 중요시했던 것은 올바른 사람이 되게 하는 것이었다.

올바른 사람 교육

"人人人人人". 사람 人자만 모두 다섯이다. "사람이면 다 사람이랴 사람다운 사람이라야 사람이지."라는 뜻이다. 이화여중고와 배화여중고에 교사로 재직하면서 수시로 그가 강조했던 말이다. 그가 강조한 사람다운 사람이란 예의바른 사람이다. 남에게 예의를 지킬 줄 모르는 것은 자신의 인격을 떨어뜨림과 동시에 상대에게 불쾌감을 주기 때문에, 사람이 사람다울 수 있는 핵심은 예의라고 했다. 예의 없는 사람은 향기 없는 꽃과도 같다고 말하면서, 인격 도야의 중심에 예의가 있다는 점을 강조했다.

이때 제일 먼저 강조한 것은 '인사(人事)'다. 문자 그대로 '사람의 일'·'사람이 해야 할 일'을 사람다운 사람의 첫 번째 항목으로 꼽았다.(『배화』 37호, 1959. 9) 개들도 사람을 보면 꼬리 치며 달려와 반가이 맞이하는데, 하물며 사람을 보고도 모른 척하는 사람은 '개만도 못한 놈'이라며 질책했다.(『배화』 56호, 1967. 1) 학생이 학교에서 배워야 할 가장 기본적인 것이 예의이고, 이 예의 중에서는 인사가 가장 중요하다고 강조했던 것을 보면, 당시에도 아마 인사성이 부족했던 것 같다.

1950년대 후반에, '친절 주간'이라는 운동을 통해 계몽활동을 펼쳤다. 우표 한 장을 사더라도 "감사합니다." 인사하고, 버스나 전차에서는 차장이 손님들을 친절하게 대하자는 운동이었다. 이때 유럽을 여행하고 돌아온 사람의 여행담이 잔잔한 감동을 주며 널리 회자되었다. 그에 따르면, 기차 여행을 하던 중 차장이 차표를 검사하다가 어느 노인이 잠들어 있는 것을 보자 다른 사람들을 먼저 검사한 뒤, 그 노인이 잠에서 깨어날 때까지 기다렸다가 검사하더라는 것이었다. 또 정일형 박사가 UN회의 참석하고 돌아오는 길에 가방을 분실했는데, 그 가방이 3년 만에 한국으로 돌아온 사실을 듣고 깊이 감동했다고 하면서, 우리도 이러한 친절과 정직을 배워야 한다는 내용이었다.(『자유문학』, 1958. 2)

목일신은 "화장한 얼굴보다 웃음 띠운 얼굴이 더욱 아름답다."(『배화』 56호)라고 주장하면서, 제자들에게 정다운 얼굴로 친절을 베풀라고 가르쳤다.

효의 나라

그러면서 당시 귀감이 되었던 일화 한 가지를 소개했다. 위당 정인보 선생이 어느 겨울날 길을 가다가 맞은편에서 오는 한 노인을 보고는 빙판길에서 납작 엎드리며 큰절을 하더라는 것이다. 60세 노인이, 그것도 길거리에서 큰절을 하였는데, 바로 그 노인이 위당의 스승이었기 때문이다.(『배화』 58호, 1968. 1) 어른을 공경하는 것은 사실 우리 민족의 유구한 전통이다. 목일신도 많은 외국인들이 한국인의 특성으로 효를 꼽고 있다고 강조했다.

"외국인들이 우리나라의 국민성을 비판할 때, 그 단점은 시기심이 많고 단결심이 적으며 의뢰심이 강하며, 장점은 어른을 존중하며 부모에게 효성을 베푸는 일이다."(『배화』 58, 『배화』 62, 1970. 1)라는, 어느 외국인 선교사가 평한 한국인의 특징을 전해 주었다. 또한 동양 도덕의 기본이었던 '효'를 실천한 모범적인 사례들을 무척 많이 제시하였다.

그를 기리는 노래비는 그가 태어난 전남 고흥과 인생의 마지막을 보낸 부천 중앙공원에 있다. 끝으로 그를 기억하는 제자들의 추모 글을 적어본다.

그의 작품은 우리 민족의 넋을 잠재우고 흔들어 깨워 주는 요람의 역할을 하였습니다. 또한 어린이와 민중의 정신을 개척하기에 힘썼으며, 「해병의 노래」 등 천지를 뒤흔드는 군가도 작사하여 용맹을 드높이는 데도 일익을 담당했습니다. 강한 이미지의 글을 발표한 은성(목일신의 호)에게 있어 제자들은 늘 따뜻한 사랑과 정성스러움의 대상이었습니다.

박관준

일제의 심장인 의사당에서 독립을 외치다

1939년 3월 24일, 당당한 체구의 노인과 젊은 청년 한 사람, 그리고 미모의 여인 한 사람이 일본 동경에 있는 제국 의사당 입구에 섰다. 제74회 일본 제국의회가 열리는 날이었다. 셋은 당당히 방청권을 내밀고 의사당 안으로 들어갔다. 경비들의 삼엄한 몸 수색도 거쳤다. 천여 명을 수용하는 방청석은 이미 가득 찼다. 그들은 기자석 뒷줄에 앉았다. 개회 시간이 다가오자 의원들이 속속 입장하여 자리에 앉자, 단상에서 의장은 "지금부터 제74회 중의원 본회의가 개회됨을 선포합니다."라고 하며 "탕! 탕! 탕!" 의사봉을 내리쳤다. 순간 방청석에 앉았던 세 사람이 일어섰다. 그리고 큰 소리로 "에호바가미사마노 다이시메이다(여호와 하나님의 대사명이시다)!"라고 외쳤다. 인쇄한 경고문도 아래층의 의원석으로 뿌렸다. 순간 제국의회 의사당은 아수라장이 되었다. 대한의 남아 박관준 장로가 일본 제국주의의 심장 의사당에서 벌인 장거였다.

똑똑한 부잣집의 효자 외아들

박관준(1875~1945)은 평안북도 영변의 대부호인 박치환의 넷째 아들로 태어났다. 위로 형이 세 명 있었지만, 모두 어려서 목숨을 잃었기 때문에 외동아들이 되었다. 외아들 관준은 집안의 유일한 희망이었다. 박천 평야 사방 30리가 모두 그 집 땅이었으니 남부러울 것 없이 생활했다. 명석한 두뇌를 갖고 있던 그는 10세 때 이미 『명심보감』·『논어』·『맹자』를 독파하였고, 15세에는 『대학』·『중용』·『시경』·『주역』 등 유교 경전은 물론 병서와 불교 경전까지 탐독했다.

그리고 16세에 두 살 많은 처녀와 결혼하여 가정을 꾸렸다. 부모의 사랑을 듬뿍 받고 자란 그는 효성스런 아들로 자랐고, 결혼해서는 화목한 가정을 꾸렸다. 주변 이웃들은 이런 관준의 가정을 부러워했다. 하지만 이도 잠시, 17세 되던 해에 아버지 박치환이 세상을 떠났다. 그는 무덤 곁에 초막을 짓고 밤낮으로 울부짖었다. 전통적 효자의 도리였던 3년상을 치른 것이다.

불행한 나날들

3년상을 마칠 무렵인 1894년 동학농민운동이 전국을 휩쓸었다. 사회 곳곳에 만연해 있던 부정부패를 청산하기 위해 일어난 동학운동은 외세의 개입을 초래하여 청일전쟁의 빌미가 되었다. 한반도를 차지하기 위해 청나라와 일본 두 나라가 전쟁을 벌인 것이다. 그런 와중에서 관준의 가족은 일본 군대의 약탈과 만행을 피해 피난을 떠났다.

전쟁이 잦아들자 가족은 다시 고향으로 돌아왔다. 하지만 집안은 전쟁으로 폐허가 되었다. 창고에 가득했던 곡식도, 대대로 전해 오던 가보도, 어느 것 하나 온전한 것이 없었다. 부모 덕에 편한 생활을 해오던 관준에게 불행이 찾아온 것이다. 치가 떨리는 일본 군대의 잔혹한 만행을 겪었고, 또 주변 인심의 무정함을 경험하고는 실의에 빠졌다.

열심히 농사를 지으며 일한 끝에 경제적으로 안정을 찾아 가고 가족 간의 화목을 다시 회복할 때쯤, 어머니마저 세상을 떠났다. 이제 남은 것은 아내 뿐이었다. 아내는 임신을 했었지만 피난길에서 유산하고 말았다. 이런 상황에서 관준은 날이 갈수록 허전함을 느꼈다. 아무리 돈을 많이 벌어도 허전한 마음은 채울 수 없었다. "돈이 있으면 무엇 하나, 한번 죽으면 끝나는 이 세상⋯⋯."(임영옥 저, 『성령의 사람 박관준』, 좋은씨앗, 2006. 이하 생략)라고 되뇌며 염세주의에 빠져 들었다.

열부이자 효녀인 아내

허망한 세상을 탓하던 그에게 찾아온 것은 방탕한 생활이었다. 밤마다 기생과 놀아나며 술로 나날을 보냈다. 번 돈을 대부분 주색잡기에 탕진했다. 아내는 그에게 정신을 차리라고 눈물로 호소했지만 방탕한 생활은 이어졌다. 26세 되던 해, 그는 결국 가산을 모두 탕진하고 몸져누웠다. 고생을 모르고 자란 아내는 천지신명께 치성을 드렸지만, 병세에 차도는 없었다. 마지막으로 옛날 효자들이 했다는 '할고단지(割股斷指)'도 시행했다. 목이 마르다는 남편에게 아내는 자신의 피를 그릇에 받아 먹였다. 사경을 헤매던 관준은 아내의 피를 마시고 깊은 잠에 빠져들었다.

달포가 지나자 남편은 조금씩 기운을 차렸다. 아내의 헌신적인 보살핌과 사랑에 하늘이 감동했는지, 남편이 살아난 것이다. 하지만 이번에는 처가에 일이 생겼다. 장인이 위급하다는 연락을 받고 관준 내외는 처가로 달려갔다. 혼절한 장인을 보고 아내는 또 전혀 망설이지 않고 '할고단지'를 했다. 이번에도 딸의 정성이 하늘에 전해졌는지 의식이 없던 장인이 긴 한숨과 함께 피를 토하며 정신을 차렸다. 아내의 두 번에 걸친 '할고단지'를 두고 주변에서는 칭송이 자자했고, 그 소문은 조선통감부에까지 알려졌다. 조선통감은 관준의 처에게 열효부(烈孝婦)라는 정문과 함께 상금을 내렸다.

아내의 지극한 정성과 사랑으로 생명을 건진 관준은 다시 공부를 시작했다. 유교와 불교 경전을 읽었고, 나아가 동학사상에도 관심을 가졌다. 주문도 외웠다. 동양인은 동양의 종교를 믿어야 한다는 생각에, 단지 서양에서 들어온 기독교에만 관심을 두지 않았다.

동네에 들어와 전도하던 선교사들이 복음을 전했지만, 관준은 요지부동이었다. 생활이 다시 펴지기 시작하자 관준은 또다시 기방을 출입하기 시작했다. 전과 달라진 게 있다면 어려운 사람을 돌보는 마음이 있었다는 점이다. 같은 마을 사람이 엄동설한에 화재로 집과 세간을 모두 잃자 그들을 자신의 집에 데려다가 한 달 동안이나 먹여 살린 뒤, 집 한 채를 구해 주었다. 식량과 가재도구도 마련해 주었다. 춘궁기에는 마을의 가난한 사람들에게 식량도 나누어 주었다. 특히 노인을 돌보는 데 앞장섰다.

절벽에서의 신앙 체험

그러던 어느 날 관준은 신기한 체험을 하였다. 평소처럼 유가·불가·동학 관련 서적을 뒤적이고 있었는데, "절벽이 위험하니 피의 벽에 서라."라는 소리가 귀에 들려왔다. 주변에는 아무도 없는데 계속해서 똑같은 소리가 생생하게 들렸다. 순간 그의 머릿속에는 얼마 전 다녀간 선교사의 한마디 말이 스쳐 지나갔다. 피로 대속한다는 십자가의 도! 절벽과도 같은 위기에서 벗어나는 길은 십자가 보혈에 있다는 신앙 체험이었다. 사경을 헤맬 때 아내가 자신의 몸을 훼손하면서 건네 준 피로 살아났던 그가 배은망덕하게 방탕한 생활을 다시 하다가 겪은 체험이었다. 순간 그동안 자신이 해왔던 행동들을 반성하면서 뜨거운 눈물로 잘못을 뉘우쳤다. 이렇듯 관준은 기독교로 개종할 때 하나님의 직접적 계시라는 기적적인 체험을 하게 되었다. 이때가 1905년이었다.

지난날을 눈물로 회개한 그의 삶은 감사와 감격의 생활로 이어졌다. 당장이라도 길거리로 뛰쳐나가 전도를 하고 싶은 충동을 느꼈다. 함께 술을 마시던 친구들, 술집의 기생들, 거리의 부랑배들이 전도 대상이었다. 막상 그들을 상대로 전도를 시작하자, 너나없이 모두들 변화된 그의 모습을 보고는 놀랐다. 그도 그럴 것이 하루아침에 달라진 관준의 모습이 정상으로 보였을 리 만무했기 때문이다. 하지만 변화된 관준의 태도가 진심에서 우러나온 것임을 알고는 그들도 하나둘 마음이 움직이기 시작했다.

이렇게 시작한 전도는 주변 사람들을 새로운 세계로 이끌었다. 관준의 전도로 신앙인이 된 친구 정봉익은 훗날 목사가 되었고, 그 아들들도 목사가 되어 삼부자가 목회를 하는 집안이 되었다. 애당초 관준을 전도하면 그 지역 일대가 복음화될 것이라고 생각했던 선교사들의 생각이 맞아떨어진 것이다. 한 알의 밀알이 수많은 결실로 이어진 셈이다.

성경의 효를 깨닫다

말투와 행동이 달라지고 얼굴 모습도 달라진 관준에게서는 거룩한 빛이 감돌았다. 외면하던 성경책은 그에게 가장 소중한 책이 되었다. 성경을 읽을 때마다 하나님의 음성으로 들었고, 그때마다 감사하며 감격했다. 침식을 잊은 채 성경을 읽을 때도 있었다. 성경 이외의 책은 읽지 않았고, 혹 읽는다 해도 머리에 들어오지 않았다. 입을 열어 말을 하더라도 성경의 말씀과 성경 말씀을 전하는 말뿐이었다. 물이 변하여 포도주가 된 것처럼 사람이 완전히 변한 것이다.

친구와 함께 서울로 올라가 선교사를 만나고 성경 공부에 취미를 붙이면서 그는 인생의 새로운 목표를 세웠다. 먼저 상투부터 잘랐다. 신체의 모든 것은 부모에게 받은 것이니 훼손하지 않는 것이 효의 시작이라 여겨 그때까지 상투를 틀고 다녔고, 또 그래서 단발한 기독교인들을 불효자라고 비난하기까지 했다. 그런데 인간에 대한 첫 번째 계명이 효라 쓰여 있는 성경 말씀을 듣고는 그간 애지중지했던 상투를 자른 것이다.

1907년 봄에는 영변감리교회에서 학습문답을 받고, 그 해 가을에 세례교인이 되었다. 그 사이에 신·구약 성경을 여러 번 탐독하였고, 많은 사람들을 교회로 인도했다. 세례를 받는 날에는 감사와 기쁨의 눈물로 눈이 퉁퉁 부을 정도였다. 방탕한 죄인이자 타락한 인간이 회개하며 눈물을 뿌리자 온 교회는 울음바다가 되었다. 진심 어린 한 영혼의 회개가 모든 교인을 감동시킨 것이다.

선교 차원에서 공부한 의술

1910년에 일제의 강압에 의해 한일합방이 체결되자 울분에 찬 사람들이 교회로 몰려들었다. 일제의 침략을 규탄하며 하나님께 호소하여 민족에 대한 학정을 몰아내자는 결의의 표현이었다. 교회는 애국심을 고취하며 나라의 자주 독립 정신을 고취하는 일에 앞장섰다. 교회의 지도자들은 성경을 가르치고, 문맹 퇴치와 금주 금연을 외치며 나라 사랑을 강조했다. 예수를 잘 믿는 것이 나라를 사랑하는 길이고, 그러기 위해서는 자주 독립이 필요하다고 역설했다.

나라가 어려울 때 관준은 뭔가 큰일을 해보자는 뜻을 품고 서울로 올라가 의학 공부를 시작했다. 복음을 전할 때 의술이 실질적인 도움을 줄 수 있으리라고 생각했기 때문이었다. 가정이 유복했기 때문에 학비 조달은 문제가 없었지만, 37세라는 많은 나이는 의학 공부를 어렵게 만들었다. 하지만 그는 포기하지 않고 3년 만에 의사 자격을 따냈다. 주일에는 정동교회와 새문안교회에서 예배를 드리며 신앙심과 결의를 다졌다.

평북 영변으로 돌아간 그는 제중의원이라는 병원을 차렸다. 병원이 많지 않던 시절이라 환자들이 몰려들었다. 그럴 때마다 관준은 병든 육신만 고치는 게 아니라 영혼 구원에도 앞장섰다. 진료실 책상에는 늘 성경책을 올려놓았다. 육신의 병은 의사가 고치지만 영적인 병은 하나님이 고친다는 확신 때문이었다.

이웃 사랑, 나라 사랑, 인류 봉사

관준은 뜻이 맞는 친구들과 함께 어떻게 하는 것이 나라와 민족을 위하는 길인가를 고민했다. 그리하여 다음과 같은 세 가지를 실행하기로 결정했다. 첫째, 문맹 퇴치를 위한 학교 설립. 둘째, 외부 세계와 원활한 소통을 위한 우체국 설립. 셋째, 병원에서 새롭게 전도한 사람들이 다닐 수 있는 교회 설립. 학교와 우체국 건립은 주변 사람들의 적극적인 호응을 받아 문제가 없었지만, 교회 설립은 생각했던 것과는 달리 호응하는 사람이 많지 않았다. 결국 그는 홀로 교회를 지어야겠다고 마음먹고 새벽예배 때마다 기도했다. 그리고 마침내 교회를 세웠다.

이렇게 해서 학교와 우체국과 교회가 건립되었다. 특히 학교와 교회에서는 민중을 계몽하며 이웃 사랑·나라 사랑 운동을 다양하게 펼쳤다. 병원도 날로 번창했다. 하지만 어느 날 약 처방을 잘못하는 바람에 한 어린아이 환자가 하마터면 목숨을 잃을 뻔한 일이 벌어졌다. 간단한 질병이었지만, 그만 실수로 극약을 처방한 것이다. 생사를 넘나드는 극한 상황에서 그는 끝까지 포기하지 않고 하나님께 기도했다. 결국 아이가 기적적으로 살아나는 극적인 체험을 한 것이다. 이후로 그는 죄책감 때문에 병원 문을 닫고 오지에 가서 의료 봉사를 하기로 자청했다. 환자들에게는 치료비는 받지 않고, 대신 교회에 다니겠다고 약속하는 것으로 대신했다.

무의촌 지역을 전전하며 무료 진료 봉사를 하던 그에게 경제적인 어려움이 닥쳤다. 그래도 그는 그 일을 멈추지 않았다. 할 수 없이 극빈자들에게는 무료 진료를, 여유가 있는 사람들에게는 치료비를 받으면서 계속 진료와 선교를 이어갔다. 주일에는 목회자가 없는 교회에서 강단 설교도 맡았다.

신사참배 반대운동

1930년대에 들어서자 일제는 대륙 침략 야욕을 본격적으로 드러내면서 토지 수탈·양곡 공출을 더 강화하고, 1937년에는 황국신민이 되겠다는 충성 맹세를 강요했다. 전국에 신사를 지어 강제로 참배하게 한 것도 이 즈음이었다. 이렇게 나라 안팎이 일제의 압력에 굴복할 때 관준은 온 몸으로 저항했다. 특히 신앙적 양심에 따라 신사참배 강요를 있을 수 없는 일이라고 판단하여, 이에 타협하는 이들을 단호히 배척했다. 커다란 종이에 태극기와 십자가를 그리고, 중앙에 "정의 선양, 진리 사수"라는 글자를 크게 써서 평양의 숭실중학교로 달려갔다. 신사참배 반대를 위한 외침이었다. 하지만 이미 학생들은 신사참배를 강요당하고 있었다. 울분을 참지 못한 그는 그 죄책감으로 식음을 전폐했다. 그리고 하나님께 출정 신고를 겸한 기도를 올렸다.

자비하신 하나님 아버지, 이때를 위하여 저에게 수많은 기적을 체험하게 하시고 환상과 음성으로 소명을 부어 주셨으니, 이 늙은 종은 이제 전쟁터로 나갑니다. 일의 성패는 제가 알 바 아닙니다. 다만 아버지의 선하신 뜻과 섭리에 맡기고, 오직 이 종은 죽음을 개의치 않고 나아가겠습니다. 물에나 불에나 호랑이의 소굴이라도 뛰어들라시면 뛰어들겠사오니, 오직 조국을 건져 주옵소서. 조선 교회를 바로 세워 주옵소서.

그리고 곧바로 실천에 옮겼다. 평양의 내로라하는 지도자들을 찾아다니며 동참을 호소했다. 하지만 대부분이 "당신이나 잘해 보시오." 하는 식으로 방관했다. 혈혈단신 그는 평남 도청으로 향했다. 마침 도지사는 도청에 없었다. 대신 학무국장을 만나 신사참배를 중지할 것을 당당하게 요청했다.

하나님 나라의 특별 사신

"하나님의 명을 받고 신사참배 문제를 다시 생각해 보시라 건의하러 온 하나님의 특별 사신이외다."

"하나님의 특별 사신?"

"그렇소. 신사참배는 하나님 앞에서 죄가 되기 때문이오."

"신사참배는 대일본제국의 국시이며 조선총독부의 시정 방침인데, 당신 한 사람이 반대한다고 해서 철회할 수는 없소."

"나 혼자 반대하는 게 아니요. 모두가 반대하오. 자 보시오. 첫째는 살아계신 하나님이 싫어하시는 바이고, 그 다음에는 교회가 반대하고, 나아가서는 우리 이천만 배달민족이 한결같이 반대한다는 것을 알아야 하오. 이렇게 모두가 싫어하는 신사참배를 계속한다면 뒤에 엄청난 재난이 있을 것이오."

둘의 대화는 끝없이 진행되었다. 당당한 관준의 태도에 일제의 학무국장은 한 치도 양보하지 않았다. 누구도 겁이 나서 하지 못한 일을 관준이 한 것이다. 할 말을 다한 관준은 속이 후련했다. 하지만 신사참배 강요는 나날이 심해져 갔다. 울분을 참지 못하던 관준은 조선총독에게 경고문을 작성했다. 신사참배를 강요한다면 일본 제국은 필시 하나님의 진노를 피할 수 없을 것이라는 내용이었다.

하지만 그는 그 일로 인해 투옥되었다. 일개 시골 의사이며 교회 장로가 감히 총독에게 경고장을 보냈다는 것이 그 이유였다. 관준은 경찰에 붙잡혀 가는 것이 두렵기보다는 경고문이 총독에게 전달된 것을 오히려 기뻐했다. 고등계 형사의 날카로운 문초에도 당당히 맞섰다. 신앙적 양심에 따른 당당함이었다. 고문과 취조는 한 달간 계속되었지만 기독교계의 반발을 두려워한 일본 경찰은 관준을 석방했다.

새로운 항일운동을 위해 제국의회로

석방된 관준은 좀 더 강한 항의 방법을 선택한 뒤, 최권능 목사로 더 잘 알려진 최봉석 목사와 안이숙을 찾아갔다. 셋은 거사를 논의한 뒤 관준과 안이숙은 일본행을 결심했다. 일본의 심장 제국의회에서 일을 도모하려는 계획이었다. 관준과 안이숙, 그리고 관준의 아들 영창 군이 참여했다. 먼저 제국의회 의장에게 보내는 경고문의 핵심 내용을 보자.

대저 종교란 태초에 하나님께서 천지만물을 창조하신 후부터 시작된 바, 이 종교는 신만도 아니며 인간만으로 된 것도 아니니, 즉 신은 인간을 섭리하시고 인간은 신을 의지하여 신과 인간이 하나로 되고 둘이 떨어지지 않는 것이다. ……태초에 하나님이 인간을 창조하시고 인간에게 두 가지 도덕을 가르치셨는데, 첫째는 임금과 스승과 부모님께 봉사하며, 남을 자기와 같이 사랑하는 것이다. 이는 인간의 현실 생활에서 해야 할 도인 것이다. 둘째, 하나님을 공경하라는 것과 죽은 다음에도 세상이 있다는 것에 대해 가르치는 내세학이다. ……이 같은 종교에 대하여 국가나 정부가 '종교법안'을 제정하여 국가가 종교를 지배하고 관리하려고 한다면 이는 하늘의 뜻에 크게 어긋나는 일이다…….

그리고 '추고'란에 "신사참배 강요 등 악법과 양심적인 교역자의 투옥을 등을 철폐하라."고 요구했다. 기독교를 일본의 국교로 삼으라는 권고도 들어 있다. 이런 경고문을 들고 관준 일행은 제국의회로 향했다. 1939년 3월 24일, 거사의 날이 다가왔다. 세 사람은 의사당 앞에 도착하여 차분히 안으로 입장했다. 몸에는 경고문이 숨겨져 있었다.

일본 의사당에 전단 살포

중의원 의장이 개회를 선언하고 사회봉을 두드렸다. 순간 관준은 방청석에서 일어나 두루마리 경고문을 아래층을 향해 날렸다. 그리고는 "에호바가미 시마노 다이시메이다[여호와 하나님의 대사명(大使命)이다!]"라고 외쳤다. 폭탄인 줄 알고 놀란 의원들은 혼비백산 우왕좌왕하며 어쩔 줄 몰라 했다. 하나님의 특명전권대사가 뿌린 경고문에는 다음과 같은 내용도 담겨 있었다.

"일본은 신도를 버리고 기독교를 국교로 정하라."
"조선 백성에게 신사참배를 강요하는 것은 하나님께 대한 우상숭배 죄악이니, 이를 철폐하라."
"일본은 하나님을 거역하여 패망과 저주를 받을 것인가, 아니면 순종하여 복을 받겠는가?"

셋은 현장에서 체포되었지만, 거사를 훌륭히 치렀다는 생각에 만족해 하며 눈물을 흘렸다. 감옥으로 가는 길목에서 감사의 기도도 올렸다. 감옥에서도 틈만 나면 전도에 열을 올렸다. 이렇게 40일간 일본 감옥에 있다가 본국으로 송환되었다. 마중 나온 한국계 형사는 "참으로 장한 일을 하셨습니다. 제가 비록 형사로 일본의 녹을 먹고 있지만, 어찌 선생님의 마음과 다를 수 있겠습니까?" 하고 격려했다. 관준은 이 형사의 손을 꼭 잡고 "김 선생, 곧 우리나라가 독립되고 자유세계가 될 겁니다. 함께 하나님께 기도하며 기다립시다."라고 말했다.

관준과 일행은 형사의 호위를 받으며 평양역에 도착했다. 죽으면 죽으리라 결심하고 떠났던 평양에 다시 돌아온 것이다. 이후로 관준은 경찰의 요시찰 인물로 지목되어 가택연금 상태가 되었다. 뜻을 같이하던 동지들과 완전히 차단된 생활이 시작되었다. 하지만 그런 상태로 머물러 있을 관준이 아니었다. 그는 애국운동을 하다 잡힌 동지들을 만나기 위해 신의주로 떠났다. 그리고는 각계 인사들을 만나 이미 구속된 동지들의 석방을 위해 동분서주했다. 하지만 다시 일본 경찰에 체포되어 신의주 감옥의 독방에 갇혔다. 그리고 1945년 광복을 5개월 앞둔 시점에서 하늘의 부름을 받았다. 이런 그의 나라 사랑 정신을 기리며 정부에서는 1968년에 대통령표창, 1991년에 건국훈장 애국장을 추서했다.

박두진

천자문을 읽으면서 하나님을 발견하다

우리들 어리석은 자로 하여금
당신 앞에
스스로 착각하여
지혜로운 자로 알지 않게 하소서.

우리들 스스로의 지혜로
당신 앞에
더욱 더 오만하여
어리석은 자로 되지 않게 하소서.

손바닥으로
저 하늘의 해를 가려
아직도 밤이라고 우기지 않게 하시고,

한줌의 썩은 지푸라기
한줌의 진흙으로
도도한 때의 흐름
벅차고 뜨거운 역사의 장강을
막으려 하지 않게 하소서.

저 발톱
저 어금니
저 울음소리

걸음걸이 꼬리털 그대로 드러낸 채
한낮의 이 거리를
언제나 양의 탈로 횡행(橫行)하는 짐승
다시는 이리에게 속지 않게 하소서.

골짜기 응달
숲속에
숨어서 덫 놓고
절컥절컥 총을 새는 밀렵꾼 몰이꾼,

아, 열 사람 의인
다섯 사람 의인
한 사람의 의인으로 더디하시는
하느님, 하느님,
그 노하심을 아직도 더디하소서.

오래 참고 견뎌온 당신의 백성들
바르고 옳은 것
아름답고 착한 것을 바라고 기다리되,

착함으로 약했고
참음으로 어리석은
누구도 자처하여 의인일 수 없었던,

삼천만 오천만
우리들의 가슴속에 불을 활활 주소서.
눈물 펑펑 주소서.
그 자유 그 승리
당신 앞에 일제히 함성하게 하소서. (「십자가 사랑의 연가-해빙기(解氷期)의 기도」)

가난한 집안의 효자 신앙인

박두진(1916~1998). 그는 경기도 안성에서 가난한 농부의 아들로 태어났다. 8남매의 형제자매가 있었지만 모두 일찍 죽고 두진 혼자만 살아남았다. 그만큼 살기 어려운 형편이었고 열악한 환경이었다. 오죽하면 "때가 되어도 솥에 넣고 끓일 것이 없어 창백한 얼굴로 말없이 안절부절 못 하시는 어머니의 모습, 눈을 감고 계신 아버지의 모습"(「자유, 사랑, 영원」)을 글로 썼을까.

두진은 가난한 살림에 보탬이 되고자, 부모님을 도와 궂은 농사일도 마다하지 않았다. 밤새도록 논에 물을 댄 일도 있었다. 가족의 끼니를 위해 남의 집에 쌀을 꾸러 다닌 적도 있었다. 서울에 가서 제도 기술을 익혀 측량사무소에서 근무하기도 했다.

그런 가운데서도 바른 마음과 바른 예절을 지키려고 노력했다. 전형적인 엄부자모(嚴父慈母)의 유교적 선비 집안에서 엄격한 교육을 받았다. 가난으로 인해 학교나 서당에 다닐 수 없었기에 천자문은 아버지에게서 배웠다. 글만 깨우친 게 아니라 몸소 겪고 읽은 경술국치·3.1독립만세운동·동학운동·임진왜란·병자호란 등의 역사에서 우리 민족의 아픔도 알게 되었다. 사리에 밝았던 어머니는 비록 제도 교육을 받은 적은 없었지만, 아버지 못지않은 엄한 교육을 시켰다. 어머니에 대한 애틋한 정은 『어머니를 그릴 수 있다면』(샘터, 1985)이라는 제목의 책으로 출간되었다. 부모의 엄한 가르침을 받으며 성장한 두진은 훗날 당시의 기억을 시로 남겼다.

〈천자문 속의 하나님〉

하느님, 하느님,
내가 더 어렸을 때에도

당신의 이름을 듣기는 들은 적이 있었습니다.

그것은 하늘천자,

나의 아버지가

처음 천자문을 가르쳐 주신 여섯 살 때

배운 하늘의 하늘천자로서였습니다. (『머나먼 갈보리 그 뜨겁고 진하고 아름다운 말씀의 핏방울』)

천자문의 '하늘천(天)'자를 익히며 하나님을 알았다는 고백이다. 온갖 자연을 만드시고 운행하시는 하나님을 시로 찬미하며 어린 시절을 기억했다. 여섯 살 이전에도 한울님을 알고는 있었지만, 천자문을 배우면서 하나님을 분명히 알게 되었고, 특별한 체험도 했다. "그 하늘천자의 형태와 자획에서 오는 점잖고 높고 친근하면서도 어떻게도 할 수 없는 위엄……."(『머나먼 갈보리~』, 이하 생략)

골방에서의 신앙 체험

여섯 살 때 천자문을 접하며 하나님을 알았고, 이를 성인이 되어 시로 표현하였다. 외부의 영향을 받지 않고 스스로 기독교 신앙을 알게 된 것이다. 그리고 여덟 살 때에는 복음서를 접했다.

아무도 없고 나만 혼자서 집을 보던 고요한 한낮에 오두막집 윗방에 있을 때였습니다. 사립문 밖에서 쩔렁쩔렁 종소리 흔들며 낯선 사람 하나 와서, 내가 나가자 건네주던 분홍색 한글 책, 손바닥만한 복음책, 마태, 마가, 누가, 요한 중 그 한 가지이던 그 분홍색 겉장의 얇다란 복음책을 얼결에 받아들고 방으로 뛰어 들어왔을 때 처음 나는 예수, 처음 나는 하나님이란 말을 듣고 보았습니다.

축호 전도자가 전해 준 쪽복음을 손에 든 두진의 모습이 그려진다. 그때 두진은 '예수·하나님'이라는 글자를 보고는 자신도 모를 이상한 느낌을 갖게 되었다. 몰래 뒷방으로 들어가 복음서를 읽었다. 그리고는 "이상스러웠습니다. 호기심과 증오감, 까닭도 모르는 배타심과 까닭도 모르는 두려움, 죄의식……"이라고 당시의 기분을 묘사했다. 골수 유교 가문에서 기독교의 성서를 읽는다는 것은 상상도 못할 일이었지만, 두진은 복음서를 읽고 신앙 체험을 하게 된다.

> 너무나 너무나 기이한
> 너무나 그것은 당연한
> 나 하나 하나의 나와
> 당신과의 만남.
> 정말 정말 어떻게
> 나로 하여금
> 내가 당신을 만날 수 있게 하셨는지요.

신앙을 고백한 시다. 어렸을 적의 기억을 더듬으면서 신앙 세계를 처음 접한 당시의 묘한 기분을 표현하였다.

> 동양의 하느님, 서양의 하느님이 따로가 아니신,
> 유태의 하느님, 이스라엘의 하느님이 따로가 아니신,
> ……우주 천지의 한 분이신 대주재자,
> 빛·사랑·진리·영원·말씀과 생명이신,
> 신이시며 인간이신, …….

그리고 그 하나님이 "한반도 역사 속에 오신" 분이라고 고백했다. "골고다로부터 온 유대, 소아시아 지중해 유럽으로부터 아메리카, 아시아, 중국, 대동강, 평양, 선천으로부터 새남터 절두산"이라고 하며, 이스라엘에서부터 유럽과 미국을 거쳐 한반도의 평양·선천에까지 전해진 기독교 전래 과정을 말했다.

가족 사랑과 신앙생활

자발적으로 신앙인이 된 두진은 17살이 될 때까지 고향인 안성에서 지내며 타고난 문학적 소양을 닦았다. 그리고 18세(1939년)가 되자 두진은 교회 문을 두드렸다. 두진이 기독교 신자가 되고 시인이 된 것은 어찌 보면 누나의 영향이 가장 컸다. 청주의 한 공장에서 직공으로 일하던 누나는 사흘이 멀다 하고 두진에게 편지를 열댓 장씩 보내왔다. 누나는 편지를 통해 교회에 다닐 것과 글쓰기 훈련을 계속할 것을 권유했다. 두진의 부모님도 누나의 권유로 신앙을 갖게 되었다. 누나 한 사람의 믿음이 온 가족을 구원한 것이다. "주 예수를 믿어라. 그리하면 너와 네 집이 구원을 얻으리라."라는 말씀이 이루어진 것이다. 예수를 영접한 아버지는 자신을 구원의 길로 이끈 딸이 가훈이나 좌우명이 될 만한 말씀을 요청하자, "너에게 따로 줄 말이 있겠느냐. 오직 성경의 가르침과 그리스도의 말씀을 믿고 따르고 행하라."(「사랑의 끈」, 1987)라고 할 정도로 열정적인 신앙인이 되었다.

그리하여 두진은 교회를 다니면서 신앙생활과 성경 공부를 시작하였다. 당시 부흥강사로 이름을 떨치던 김익두·이성봉 목사의 영성 깊은 설교를 듣고 산으로 들어가서 금식기도도 했다. 신앙심이 깊어지면서 신앙적 내용의 시들도 남겼다. 삶의 근원적 힘을 신앙에서 찾고, 가난과 일제 강점기의 비관적 현실도 신앙을 통해 극복해 나갔다.

> 당신은 나의 힘
> 당신은 나의 주
> 당신은 나의 생명
> 당신은 나의 모두 (「오도(午禱)」)

두진의 신앙적 세계관은 자연스레 시로 표현되었고, 자연을 노래하는 쪽으로 나아갔다. 기독교적 이상향을 자연에서 찾았다. 박목월·조지훈과 더불어 청록파 시인으로 불리며 자연을 노래하였다. 보기에는 자연을 노래하는 것 같지만, 일제 식민 지배와 이후 계속되는 이 땅의 암울한 상황을, 자연을 노래하며 해소하였다.

> 푸른 산 한나절 구름은 가고,
> 골 넘어, 골 넘어, 뻐꾸기는 우는데,
> 눈에 어려 흘러가는 물결 같은 사람 속,
> 아우성쳐 흘러가는 물결 같은 사람 속에,
> 난 그리노라. 너만 그리노라.
> 혼자서 철도 없이 너만 그리노라. (「청산도」)

「청산도」는 1947년 작품이다. 해방은 되었어도 해방되지 않은 정국이었다. 잠잘 줄 모르는 혼란한 사회를 청산에 비유하여 표현한 것이다. '청산'에서 발견한 생성과 소멸의 원리를 인간사의 회복과 상실로 승화시키면서 사회적 부조리를 극복하려는 숨은 뜻이 보인다. 이렇듯 '자연'을 노래하면서도 내면에는 인간사의 희망이 담겨 있다.

해야 솟아라. 해야 솟아라.
말갛게 씻은 얼굴
고운 해야 솟아라.
산 넘어 산 넘어서
어둠을 살라먹고,
산 넘어서 밤새도록
어둠을 살라먹고,
이글이글 앳된 얼굴
고운 해야 솟아라. (「해」)

해는 자연의 빛나는 존재, 어둠을 물리치는 존재이다. 해의 상징성은 밝음과 생명이다. 해를 통해 두진은 조국의 광복, 메시야의 재림, 이상적 세계의 발현을 노래했다. 자연의 소재에서 사회와 인류와 신앙의 이상향을 그렸다. '청산'과 '해'를 통해 자연을 노래하면서 인류의 희망을 노래한 것이다. 해가 솟은 청산 위로 광명을 되찾은 조국을 연상한 것이다.

일제에 대한 피 끓는 저항정신과 어머니

조국이 광복을 맞기까지는 고난의 세월이었다. 두진은 이 모진 세월을 시로 달래며 자연에서 허덕이는 민초들의 쓰라린 아픔과 고통을 표현해 나갔다.

삼동을 벗어나면 춘궁이었다.
길고도 아득한 굶주림이 기다렸다.
하늘도 햇볕도 허기로 타오르고
흙덩어리 팍팍한 황토의 목메임.
마을은 기진한 채

죽은 듯 늘어져 잠잠했다. (「식민지, 20년대 춘궁(春窮)」. 이하 생략)

원인은 일제의 식민통치이고, 앞잡이는 동양척식회사였다.

특권 지주 수탈의 원흉 동양척식회사,
군림하는 그 이민,
백색 흡혈귀에게,
소작료로 비료 값으로 장리쌀로 빼앗기고,
키 까불러 알곡으로만 몇 곱절씩 빼앗기고,
고리채로 또 되묶이고 덜미를 잡혀 졸리우는,
피와 땀의 무한 농노 죽어지지도 않았다.

여기서 죽어난 건 우리의 어머니였다. 틈새에 두진은 가족 위해 애쓰며 고생하시는 어머니를 시로 그렸다.

어머님, 어머님,
반듯하고 너른 이마 둥글고 큰 눈
그때 우리 어머님은 수심에 찬 얼굴
단정하게 무릎 위에 바느질감 드시고
긴긴 해를 말이 없이 삯바느질만 하셨다.
…(중략)…
하루 한 끼 죽, 혹은 두 끼 죽,
다른 식구 걷워 주고 스스로는 늘 줄여
눈 침침하고 손 떨리고
현기증이 나면,
나 몰래 식구 몰래
가만가만 걸어 나가 장독대로 가서

맨 간장물
물에 타서 훌훌 마시셨다.

"울지 마라"

1998년 9월 16일, 윤리와 선비의 표상으로 기억되던 박두진 시인은 갈 수
만 있고 돌아올 수 없는 먼 여행을 "울지 마라."라는 한 마디 말만 남긴 채 떠
났다. 영원한 세계로 떠나는 신앙인의 진솔한 고백이었다. 하지만 그의 마음
과 뜻은 작품으로 영영히 이 땅의 문학도들 가슴에 아로새겼다. 또 그의 삶
가운데 보여준 신앙심·효심·애국심은 후대에 따뜻한 빛으로 모든 이들의 삶
가운데 빛나고 있다.

박목월

「엄마 닮았네」를 노래한 청록파 시인

엄마하고 길을 가면
나는
키가 커진다.

엄마하고 얘길 하면
나는
말이 술술 나온다.

그리고 엄마하고 자면
나는
자면서도 엄마를 꿈에 보게 된다.

참말이야, 엄마는
내가
자면서도 빙그레
웃는다고 하셨어. (「엄마하고」)

단추는 오형제,
내 양복저고리에
정답게 달렸습니다.

그들이 형제라는 걸
나는

처음에 까맣게 몰랐습니다.
한 개가
떨어져 버리게 되자,
남은 네 개의
쓸쓸한 모양,
비로소
한 탯줄에 태어난 오형제임을
나는 알게 되었습니다.

단추는 오형제,
내 양복저고리에
정답게 달렸습니다. (「단추」)

위대한 어머니

어머니와 형제간의 우애를 노래한 박목월(1916~1978). 그는 경북 경주군 서면 모량리에서 아버지 박준필과 어머니 박인재 사이의 2남 2녀 중 맏이로 태어났다. 일찍이 개명한 아버지는 근대식 고등교육을 받았고, 어머니는 돈독한 기독교 신앙을 갖고 가족들을 신앙세계로 이끌었다.

목월의 부모님은 전형적인 엄부자모(嚴父慈母)였다. 법도 있는 가정의 따뜻한 사랑을 받으며 목월은 어린 시절부터 문학적 상상력을 키웠다. 산골에서 자란 그는 한 번도 가 본 적이 없는 낙동강과 바다에 대한 이야기를 친구로부터 전해 들었다. 이를 들은 목월은 강과 바다를 상상하며 글을 썼다. 1932년 16세 되던 해에 동요시인으로 등단할 때의 이야기다.

송아지 송아지 얼룩 송아지, 엄마 소도 얼룩소 엄마 닮았네. (「얼룩송아지」)

대한민국 사람이라면 누구나가 불렀을 동요 「송아지」이다. 이 노래를 모르는 사람도 있을까. 하지만 「송아지」가 박목월의 시에 곡을 붙인 동요라는 것을 아는 사람은 그리 많지 않다. 간단한 내용이지만 거기에는 분명한 메시지가 담겨 있다. "엄마 닮았네." 그 어머니는 자애로운 존재, 위대한 존재이다.

> ……적당하게 길들인
> 인간의 수풀 속에서
> 사람이 아쉬울 때,
> 도로 포장 공사장 구석에서
> 한 여인은
> 그 든든한 젖무덤을 내놓고
> 아기에게 젖을 물리고 있었다.
> 일그러진 얼굴에
> 미소를 머금은 그녀의 눈매
> 그녀의 포옹
> 어머니로서의 자애
> 환하게 불을 밝히고 있었다. (「사람에의 기원」)

공개된 장소에서 가슴을 드러낼 수 있는 여인의 용기는 그가 어머니이기 때문에 가능하다. 어머니의 자애, 모성이 있기에 스스럼없이 젖무덤을 내놓을 수 있는 것이다. 거기에는 어떠한 부끄러움도 없다. 모성의 위대함을 노래한 것이다.

> 그것을 무엇이라 명명할 것인가.
> 다만
> 어린것의 손을 잡고,

앞으로, 보다 높은 세계로.
맹목적으로 달리는,
안으로.

타오르는
이 꺼질 날 없는 불덩이를……
그것은
달리는 것에 열중하고
달리는 것으로 열중하여,
앞으로, 보다 높은 세계로 달리는.
나이든 줄도 모르는,
다만 그의 손을 잡고,
달리는 달리는

그 인생의 보람.
그 빛나는 모성의 하늘.
이마에 얹은 것은
사과가 아니다.
하늘이 베푸는 스스로의 총명
그것은
다만 어린것의 손을 잡고,
보다 높은 삶의 세계로 줄달음치는
그것은 회의하지 않는다.
그것은 망설이지 않는다.
다만 줄달음질치는
이 백열적인 질주……
아 아름답고 눈물겨운 본능 (「모성」)

만국기가 펄럭이는 운동장에서 부끄러움도 잊은 채 아이의 손을 잡고 달리는 어머니의 모습을 생생하게 그렸다. 노트 한 권을 선물로 받기 위한 줄달음이 아니라, 아이의 미래를 향해 함께 달리는 어머니의 본능이다. '앞으로……' '세계로……' 주변의 시선은 아랑곳 하지 않고 백열적인 질주 본능이 솟아나는 것은 모성 때문이다. 그것은 아름답고 눈물겨운 어머니의 마음이다.

엄하면서도 자애로운 자녀 교육

목월이 결혼하고 아이들이 아직 어릴 때 있었던 일이다. 머리맡에 두었던 돈 백 원이 없어졌다. 방안에서 돈이 없어졌으니 틀림없는 아이들 소행이었으리라. 모른 척 넘어가는 것은 교육상 좋지 않다고 생각한 목월은 돈의 행방을 밝히기로 결심했다. 초등학교 1학년부터 대학원 2학년까지 다니는 아이들을 모두 불러 모았다. 모두가 초롱초롱하고 말똥말똥한 것이 귀엽고 순수한 아이들이었다. 그래도 바로잡아야겠다는 생각에 어린 꼬마부터 하나하나 몸수색을 시작했다. 그때 갑자기 중학교 1학년짜리 아들이 배가 아프다며 "아버지, 변소에 갔다 와야겠어요."라고 했다.

이 녀석이 '범인'임을 짐작한 목월은 몸수색을 중지했다. 그리고는 자녀들에게 비록 아버지의 돈이지만 돈을 훔치는 것이 얼마나 나쁜 짓인가를 타이른 뒤 마무리했다. 변소의 작은 틈에서 백 원짜리 지폐를 찾은 목월은, 넉넉하지 못한 용돈으로 인해 돈에 욕심을 낸 자식을 이해하면서도 그냥 내버려 둘 수도 없는 일이었다. 심사숙고한 끝에 양심에 맡기기로 하고 백 원짜리 지폐와 흡사한 종이에 편지를 썼다. "아버지의 돈이지만, 허락 없이 가진다는 것은 도둑질과 다름이 없다. 만일 이런 버릇이 자라면 장래에 큰일을 저지를 수 있다. 그러나 죄는 고백하면 사함을 받는 것. 내게 자백하도록 하여라." 이렇게 쓴 편지를 돈을 숨겼던 곳에 꽂아 두었다.

다음날 새벽에 누군가가 잠을 깨웠다. 중학교 1학년짜리 바로 그 아들이었다. 밤새 잠을 못 이루며 고민하다가 어머니에게 "어머니, 그 돈 제가 훔쳤어요."라고 고백했다. 아내는 아들과 함께 기도를 드리고 일은 마무리되었다. 목월과 그 아내의 자녀 교육 방법을 보여주는 실화다.(『아버지와 아들』, 대산출판사, 2007. ※이 책은 목월의 장남인 박동규 서울대 교수가 아버지 박목월을 기리며 엮었다. 이하 책 제목 생략)

자상한 아버지의 사랑

명문학교 입시에 실패한 자녀에게 "아버지는 네 실력이 충분한 줄 알고 있다."라고 위로했다. 그래도 고개를 떨구고 있는 아이의 손을 꼭 잡고는 "이번 시험에서는 네가 좀 실수했나 보다. 우리 2차 시험 다시 쳐 보자. 2차 때는 실수 없이 시험을 치도록 해. 꼭 합격할 거야." 여전히 눈물을 멈추지 않는 아이의 이부자리를 깔아주면서 "걱정 말고 푹 자거라."라며 위로하는 목월에게서 아버지의 넓은 마음과 자상함을 발견할 수 있다.

맏이 동규가 아버지(목월)의 친구들과 경주 불국사와 토함산에 갔을 때의 일을 이렇게 회고했다. 달아빠진 고무신을 더 이상 신을 수 없게 되자, 어머니가 시집올 때 입었던 비단 치마를 잘라 몇 번이나 꿰매 주어 신었지만, 얼마 가지 않아 자꾸만 벗겨졌다. 그냥 맨발로 아버지를 따라 나선 이유였다. 같이 온 여자 아이가 "얘 발 좀 봐, 맨발로 걸어 다녀서 먼지가 뽀얗게 앉았네. 발바닥 아프지 않니?" 하고 물었다. 창피한 동규는 고개를 숙이고 아무 소리도 못했다. 여자아이는 엄마의 치마를 당기면서 또 그 얘기를 했다. 이번에는 그 아이 어머니가 "아프지 않니?" 하고 물었다. "안 아파요."라고 대답하는데, 아버지가 그 장면을 보고는 동규를 데리고 숲속으로 들어갔다. 동규는 야단을 맞을 줄 알고 바짝 긴장하고 있었는데, 아버지는 아들을 끌어안고서 "얼마나 발이 아팠냐?" 하며 눈물을 흘렸다. "아프지 않아요."라고 말하자 목월은 "이놈아, 내가 너의 아버지다. 아프면 아프다고 해도 괜찮아."라고 하더니, 아들을 업고 토함산에 올랐다고 한다.

따뜻한 어머니의 사랑

역시 아들 동규가 12세 때의 일을 회고한 내용이다. 6.25가 발발하여 아버지 목월은 남쪽으로 피난가고, 어머니와 동규의 형제들이 수원 쪽으로 피난을 갔다가 다시 서울로 돌아올 때 있었던 일이다. 먹을 게 없어 초근목피로 연명하다가, 마지막 남은 재산인 재봉틀을 팔아 쌀을 사서 짊어지고 오는데, 어떤 젊은이가 다가오더니 "무겁지?" 하면서 대신 들어주겠다고 했다. 동규는 "아저씨 고마워요." 하고는 뒤를 따랐다. 그 젊은이는 걸음이 어찌나 빠른지 어머니와 거리가 점차 멀어졌고, 어린 동규는 그를 믿고 열심히 따라갔다. 갈림길에 이르자 동규가 "여기서 엄마를 기다려야 해요. 짐을 내려 주세요."라고 했지만, 젊은이는 얼굴 표정이 달라지면서 "그냥 따라와." 하고 윽박지르면서 빠른 걸음으로 사라졌다.

길바닥에 주저앉아 엉엉 울고 있는데, 한참 후 어머니가 나타났다. 울고 있는 동규를 보자마자 "쌀은 어디 갔니?" 하고 물었다. 동규는 대충 자초지종을 말했다. 오랫동안 입을 열지 않고 서 있던 어머니가 다가와서는 "내 아들이 똑똑하고 영리해서 엄마를 버리지 않았네."라며 어깨를 토닥여 주었다. 아들 동규는 억울하고 서러워서 더욱 큰소리로 엉엉 우는데, 어머니는 "전쟁이 끝나 아버지가 너희들을 찾아왔을 때 자식을 버리지 않은 엄마가 되게 해주어서 얼마나 고마운지 모르겠다. 내 아들이 똑똑하고 영리해서 엄마를 살

렸네."라고 하며, 함께 울었다고 회상했다.

한번은 목월의 아내 생일날에 있었던 일이다. 아내가 유난히 자신의 생일상에 신경을 썼다. 새 며느리를 보았으니 이전과 달라야 한다는 것이었다. "우리가 생일을 소홀히 하면 그들이 시부모의 생일을 대수롭잖게 여기게 될 것 아녜요."라는 게 그 이유였다. 부모를 섬기는 본보기를 보여주기 위한 행동이었다. 일리가 있다고 생각한 목월은 목사님을 모시고 생일 감사 예배를 드리기로 하고, 사돈들도 초청했다. 목월은 아내 생일날의 분위기를 '단란한 가족의 합심'이었다고 일기에 남겼다.

모든 일에 감사 예배를 드리다

목월이 생일을 맞자 아내가 생일상을 차렸다. 예배를 드리며 목월은 고개 숙여 간절히 기도하는 어린 자녀들의 모습을 보면서 보람을 느꼈다. 본인도 자녀들을 위해 부드럽고도 은은한 기도를 드렸다. 그날 쓴 일기에는, "내가 태어난 세상이 아무리 냉혹하다 하더라도 나의 탄생을 나는 감사하지 않을 수 없다. 산다는 것은 너무나 즐거운 일이기 때문이다. 물론 즐겁다는 것은 속된 의미의 '락'을 뜻하는 것이 아니다. 실로 '산다'는 것이 괴롭고 답답하고 끝없는 고난의 연속이요, 무거운 짐일 지라도, 그것이 고난의 연속이므로 더욱 즐겁다는 것이다. 만일 인간에게 주어진 삶의 길이 평탄하기만 한 것이라면 삶의 보람을 우리는 찾을 길이 없으리라."라고 하며 인생의 가치를 말했다.

음력 정월 초하루에 목월은 어머니가 즐겨 읽던, 붉은 밑줄이 쳐진 성경책을 앞에 놓고 예배를 드렸다. 마음속으로 돌아가신 할아버지와 할머니·아버지와 어머니, 그리고 먼저 세상을 떠난 동생을 생각했다. 그는 예배 때마다 어린 자녀들에게 자신의 어머니이자 아이들의 할머니가 읽던 성경책을 돌려

가며 읽게 했다. 붉은 밑줄이 쳐진 성경책을 읽으면서 아이들은 할머니가 왜 이 구절에 밑줄을 쳐 놓았을지 생각하게 하고는, 그 옛날 할머니가 "하나님이 이루어 주실 거야."라고 말했던 기억들을 되살리도록 했다.(이 내용은 「어머니의 언더라인」이라는 시로 발표되었다.)

목월의 자녀들은 "어머니, 기도해 주세요."라는 말을 입에 달고 살았다. 30세가 넘은 큰아들도 예외가 아니었다. 일이 있을 때마다 어머니의 기도를 받는 것이 습관이 되어 있었기 때문이다. 수학여행을 떠날 때도, 시험을 치를 때도, 신학기에 처음 등교할 때도, 자녀들뿐만 아니라 50세가 넘은 남편 목월도 아내의 기도를 받았다. 목월의 경우는 기도를 받았다기보다는 눈치를 살펴가며 아내가 베푸는 것이었다. "여보, 어려운 일이 있으신 모양이군요. 우리 기도합시다."라고 말할 때마다 목월은 순순히 아내의 기도에 고개를 숙였다.

목월과 그 가족은 아침 식사만은 온 가족이 함께 먹었다. 아침은 제일 먼저 나가는 사람의 시간에 맞춰야 했기 때문에 때로는 새벽에 먹기도 했다. 그때마다 목월은 "이게 우리 가족이군!" 하고는 함께 기도하고 식사를 했다. 식탁은 특별히 목공소에 의뢰하여 둥글게 만들었다. 둥근 상은 가족 구성원 한 사람 한 사람을 존중하며 소중히 여겼던 목월의 생각에 따라 만든 것이었다.

아내와의 운명적 만남

목월의 가족은 이렇듯 작은 일이든 큰 일이든, 일이 생길 때마다 예배를 드리고 기도했다. 특히 사랑하는 아내가 수술을 받을 때에는 온 가족이 모여 뜨거운 가정 예배를 드렸다. 어머니를 주님께서 지켜달라는 간절한 기도였다. 수술대에 오른 아내는 오히려 가족과 남편을 위해 기도했다. 참으로 눈물겹고도 아름다운 장면이었다. 아내의 이 기도를 들은 목월은 "끝내 자기의 병이나 생명보다 남편이나 자식을 생각하는 그의 크고 깊은 인종(忍從)의 부덕 (婦德)"이라고 표현했다.

목월과 아내의 만남에는 에피소드가 있다. 성년이 되어 혼담이 오갈 때, 목월은 수많은 여인과 선을 보았다. 한번은 회사 일로 진주에 갔다가 다시 고향인 경주로 돌아오는 길에 기차 안에서 한 처녀와 동석하게 되었고, 둘은 가볍게 인사를 나눈 뒤 헤어졌다. 다시 진주로 출장을 가서 하룻밤을 묵었는데, 꿈속에 한 노인이 나타나서 아내 될 사람의 성이 유씨라고 알려 주었다. 그리고 이듬해 경주 불국사 경내를 산책하다가 우연히 직장 동료를 만났다. 그 동료의 처제가 바로 한 해 전에 기차에서 만났던 그 처녀라는 사실을 알게 되었다. 그녀는 공주에서 그 해 봄 여학교를 졸업한 18세의 처녀로, 이름이 유익순이라고 했다. 목월은 진주에서 꾸었던 꿈을 생각하며 유익순과의 만남을 운명적으로 받아들였다. 목월의 어머니는 유익순이 신실한 크리스천임을 알고는 두 사람의 만남을 반겼다. 결국 두 사람은 공주제일교회 예배당에서 결혼식을 올리고, 일평생 동반자로 인연을 맺었다.(『박목월』, 새미, 2002)

아내 유익순 여사의 회고에 따르면, 목월이 잠시 외도를 한 적이 있었다고 한다. 30대 때 일이다. 마음속으로 목월을 흠모하던 여인이 다정다감하던 목월을 찾아와 자연스레 어울리다가, 두 사람이 급기야 제주도로 가서 동거생활을 시작했다. 그런 생활이 너 달째 되었을 무렵, 부인 유익순 여사가 제주로 내려가 두 사람을 만났다. 그녀가 싫은 소리는 한 마디도 하지 않고 두 사람이 입을 겨울 한복과 생활비를 내놓자, 두 사람이 고개를 떨궜다고 한다. 물론 다시 가정을 찾은 목월이 이전보다 더 환한 얼굴로 충실한 가장의 몫을 다했지만, 뜻밖의 이야기를 훗날 아내가 회고하여 알려지게 되었다.

나라 잃은 백성에게 희망을 노래한 시인

1940년 봄, 동경으로 유학을 떠난 목월은 두 달간 문학 수업을 받다가 불현듯 "시는 남에게서 배우는 것이 아니라 혼자 공부해서 스스로 터득할 수밖에 없는 세계"라고 깨닫고는 고향으로 돌아왔다. 당시는 일제 식민 통치가 종말로 접어들면서, 수많은 지식인들과 지도자들이 탄압을 받아 고초를 겪을 때였다. 『동아일보』와 『조선일보』가 폐간되고, 문학잡지들도 연달아 폐간되던 암흑 같은 시절이었다.

억눌린 민족의 설움을 시와 글로 표현하던 문인들의 손발을 묶어 놓은 것이다. 하지만 목월은 나라 잃은 울분을 글로써 달랬다. 「밭을 갈아」·「나그네」 등이 그때 쓴 작품들이다. 망국의 설움을 비극적이고도 자조적인 시어가 아니라, 그만의 자연을 통해 저항정신을 표현했다. 1945년, 그토록 갈망하던 해방을 맞이했지만, 그 감격이 채 가시기도 전에 좌익과 우익으로 또다시 나라가 갈라졌다. 이때 목월은 김동리의 권유로 우익단체인 청년문학가협회에 가입했다. 여기에서 이른바 청록파 시인으로 불리는 조지훈·박두진과 처음 만나게 된다. 「청노루」와 같이 자연을 지향하는 예술적 작품을 연달아 발표하면서, 이념으로 멍들고 있는 이 땅의 백성들의 마음을 순화했다.

"……청노루 맑은 눈에 도는 구름."(「청노루」의 뒷부분) 일제 말기 암흑기의 막다른 골목에서 "체념과 자연 몰입의 세계를 시대적 배경 아래서 봐 주었으면" 하고 목월은 자신의 시를 해명했다. 우리가 아는 노루는 누런 빛 아니면 검은 빛에 가깝지만, 목월은 '푸를청(靑)'자를 써서 청노루라고 했다. 흑암 같은 천지를 푸른 노루의 맑은 눈으로 바라보며 비관적인 삶을 부정한 것이다. 역시 일제 암흑기에 쓴 「나그네」라는 시에서 "나루를 건너서 외줄기 길을 구름에 달 가듯이 가는 나그네. 길은 달빛 어린 남도 삼백 리, 구비마다 여울이

우는 가람을 바람에 달 가듯이 가는 나그네."라고 한 것도 민족의 앞날을 자연에 빗대어 문학적으로 표현한 것이다. 조국을 상실하고 희망을 잃은 이 땅의 사람들에게 달관의 경지가 아닌 희망의 경지를 말했다. 막다른 골목을 만난 이들을 「산이 날 에워싸고」(『청록집』) 있다지만, 그래도 밭 갈고 씨 뿌리며 희망을 일구며 충실한 삶을 살자는 노래다.

자연을 노래하며 전쟁의 그림자를 지우다

1950년 6월, 북한의 남침은 한국 사회를 다시 한 번 아픔으로 몰아갔다. 목월은 가족과 떨어져 대구로 피난갔다가 3년간 공군 종군문인단의 일원으로 복무했다. 자신의 문학적 재능을 가지고 나라 구하는 데 헌신한 것이다. 당시 인민군은 목월을 잡으려고 수배했지만 찾지 못하자, 대신 목월의 부인을 잡아 가뒀다. 남편의 행적을 밝히라고 추궁을 당했지만 아내는 끝내 아무 것도 말하지 않았다. 알았더라도 말하지 않았겠지만 실제로 남편의 행적을 알지 못했기 때문에 말할 수도 없었다. 어려움에 처한 목월의 아내를 구해 준 사람은 목월의 제자였다. 마침 인민군 치하의 경찰서에 근무하던 목월의 제자가 몰래 풀어 준 것이다. 6.25 동란 당시에 대해 목월은 이렇게 썼다.

사변을 당하게 되자, 나는 시를 생각할 여유가 없었다. 시를 쓰려는 의식보다 더 강렬한―애국심이랄까, 적에 대한 적개심이랄까, 혹은 신에 대한 울부짖음이랄까, 그와 같은 격정과 분노의 직접적인 불길에 휩싸인 것이다. 그것을 시로써 정화시키려는 의욕도 용기도 없었다. (『보랏빛 소묘』, 신흥출판사, 1958)

피비린내 나는 전쟁의 소용돌이 속에서 솟구치는 애국적 열정을 정작 본인은 시로 승화시키려는 의욕도 용기도 없었다고 말하지만, 실제 그는 『청록집』을 통해 함축된 언어로 민족과 나라에 대한 원려를 표현했다. '한'과 '아픔'을 감추고 자연의 푸르름을 통해 여전히 희망을 노래한 것이다.

1962년 12월 17일 국민투표를 하는 날 목월은 일기에 이렇게 썼다.

순서대로 서서 자기 차례를 기다리는 것이 내게는 국민적 권리와 의무를 의미한다. 나는 3천만의 대열 속에서 내 순서를 지켜야 하며, 또한 내 의무를 행하면 된다. ……한 사람의 겨레로서 자기의 위치를 확고하게 지키고, 그 의무를 충실히 할 수 있는 것―그것이 내게 있어서는 애국정신과 통하고, 모든 국민이 그러기를 나는 바란다.

목월은 국민투표 참여가 애국이라고 말했다. 어느 것에 도장을 찍든 자기의 신념과 소신을 도장에 담아 표현하는 것이 민주주의의 기틀이고, 나라를 세우는 일이라고 생각했다. 도장 하나를 누르는 것이 사소한 일 같지만, 민주주의 발전에 이보다 더 엄숙한 의의를 갖는 것은 없다고 말했다.

고고한 청노루가 되어

목월에게 시는 삶 그 자체였다. 인생의 희로애락도, 신앙적 체험도, 민족적 아픔도, 자연의 아름다움도 시로 썼다. 시인으로서 외길 인생을 살아온 그에게 죽음이라는 인생의 막바지에 다다랐을 때, 그는 예견이라도 하듯 이를 글로 표현했다.

죽음은 그야말로 소멸이나 종언이 아니다. 내 육신이 스스로 영원한 시간으로 돌아가서 그곳에서 환한 눈을 뜨는 것이다. ……괴로운 것은 영원히 괴로울 수 없다. 괴로움은 괴로움으로서 한때를 지나가는 것이다. 또한 그 괴로움은 죽음이라는 사실을 거쳐서 느긋하게 평안하고 황홀하게 서럽고 어둡게 환한 영원히 아름답고 끝없이 즐거운 것으로 돌아가 버린다. (『구름의 서정』, 박영사, 1958)

1978년 초봄, 목월은 평소처럼 새벽운동을 하고 돌아온 뒤 잠시 어지럼증을 느껴 자리에 누웠다. 그것이 영원한 천국으로 가는 길이었다. 지금도 3월이면 그를 기리는 추모제가 해마다 열린다. 자연과 인생을 함축적인 언어로 노래한 목월의 시는 지금도 곳곳에서 아름다운 꽃향기를 불러일으키며 모든 이들의 마음에 살아 숨쉬고 있다. 어머니의 따뜻한 마음과 뜨거운 신앙적 열정을 간직하고, 깊은 향기 풍기며, 고고한 청노루가 되어. 마지막으로 목월 아내가 가장 소중하게 여기던 그의 유작 한 편을 소개한다. 아들 동규도 특별히 아끼는 시다.

<어머니의 언더라인>

유품(遺品)으로는 그것뿐이다.
붉은 언더라인이 그어진
우리 어머니의 성경책
가난과 인내와 기도로 일생을 보내신
어머니는 파주의 잔디를 덮고 잠드셨다.
오늘은 가배절(嘉俳節)
흐르는 달빛에 산천은 젖었는데
이 세상에 남기신 어머니의 유품은 그것뿐이다.
가죽으로 장정된

모서리마다 헐어버린

말씀의 책

어머니가 그으신 붉은 언더라인은

당신의 신앙을 위한 것이지만

오늘은 이순(耳順)의 아들을 깨우치고

당신을 통하여 지고하신 분을 뵙게 된다.

동양의 깊은 달밤에

더듬거리며 읽는 어머니의 붉은 언더라인

당신의 신앙이 지팡이가 되어

더듬거리며 따라가는 길에

내 안에 울리는 어머니의 기도 소리.

(※이 시는 그 어느 시집에도 수록되지 않다가, 목월의 아내가 엮은 미발표 유고집에 실렸다.)

방기전

북간도 만세운동을 주도하다

가장 불행한 사람, 가장 불행한 민족은 나라 없는 백성과 민족이 아닐까. '나라국(國)'자의 겉 테두리인 '口'는 울타리, 곧 국경을 말한다. 그 안에 백성(口)과 병기(戈)가 있다. 독립국가의 기본요소가 '국'이라는 한 글자에 모두 담겨 있다. 국경과 백성과 군사는 나라가 성립하는 데 꼭 필요한 요소들이다. 구한말 우리는 국경도 잃고 군사도 잃은 유랑민족의 설움을 겪었다. 열강의 각축전으로 인해, 국경선은 있으나 마나였고, 힘을 잃은 군대는 유명무실한 존재였다.

우리 민족은 역사적으로 여러 차례 국난을 겪었다. 풍전등화의 위기에 처하기도 했다. 임진왜란과 병자호란, 그리고 더 거슬러 올라가 고려 때의 몽고 침략 등, 위기에 처할 때마다 나라의 소중함을 느낄 수 있었다. 나라 있는 민족과 나라 없는 민족의 삶이 얼마나 다른지 우리는 역사에서 체험했다. 선현들이 목숨을 걸고 나라를 지키기 위해 나선 까닭도 그 실상을 알고 있었기 때문이다. 이것이 바로 애국이 최고의 효라고 하는 이유이다.

나라가 위기에 처했을 때 최고의 효(孝)는 애국

나라 없는 개인이나 나라 없는 가족은 상상할 수도 없는 불행이다. 선혈들이 목숨 걸고 나라를 지켰던 것도 나라가 살아야 나도 가정도 사회도 살 수 있다는 확신이 있었기 때문이다. 국내는 물론 국외에서도 예외는 아니었다.

비록 몸은 나라 밖에 있어도 나라 없는 백성의 설움이 어떠한가를 알았기 때문이었다.

방기전(1865~1920). 그는 평남 순천군 자산면에서 태어났다. 1907년 우리 군대가 일제에 의해 강제 해산되었을 때, 곳곳에서 의병들이 일어나 항거했다. 의병을 돕는 이들도 많았다. 군자금을 모아 이들을 적극 도왔다. 대표적인 사람이 방기전이다. 그는 평산에서 봉기한 의병 참모장 조맹선에게 무기와 군자금을 몰래 보냈다. 1911년에는 삼원포로 망명하여 부민단(扶民團)과 한족회(韓族會) 등에 가입하여 동포들을 위한 활동에 전념했다. 한인 동포들의 생활 안정을 위한 일과 항일 독립운동을 함께 병행한 것이다.

"부여(扶餘)의 옛 땅에서 유민(遺民)들이 부흥을 위해 결사하다."라는 뜻에서 '부민단'이라고 했다. 이들은 한인들의 자활, 일체의 분쟁 해결, 한인 학교의 설립 운영, 복리 증진, 민족 교육, 독립운동 기지 건설 등을 주요 사업으로 펼쳤다. 지방마다 총관(總管)을 두고 자치행정을 펼쳤고, 군 간부를 양성하기 위한 신흥강습소를 운영하기도 했다. 1919년에 '부민회'는 '한족회'로 개편되었다.

순교자적 신앙심으로 민족운동에 앞장

부민단과 한족회에서 활동하던 그는 삼원포 지역의 지도자가 되어 은양학교를 설립하고 초대 교장에 취임했다. 민족과 교회가 당하는 수난을 주를 위한 고난으로 생각하며, 순교의 고통을 담대하게 이겨냈다. 당시 삼원포는 서간도 독립운동의 전초기지 역할을 하였다. 신민회 사건 판결문을 보면 알 수 있다.

서간도에 단체적 이주를 기도하고……, 민단을 일으키고, 교회를 설(設)하고 진(進)하여 무관학교를 설립하고, 교육을 시(施)하여 기회를 타서 독립전쟁을 일으켜서 구한국의 국권을 회복코자 한다. (『독립운동사』 제5권, 『독립군전투사(상)』, 고려서림, 1983)

여기서 서간도는 특히 삼원포 지역을 가리킨다. 그 중심에는 방기전과 상동교회 출신 독립운동가인 이동녕이 있었다. 이들은 1911년에 삼원포 대고산에서 노천 군중대회를 열고 경학사(耕學社)라는 자치단체를 창설했다. 경학사는 명칭에서 알 수 있듯이, 산업(농업)과 덕력(德力)을 학문적으로 함양하자는 결사체였다. 부속기관으로 신흥강습소를 설치하여 청년들을 교육하였고, 군관학교의 기능도 병행했다. 자유·평등 사상을 존중하며 인내와 희생정신으로 우리 민족을 사랑하자는 뜻에서 결성된 애국단체였다. 한마디로 항일 구국운동을 위한 인재를 양성하는 것이 설립 목적이었다.

인재 양성을 통한 나라 사랑

경학사 설립 취지문에는 현실을 무시한 쇄국정책과 이름뿐인 개화 정부의 외세 의존적 정책을 비판하는 내용을 담았다. 그것이 망국을 초래한 원인이라고 했다. 또한 망국을 한탄하며 자살하는 것과 같은 소극적 방법은 오히려 일제를 돕는 일이라며 반대했다. 그리고 16세기에 네덜란드가 스페인에서 독립했듯이, 19세기 그리스가 터키에게서 독립했듯이, 어렵지만 힘을 합쳐서 독립을 쟁취하자는 취지를 담았다.

경학사의 운영이 어려워지자 이를 대신하여 부민단을 창립했다. 이때도 방기전은 유서총관(柳西總管)이 되었다. 부민단은 앞에서도 말했듯이, 옛 부여

땅에 부여인들이 부흥 기지를 세운다는 뜻이다. 일종의 독립운동 기구였다. 민족 교육을 통해 독립전쟁을 효과적으로 지원하기 위한 단체였다. 방기전의 헌신적 참여로 부민단은 활기를 찾았다.

방기전은 공정한 입장에서 동포 사회의 분쟁을 해결하는 사람으로 소문이 났다. 이 소문이 알려지자 중국인들까지도 그를 찾아와 문제를 해결하려고 했다. 총관으로서 문제를 접할 때마다 그는 먼저 기도를 했다. 하나님께 지혜를 구하고, 서로가 원망하지 않도록 판결한 까닭에 중국인들 사이에서는 그를 가리켜 "고려아문(高麗衙門)의 판결은 옳다. 비용을 쓰지 않고 참 공평하다."(허영백, 「고 순국선열 방기전 장로 약사」)라고 말할 정도였다.

하지만 상해 임시정부는 서간도 지역의 이런 활발한 활동에 제동을 걸었다. 서간도에서의 이런 활동들이 독립운동의 구심점을 분산시킨다는 것이었다. 그리고 단독 행동에 제지를 가했다. 이에 부민단은 상해 임시정부의 산하단체로 편입되었다.

나라와 민족의 순교자 방기전

방기전의 둘째 아들인 방경모는 평양신학교에 입학했다. 신학을 공부하여 목사가 된 것이다. 장로였던 방기전은 아들로 하여금 신앙의 맥을 이어가도록 했다. 그런 그는 1920년 일제 관동군의 서간도 토벌 때 순교하였다. 일제에 잡혀 통화로 끌려갈 때, 그의 몸은 이미 4개월의 옥중생활로 인해 매우 쇠약해진 상태였다. 혼자서 한 걸음도 걷기 힘든 상태였다. 하지만 일제는 이용가치가 있다고 여겨 그를 마차에 태워 데리고 갔다. 통화 근처에 왔을 때 그는 용무가 있다며 잠시 마차를 세워달라고 했다. 그리고 20m쯤 떨어진 곳으로 가서는 무릎을 꿇고 찬송을 불렀다. "내 주를 가까이 하게 함은 십자가

짐 같은 고생이나, 내 일생 소원은 늘 찬송하면서 주께 더 나가기 원합니다."
이렇게 기도를 시작했다. "주여, 조국을 구원해 주소서. 그리고 내 영혼을 받아 주소서." 기도를 마친 후 일제 토벌대장에게 "너희가 내 몸은 죽여도 내영혼을 죽일 수가 없다. 나는 죽어서 내 뼈라도 독립할 것이다. 이왕 죽이려면 나는 여기서 죽을 것이다."라고 하며 일제의 죄악상을 열거했다. 화가 치민 토벌대장은 현장에서 군도로 내리쳤다. 방기전이 순교하는 순간이었다.

훗날 그를 기리는 사람들이 그가 묻힌 길림성 유하현(柳河縣) 삼원포(三源浦)의 공동묘지를 찾았다. 하지만 아무런 비석도 흔적도 없었다. 어느 것이 그의 묘인지 분간할 길이 없었다. 정부에서는 1963년 대통령표창, 1977년 건국포장, 1990년 애국장을 추서하며 그의 넋을 기렸다.

손양원

아들 둘을 죽인 원수를 용서하고 자식으로 삼다

원수를 사랑하며 너희를 미워하는 자를 선대하라. 너희를 저주하는 자를 위하여 축복하며, 너희를 모욕하는 자를 위하여 기도하라. (「눅 6:27」)

자신의 목숨과도 같은 아들을, 그것도 하나가 아닌 둘을 죽인 사람이 있다면, 과연 그를 사랑할 수 있을까. 그를 미워하지 않고 잘 대할 수 있을까. 그를 저주하지 않고 축복할 수 있을까. 그를 위해서 기도할 수 있을까. 성경은 "일흔 번씩 일곱 번까지"(마 18:21) 용서하라고 일러 준다.

우리는 손양원 목사를 통해서 그리스도의 삶을 배운다. 그는 두 아들을 죽인 원수를 오히려 양자로 맞이하며 용서하고 축복했다. 이런 그를 두고 후대는 '사랑의 원자탄'이라고 했다. 참으로 실천하기 힘든 가족 사랑, 자녀 사랑을 예수의 사랑 실천 방법으로 실행한 것이다. 죄 없는 몸으로 십자가에 달리신 예수가 "주여! 저들을 용서하여 주옵소서."라고 하였듯이, 손양원 목사는 원수를 용서하고 축복한 것이다.

효자 손양원

손양원(1902~1950). 그는 경남 함안군 칠원면에서 전통적 기독교 집안의 장남으로 태어났다. 4대에 걸쳐 두 분의 장로(할아버지와 아버지)와 세 분의 목사

(손양원·손문원·손의원), 세 사람의 순교자(손동인·손동신·손양원)를 배출한 가문이다.

기독교 신앙의 전통을 이은 손양원은 대단한 효자이기도 했다. 옥중에서도 가족들에게 "나의 간절한 부탁은 할아버지를 부디 잘 위로하고, 날마다 혼정신성(昏定晨省)의 정성과 사시사철 잠자리를 따뜻하게 보전하는 도리를 잘 행하여라."라고 하며, 효의 일상적 책무를 강조했다. 부인에게는 "부디 우리 아버지 잘 봉양하소서. 부모에게 효하는 것은 이해타산적의 복을 탐함보다도 내 부모를 내가 공양치 않으면 어느 누가 높이며 공양할까 함이며, 또 효는 자식된 도리로서 마땅히 해야 할 의무가 되리이다."라고 하면서 자신이 할 수 없는 효를 부탁했다.

자녀들에게도 "효는 인자지도(人子之道)이며, 의무의 당연한 본분이니라. 물론 내 부모를 소중히 여겨 주며 공경해 줄 사람이 누구랴! 고로 내 부모를 섬긴다는 것은 무슨 복을 받겠다는 것이 아니요, 이해타산격으로 논할 것도 아니다. 으레 당연한 도리이며, 3천 가지 죄 중에 불효보다 큰 것이 없느니라. 조부모님께 효를 갚기를 배우라. 이것이 옳으니라. 의무를 다 행한 자에게는 자연히 따르는 것이 복이니라. ……심은 대로 거두게 되는 응보의 천리이다."(이상 이광일, 『손양원 목사 옥중서신』)라는 말을 반복하며 효를 특별히 강조하고 교육했다.

이런 손양원의 아버지는 아들을 향해서 늘 "나의 참 효자 양원아!"라고 불렀다. 아들은 아버지를 향해 '옥중 불효자'임을 탄식했다. 십계명 가운데 5계명이자, 인간을 향한 첫 번째 계명인 부모 공경에 대한 말씀을 실천할 수 없는 데 대한 탄식이었다.

효 교육을 철저히 받은 손양원 목사의 자녀들도 대단한 효심을 갖고 실천했다. 두 아들이 여순사건으로 공산주의자들에게 잡혀가 총살형을 당하기 직전의 일이다. 동생은 "형님은 장자이니 부모님 모셔야 합니다. 대신 내가 죽을 터이니 형님을 살려 보내 주십시오."라고 했고, 형은 동생에게 "너를 죽이려고 하는 것이 아니니 얼른 집으로 가서 내 대신 부모님을 봉양하라."라고 하면서 형제가 서로 대신 죽겠다며 다투었다고 한다. 마지막 순간을 당해서도 형제는 부모 봉양을 걱정한 것이다. "효자 집안에 효자난다."라고 했듯이, 효자 손양원 목사의 아들들도 모두가 지극한 효자들이었다.

이웃 사랑, 인류 봉사의 실천

1924년에 결혼한 손양원의 결혼 동기가 감동적이다. 나환자촌(애양원) 진료소에 근무하던 한 여인이 있었다. 여인은 나환자를 위해 봉사하던 손양원 목사에게 마음을 빼앗기고 말았다. 열정과 사랑으로 나환자를 돌보는 손양원의 마음 씀씀이에 반한 것이다. 결국 두 사람은 결혼했고, 결혼 후 두 사람은 나환자 돌보는 일을 계속했다. 나환자들을 위한 기도에서도 그들의 이웃을 향한 사랑과 헌신, 그리고 봉사의 정신이 절절히 드러났다.

오, 주여! 내가 이(나환자)들을 사랑한다 하오나, 인위적 사랑, 인간의 사랑이 되지 않게 하여 주시옵소서. 사람을 위하여 사랑하는 사람이 되지 않게 하여 주시고, 주를 위하여 이들을 사랑하게 하여 주시옵소서. 주보다는 더 사랑치 않게 하여 주시옵소서. 주께로부터 나온 나의 사랑이옵고, 또한 주를 위하여 사랑하게 되는 것이며, 내 어찌 주보다 더 사랑케 되오리까. 그러나 나의 일신과 부모와 처자보다도 더 사랑하게 하여 주시되, 주를 사랑하는 그 다음은 이 애양원이 되게 하여 주시옵소서. (안용준, 『사랑의 원자탄』)

이는 애양원에 있는 나환자를 돌보며 드린 기도문이다. 하나님에 대한 사랑이 제일 크고, 그 다음이 인간(이웃)에 대한 사랑이라고 분명히 말하고 있다. "하나님 먼저, 너 먼저, 그리고 나"의 삶을 산 것이다. 이는 "예수께서 가라사대, 네 마음을 다하고 목숨을 다하고 뜻을 다하여 주 너의 하나님을 사랑하라 하셨으니, 이것이 크고 첫째 되는 계명이요, 둘째는 그와 같으니 네이웃을 네 몸과 같이 사랑하라 하셨으니, 이 두 계명이 온 율법과 선지자의 강령이니라."(마 22:37~40)라는 말씀의 실천이었다. 그리고 병든 자와 나약한자를 도운 예수의 삶을 따라, 그도 역시 믿음과 실천을 같이한 '신행일치(信行一致)'의 삶을 이어갔다.

원수를 용서한 사랑

1946년 그는 목사 안수를 받았다. 그리고 1948년 여순 사건이 발생했을 때엄청난 시련을 겪었다. 순천사범학교와 순천중학교에 다니던 두 아들들이 좌익단체 청년의 손에 의해 희생된 것이다. 이른바 지리산 빨치산에게 두 아들이 죽었고, 그들은 곧바로 잡혔다. 하지만 손 목사는 의연하게 대처했다. 피를 토하는 심정으로 용서했다.

용서에 대한 말들은 동·서양 고전들 어디서나 중요하게 취급한다. 『논어』「위령공」편에도 용서란 가장 소중한 가치라고 표현했다. 자공이라는 제자가평생을 마음에 두고 실천할 만한 좌우명을 요청했을 때, 공자는 '서(恕)'를 말했다. '서'는 즉 용서로, "내가 하기 싫은 것을 남에게 시키지 말라[己所不欲, 勿施於人]."는 뜻이다. 쉽지 않은 일이다.

하지만 손양원 목사는 장례를 치르면서도 눈물을 보이지 않았다. 오히려춤을 추는 듯한 모습을 보였다. 얼핏 실성한 것처럼 보였을지도 모르지만, 그만의 사랑 실천을 꿈꾸고 있었던 것이다. 아들을 죽인 청년을 찾아가, 목숨을 구해 주고 양자로 삼은 것이다. 미움과 분노를 사랑과 용서로 승화시킨 것이다. 그 누구도 따라 하기 힘든, 원수까지도 사랑하라는 성경 말씀을 몸으로 실천한 용단이었다. 그때 그 심정을 그는 아홉 가지로 표현했다. 상상도 할 수 없는 감사의 내용이다.

첫째, 나 같은 죄인의 혈통에서 순교의 자식을 나게 하셨으니 하나님께 감사합니다. 둘째, 허다한 많은 성도 중에서 어찌 이런 보배를 주께서 하필 내게 맡겨 주셨는지 주께 감사합니다. 셋째, 삼남 삼녀 중에서도 가장 아름다운 두 아들 장자와 차자를 바치게 된 나의 축복을 감사합니다. 넷째, 한 아들의 순교도 귀하다 하거늘 하물며 두 아들의 순교이리요. 감사합니다. 다섯째, 예수 믿다가 와석종신(臥席終身)하는 것도 큰 복이라 하거늘, 하물며 전도하다 총살 순교함이리요. 감사합니다. 여섯째, 미국 가려고 준비하던 내 아들, 미국보다 더 좋은 천국 갔으니, 내 마음 안심되어 감사합니다. 일곱째, 나의 사랑하는 두 아들을 총살한 원수를 회개시켜 내 아들 삼고자 하는 마음 주신 하나님께 감사합니다. 여덟째, 내 두 아들의 순교의 열매로 말미암아 무수한 천국의 아들들이 생길 것이 믿어지니, 우리 아버지 하나님께 감사 감사합니다. 아홉째, 이 같은 역경 속에서 이상 여덟 가지 진리와 신애(信愛)를 찾는 기쁜 마음, 여유 있는 믿음 주신 우리 주 예수 그리스도께 감사합니다. (『기독공보』, 2001. 2. 3)

신사참배에 결사 반대하다

손양원은 초등학교 시절 한일합방이라는 민족적 수난을 겪었다. 중학교 시절에는 3.1운동을 지켜보며 나라와 민족의 암울한 모습을 경험했다. 손양원의 아버지도 고향에서 독립만세운동을 주도하였다. 그로 인해 그는 퇴학 당하여 중학교를 중도에 그만두게 되었다. 그후 고학으로 공부하면서 신앙적 정열과 나라 사랑에 대한 강한 열정을 불태웠다.

손양원의 신앙심과 애국심이 형성되는 데에는 아버지의 영향이 매우 컸다. 전통적으로 보수적인 가문에서 성장한 그는 아버지의 말씀에 순종하면서 신앙과 효도를 실천했다. 독립운동에 앞장섰던 아버지의 모습을 보면서 자연히 애국심도 길러졌다. 아버지는 교회를 중심으로 독립운동을 하다가 투옥되었는데, 손양원도 이에 큰 영향을 받았다. "나는 나의 국가를 위하여 나의 일신(一身), 일가(一家), 일교회(一敎會)를 희생시키는 애자(愛子)가 되고 싶다."라는 말을 아버지로부터 들으면서 성장했다.

1937년 중일전쟁이 시작되면서 일제는 승승장구했다. 이는 독립을 갈망하는 대한 사람들에게는 비극적인 소식이었다. 한국의 독립은 점점 멀어져 가고, 민족적 패배감은 점차 깊어지고 있었다. 한편으로는 일제에 타협하는 현실 순응주의자들도 나타났다. 일제의 의도에 놀아난 사람들이다. 각 교단과 교회에서는 신사참배를 하기로 결정하고 이에 순응하는 사람들이 늘어났다.

하지만 손양원 목사는 신사참배 결사반대를 외치며 현실 타협론자들에게 대항했다. 이는 일제에 대한 반항이자 항거였다. 결국 그는 신사참배를 거부한다는 이유로 투옥되었다. 청주 구금소로 면회온 아들에게, "신사참배는 하나님 앞에 죄가 되며, 제일 계명 제이 계명을 범하는 것이니 절대로 하지 말라."는 내용의 편지를 전달했다. 부인에게는 "(아이들을) 신사참배하는 날에는 학교에 보내지 말며, 신당 앞에서도 절하지 말게 하여, 나중에 학교에서 알게 되어 퇴학시키거든, 퇴학을 당하면 당했지 신당에는 절할 수 없으니, 꼭 절하지 말라고 애들에게 부탁하소서."(이상 안용준, 『사랑의 원자탄』)라는 말을 전했다.

그리고 그는 "기독교 신앙은 고난을 통해서만 밝아져 간다고 말하지 않느냐? 그러니 나를 옥에 가둠은 내게는 유익이요 큰 축복이니, 나를 가둔 당신네들이 헛수고한 것이요."(이광일, 『손양원의 옥중서신』)라고 하며, 신사참배 강요에 굴복하지 않았다. 평소 "나는 솔로몬의 부귀보다도 욥의 고난이 더욱 귀하고, 솔로몬의 지혜보다도 욥의 인내가 더욱 아름다워 보인다. 솔로몬의 부와 지혜는 나중에 타락의 매개가 되었으나, 욥의 고난과 인내는 최후의 영화가 된 까닭이다."라고 한 데서도 알 수 있다.

손양원의 올곧은 신앙적 가치관은 감옥에서도 빛이 났다. 감옥에서 간수들을 전도하였고, 종신형을 선고 받은 상태에서도 그 열정은 식지 않았다. 열악한 환경에서도 전도할 수 있음에 오히려 감사하는 그의 모습 속에서 성자의 모습을 발견하게 된다.

공산주의 반대

1950년 6.25전쟁이 발발하고 손양원 목사가 활동하던 여수 순천 지역에도 공산주의자들이 내려왔다. 손 목사가 섬기던 애양원에도 공산당이 내려와 인민위원회를 조직하고 인공기를 게양하라고 압박했다. 하지만 손 목사는 하나님을 부인하는 그들의 압력을 거부했다.

공산 치하가 되었을 때에도 그는 애양원에서 부흥회를 인도했다. 열정적으로 찬송하고 말씀을 선포하였지만, 어떤 사람이 그를 공산당에 반대한다며 밀고했다. 잡혀온 손 목사는 끝까지 공산주의를 거부하고 오히려 공산주의를 학습하려던 사람을 전도했다. 1950년 9월 27일, 여수에서 광주로 포승줄에 묶여 끌려가는 도중에도 말씀을 전했다. 총에 맞아 처형된 뒤에도 아픔과 고통을 참으며 "주여! 주여!" 하고 부르짖으면서 기도했다. 그리고 자신에게 총을 쏜 사람들을 용서해 달라는 마지막 기도를 드렸다. 그리고 그는 48년이란 짧은 생을 마감했다.

손양원 목사는 보수적 가문에서 태어나 집안 어르신들의 말씀에 순복하고, 그들로부터 물려받은 신앙심과 애국심을 철저히 지켜낸 사람이다. 나환자촌을 돌보면서 이웃 사랑과 인류 봉사의 정신을 실천하고, 두 아들을 죽인 원수까지도 사랑한 신행 일치의 삶을 살았다.

그는 가족을 사랑했고, 국가와 민족을 사랑했고, 교회를 사랑했다. 어린이와 청소년을 사랑했고, 노약자와 무식자를 보듬어 안았다. 사회적으로 버림받고 소외된 사람들을 사랑했다. 한국 근대사의 비극적 시대를 살면서 최고의 사랑 실천의 본을 보인 것이다. 인간적으로 그보다 더한 아픔을 겪은 이도 없다. 민족적 암흑기인 일제 강점기와 한국 전쟁의 처참한 상황을 몸소 겪으며 신앙적 정절을 지키다가 최후를 맞이하면서도, 그는 용서와 감사의 기도를 올렸다. 효자이자 애국자로서 참 그리스도인의 신앙적 본을 마지막 순간까지도 보여준 삶이었다.

손정도

온 가족을 애국운동으로 이끌다

어머니 오신도는 비밀결사 대한애국부인회에서, 아내 박신일은 남편의 독립운동 뒷바라지는 물론 독립자금 변통을 위해서, 장남 손원일은 독립운동과 대한민국 최초의 해군 창설로, 유관순 열사의 절친한 친구였던 장녀 손진실은 독립만세운동과 애국부인회 활동으로, 그 밖의 자녀들은 각기 자신의 위치에서 나라 사랑 운동에 매진하는 등, 온 가족이 애국운동의 전선에 뛰어들었는데, 이렇게 만든 장본인은 바로 그 집안의 가장인 손정도 목사였다.

입신양명의 꿈을 꾸던 효자 아들

손정도(1872~1931). 그는 평안남도 강서군 증산면의 평화로운 농촌마을에서 지방 유지이자 유림으로 꽤나 명성이 자자했던 아버지 손형준과 어머니 오신도 사이의 5남매 중 장남으로 태어났다. 어려서부터 완고하고 엄격한 아버지의 가르침을 받은 그는 남달리 총명하여 집안을 더욱 융성하게 할 거라는 기대를 한 몸에 받고 자랐다. 6세부터 17세까지 향리에 있는 사숙에서 효와 예절, 그리고 한학을 연마하며 수신(修身) 교육에 치중했다. 이후로는 입신양명의 효를 꿈꾸며 과거에 응시했다. 나라가 외세에 휘둘리던 혼란스러운 시절이었다.

1895년, 13세가 되던 해에는 자신보다 두 살 많은 박신일과 결혼했다. 결혼 당시 천진했던 모습을 손정도의 둘째 아들 원태는 이렇게 전한다. "두 살 차이였음에도 아직 어린 소년과 이미 성장한 처녀인 어머니의 육체적·정신적 차이는 컸었지만, 이들의 금슬은 아주 좋아 두 살 위인 박신일은 그를 대단히 귀여워했고, 어린 해석(손정도의 아호)은 껴안아 주는 그녀의 가슴을 포근해 했다." 훗날 독립운동에 매진하느라 집안을 돌보지 못했지만, 부인 박신일은 온갖 고생을 하면서도 남편을 존경하며 자녀들을 훌륭하게 교육했다. 이것이 가능했던 이유에 대해, 둘째 아들은 결혼 초년 시절의 따뜻함이 간직되었기 때문일 것이라고 전한다.

1902년 어느 겨울, 그의 인생 행로를 확 바꾸는 일이 생겼다. 과거시험장인 평양으로 가는 길에 우연히 조씨 성을 가진 어느 집에 유숙한 것이다. 그 집은 다름 아닌 기독교 목사의 집이었는데, 거기에서 기독교와의 첫 만남이 이루어졌다. 상투를 틀고 갓을 쓴 그가 아는 것이라고는 유교 경전뿐이었지만, 그날 밤 그는 서구 문화와 기독교 교리를 처음으로 접했다. 어려서부터 새로운 학문에 대한 동경과 호기심이 많았던 그는 조 목사의 이야기에 충격을 받았다. 하룻밤 사이에 신학문의 세계에 관한 이야기를 듣고는 곧바로 과거시험을 포기하였는데, 그날의 일을 큰 아들 손원일은 다음과 같이 전한다.

평소 괄괄하고 열정적인 성품이던 청년은 당장에 몸을 떠는 감동을 맛보았다. 불과 하룻밤도 안 되는 사이에 청년 손정도는 기독교에 몸을 맡기는 변신을 이룬 것이다. (『한국일보』, 1976. 9. 29)

유교적 지식인에서 기독교 신앙인으로

그날로 과거시험을 포기하고 상투를 자른 뒤, 곧장 집으로 돌아와 부모에게 연유를 밝혔다. 대대로 유교 집안이었던 그의 집안에 큰 파란이 일었다.

아버지는 노발대발하며 부자의 인연을 끊겠다며 그를 내쫓았다. 어찌 되었든 당장 불효자가 된 것이다. 눈 덮인 산속으로 도망친 그는 밤을 새워 기도했다. 본인이 직접 작성한 신앙 메모에 의하면, 그날 밤 집에서 도망치기 직전에 "도망가라! 도망가라!" 하는 성령의 목소리를 들었다고 전한다.(『감신대학보』 제35호, 1982) 하지만 밤을 새워 기도를 하다가 그만 지쳐 쓰러졌는데, 인근 주민의 도움을 받아 가까스로 깨어났다.

어머니도 그의 갑작스런 변신에 놀라고 실망했지만 그래도 모성애는 어찌할 수 없었던 것 같다. 그를 찾아가 안전한 곳으로 대피시킨 뒤 따뜻하게 보살폈다. 자상한 어머니의 도움으로 근근히 생활은 이어갔지만, 어렵고 힘든 일은 계속 밀려왔다. (훗날 어머니는 아들과 며느리의 전도로 기독교인이 되었고, 평양 중심의 애국부인회를 이끌며 아들 못지않게 독립운동에 앞장서다 체포 구금되어 고문당하고 옥고를 치른다.)

악조건 속에서도 그는 신학문의 꿈을 실현하고자 평양으로 올라가 숭실중학교와 숭실전문학교에서 공부했다. 처음으로 기독교를 전한 목사와 주변 선교사들의 도움이 컸다. 그 후 목사가 되고자 경성 협성신학당(현 감리교신학대학교)에 다니면서 목회자의 길을 갔다. 유복한 집안의 장남이 기독교를 접하면서 연속적인 고난을 겪은 것이다. 당시 어려웠던 사정을 장남 손원일은 이렇게 전하고 있다.

강서에 사시던 할아버지는 아들과 부자의 연을 끊은 뒤 곧 평양으로 이사를 했다. 집도 컸고 여전히 잘 살았으나, 같은 성 안에 사는 아들집과는 내왕이 없었다. 성실 누님이 여섯 살 때쯤이었다. 누님은 배가 고파 칭얼대는 나 원일을 업고 할아버지 집을 찾아갔다. 마침 점심때였는지 방에서는 사촌 동생들이 할머니와 함께 밥상에 둘러앉아 있었다. 생선이며 고기며 침 넘어가는 밥상을 멍청히 쳐다보고 있던 누님은 할머니로부터 "네 놈들이 무엇하러 왔느냐?"는 꾸중을 듣고는 마루 아래로 내쫓겼다. 누님은 마당가에 놓여 있던 무 한 개를 집어 들었다가 할머니에게 빼앗겼다. 울면서 사랑채를 돌아 문밖을 나서는데, 누군가 불러 세우는 사람이 있었다. 할아버지였다. 할아버지는 말없이 누님 손에 5전짜리 동전 한 닢을 쥐어 주었다. 누님은 그 돈으로 군것질을 해서 허기를 면했다. (『한국일보』, 1976. 9. 30)

함께 외친 하나님 사랑, 나라 사랑

이렇듯 그의 가족은 교회에 다니면서 여러 가지로 어려움을 당했다. 신앙적 고난의 길을 가면서도 그는 민족운동에 발을 들여 놓았다. 상동교회에 다니면서 안창호·이승만·이동녕·이시영·최남선·노백린·이필주·이준 등 당시 한국을 대표하는 선각자들과 교류했다. 애국주의와 자주독립 의식을 갖고 민권·국권운동을 전개하던 선각자들과 교류하는 가운데, 그의 마음속에도 민족의식이 자리를 잡았다. 동시에 그들은 모두가 기독교 신앙을 갖고 "일본의 압박을 달갑게 여기지 않는 자는 모두 와서 십자가 앞에 모여 십자가 보호 밑에 크게 세력을 양성하여 장차 십자가 군병을 일으켜 일본의 세력을 한국에서 축출하자."(「해석 손정도의 생애와 사상 연구」)라고 외쳤던 사람들이다. 신앙 동지로서 같은 뜻을 갖고 항일 시위운동, 충군애국기도회 등 모든 가능한 일을 통해 나라의 독립을 추진하고자 한 애국지사들이었다.

민족운동에 앞장서던 지도자들과 교류하며 행동을 같이하던 그는 신학교를 마치고 목사가 되어 중국 선교사로 나갔다. 우리나라 최초의 해외 선교사였다. 당시 사회 분위기상 선교사업은 사실상 독립운동과 다름이 없었다. 잠시 귀국했을 때 도산 안창호에게 보낸 편지에 이러한 상황이 잘 나타나 있다.

제(弟, 손정도 자신)는 전신을 교회에 맡겨 선교하는 목사의 직분을 발휘하였으나, 어찌 민족을 원수의 손에서 구원하는 일에 생명과 피를 아끼겠습니까. 그런즉 우리의 생명이 그 세상에 있는 동시에는 그들에 악측한 원수를 발 아래 밟고 발등산이 되게 해야만 우리 마음이 만족할 터이니 사랑하는 형님(도산 안창호)은 상제(하나님)에게 특별히 받으신 기품으로 외교와 해외에 있는 동포에게 대하여 작(作)하는 일이 잘 되길 깊이 믿습니다. (1911년 12월 25일자, 안창호에게 보내는 편지글)

그는 설교할 때마다 하나님 사랑과 나라 사랑을 함께 외쳤다. 일제 침략의 불합리성도 낱낱이 지적했다. 기독교의 진리 전파와 민족의식 고양을 병행하다가, 결국 일제의 요시찰 인물이 되었다. 하얼빈에서는 일본 수상 암살 혐의로 체포되어 모진 고문을 받았다. 혹독한 고문으로 인해 그의 얼굴 곳곳에는 흉터가 생겼다. 평생을 이때 당한 고문의 후유증으로 고생했다. 그 후로도 몇 차례 더 체포 구금되어 고문을 받다가, 1913년에는 전라남도 진도로 귀양을 갔다. "북간도에 무관학교를 세우고 독립운동의 기지를 마련했다."라고 덧씌워진 죄목 때문이었다. 1년간 진도에서 거주 지역을 제한당했는데, 그런 상황에서도 그는 선교와 독립운동에 대한 열정을 그곳에서도 이어갔다. 설교와 교육을 통해 지역민들에게 나라 사랑과 독립정신을 고취한 것이다. 어려운 환경 속에서도 교회와 국가를 위해 헌신하였는데, 이는 철저한 신앙심과 애국심에서 기인한 것이다. 그의 설교문을 보면 이를 알 수 있다.

현명한 사람은 도시를 구하고, 선한 한 사람은 천 명의 사람을 평안하게 합니다. 성인은 세상에 소금이 되어 악인의 부패함을 방어하기 때문에, 어느 나라든지 하나님을 믿는 이러한 사람이 없으면 모든 민족이 멸망하게 될 것입니다.

(「해석 손정도의 생애와 사상 연구」)

이를 위해 그는 철야기도에 정진하였고, 보름달이 뜰 때면 진도만에 나아가 "동해물과 백두산이 마르고 닳도록 하느님이 보우하사 우리나라 만세……"를 목청껏 불렀다. 진도 주민을 위한 선교와 애국심 고취에 얼마나 심혈을 기울였던지, 유배지에서의 거주 제한이 풀려 육지로 나오는 날에는 섬 주민들이 뱃길을 막고 울면서 헤어지기를 아쉬워했다고 한다.

1년 만에 다시 서울로 돌아온 그는 동대문교회와 정동교회의 담임목사가 되어 하나님 사랑과 나라 사랑의 메시지를 열정적으로 설교했다. 남녀유별 사상에 의해 남녀 좌석을 휘장으로 가려 놓았던 예배당 구조도 바꿨다. 가운데 휘장을 치우고 남녀가 함께 예배를 드리도록 한 것이다. 바닥에 앉아 드리던 예배도 의자를 놓아 현대식으로 개선했다. 다양한 개혁운동을 펼치면서 신앙심과 민족의식·독립정신을 함께 고취했다. 신앙심과 애국심을 주제로 하는 그의 설교를 들으려는 인파로 정동교회는 앉을 자리가 없을 정도로 넘쳐났다. 당시의 시대적 사명이었던 애국운동이 교회를 비약적으로 성장시키는 원동력이 된 것이다.

상해 임시정부 활동

1918년에는 이승훈과 만나 민족의 자주독립 문제를 심도 있게 논의했다. 그리고 1919년 정월 대보름날 중국 망명길에 올랐다. 망명이라기보다는 밀사로 파견되었다고 할 수 있다. 당시 제1차 세계대전 전후 처리 문제를 논의하기 위한 강화회의가 프랑스 파리에서 열리고 있었다. 조선에서는 의친왕 이강을 밀사로 파견하려고 계획하고 있었는데, 손정도를 미리 상해로 보내서 준비하게 하였다. 하지만 일제의 철저한 감시와 고종 황제의 서거로 이 계획은 수포로 돌아갔다. 뜻을 이루지 못한 그는 일시적으로 실의에 빠졌지만, 포기하지 않고 다시 독립에 대한 결의를 다졌다. 그리고 주변 동지들과 힘을 합쳐 상해 임시정부를 수립했다. 이때가 1919년 3.1 독립만세운동이 일어난 직후인 4월이었는데, 함께한 사람들은 손정도와 이동녕·이시영·신익희·이광수·현순 등이었다.

먼저 각 도 대표로 29명을 선임해 임시의정원을 설립하고, 1919년 4월 10일과 11일에 임시정부 수립을 위한 제1차 대한민국 임시의정원 회의를 개최하여, 의장에 이동녕, 부의장에 손정도를 선출했다. 그리고 국호를 '대한민국'으로 정하는 역사적인 순간을 맞이했다. 4월 13일 오전, 초대 의정원 의원 29명의 결의로 대한민국 임시정부가 수립되었음을 대내외에 선포하였다.

하지만 망국의 대표들이 모여서 파벌 싸움에만 너무 몰두하고 있었다. 그는 이를 탄식하며 "조그마한 나라에서 무슨 놈의 남도 북도를 구분하는가. 나라를 빼앗긴 것만도 서러운데, 그것도 남의 나라 땅에서 독립운동을 하는 처지에 단합은 안 하고 서로 헐뜯고 비방만 하니 한심하고 서글픈 일이야. 우리가 나라를 빼앗긴 것도 다 그러한 파벌 싸움 때문인데, 아직도 정신들을 못 차리고 있으니……."[아들 손원일의 증언 (상), 한국해양전략연구소, 2006]라고 했다. 나라를 찾겠다고 세운 상해 임시정부가 조선 패망의 원인이 되었던 당파 싸움의 굴레에서 아직도 못 벗어나고 있었던 것이다. 참으로 안타까운 일이 아닐 수 없다.

가난 속의 이웃 사랑

그 해 10월, 의정원 의장이 된 손정도는 상해 한인학교 교장도 겸하면서 임정 요원들의 자녀들에 대한 교육에도 힘썼다. 같이 생활하던 두 딸의 학비와 생활비를 대기도 어려운 처지에서 나라의 자주독립과 민족의 장래를 책임질 자녀 교육을 위해 헌신한 것이다. 안중근 의사의 유족들이 상해에 있다는 소식을 듣고는 곧바로 달려가 그들을 집으로 데려와 함께 생활하기도 했다. 이렇게 동포들의 가정을 돌보고 나라를 위해 헌신한 분들의 가족을 돌보는 일에 앞장섰다.

그는 독립운동을 위해서는 장기적 안목에서의 대책이 필요함을 직시하고, 만주와 상해에 한인 정착촌 건설을 도모했다. 안창호와 함께 한인 이상촌 건설을 계획하고 농민 합작사도 설립했다. 한인촌의 건설은 나그네와도 같은 한인들이 정착하여 안정된 생활을 할 수 있도록 하고, 장기적으로는 그들로 하여금 조국 광복운동의 주역이 되도록 하자는 것이었다. 불쌍한 동포들이 도움을 청하면 만사 제쳐놓고 달려가서 문제를 해결해 주었고, 억울한 사정이 생기면 관청을 드나들며 변호사 역할도 자임했다. 소문을 듣고 찾아온 독립군 수십 명에게 식사를 대접하고 차비까지 보태 주기도 했다.

사재를 털어 간도 일대에 땅을 매입하여 동포들에게 삶의 터전을 제공하기도 했다. 농부 한 사람이 하루갈이를 할 수 있는 땅의 넓이를 1경이라 여기고, 3천 경을 사서 동포들로 하여금 경작하게 했다. 부족한 자금은 만주 일대의 애국지사와 동포들을 상대로 주식을 발행하여 보충했고, 이를 위해 농업 공사도 세웠다. 동포 농민들의 삶의 터전 및 조국 광복의 전초기지 건설운동을 적극적으로 펼친 것이다.

걸레의 삶

그는 이렇듯 정신적 지도자로서, 또 나라 잃은 백성의 길잡이로서, 조국의 독립에 대한 희망을 가는 곳마다 심어 주려고 했다. 그러면서도 자신과 자녀들에게는 '걸레의 삶'을 강조했다. "비단 옷은 있으면 좋지만, 없어도 그만이다. 그러나 걸레는 하루만 없어도 집안이 엉망이 되므로 없어서는 안 된다. 나는 걸레와 같은 삶을 택해 불쌍한 우리 동포들을 도우며 살겠다."라고 자신의 가치관을 말했다. 삶에 대한 일종의 '걸레 철학'이다.

한편으로는 자녀들에게 최고의 실력자가 되라고 가르쳤다. 나라의 독립을 위해서는 최고의 실력을 갖춰야 한다는 신념 때문이었다. "천대받지 말아야 한다. 앞으로는 과학사회와 산업사회가 될 텐데, 그때는 개인의 실력과 능력이 가장 중요시 될 것이니, 어떤 분야에서건 최고의 실력자가 되어야 한다. 그것이 천대받지 않고 살면서 나라를 되찾는 지름길이다."라고 자녀들을 독려했다.

막상 장남 손원일은 대한민국 최초의 해군 제독이 되었고, 초대 해군 참모총장을 지냈다. 장성한 아들 손원일이 자신의 아들들을 교훈하면서 할아버지 손정도 목사의 다음과 같은 일화를 전한 적이 있다.

옛날 너희 할아버지께서 만주에서 독립운동을 하실 때 일본 경찰들이 가끔 한밤중에 할아버지를 잡으러 왔단다. 그런데 일본 경찰이 할아버지 방에 들이닥쳐 보면 방안의 이불은 깨끗이 치워져 있곤 했단다. 사실 그때 할아버지께선 속옷 바람으로 집 뒤쪽으로 도망쳐 눈 속에서 몇 시간씩이나 숨어 계셨던 거야. 할아버지께서는 우리나라의 독립을 위해 평생을 추위와 배고픔 속에서 사셨단다. 지금 너희가 따뜻한 방안에서 입고 있는 내의 한 벌이 얼마나 소중한 것인지를 알아야 한다.

이렇듯 나라를 되찾기 위한 독립운동은 쉬운 일이 아니었다. 결국 그는 무리하여 건강을 해치고 말았다. 피로가 누적되어 갑자기 쓰러진 것이다. 그리고 그렇게도 애타게 그리던 조국의 독립을 보지도 못한 채 하늘나라로 갔다. 고문 후유증과 과로로 인한 위궤양이 원인이었다. 끝으로 그가 남긴 설교문 속에서 그가 목표한 궁극적인 애국심과 신앙심의 이론적 뿌리가 무엇이었는지, 또 무엇을 이 땅에 남기려고 했는지 짐작해 본다.

이 세상에 전쟁을 억누르고 평화를 얻으려면 한 가지 방법밖에는 없습니다. 그것이 무엇인가 하면 음부의 권세를 근본적으로 파멸시키는 것을 말합니다. 세상에 와서 깨달은 사람마다 자기 몸을 희생해서라도 음부의 권세를 이기고자 했습니다. 공자도 그런 사람이고 석가도 그런 사람이고 모하멧도 그런 사람입니다. 그들의 행함에도 많은 효력이 있었습니다. 그러나 근본적으로 음부의 권세를 이기지 못하였습니다. 그러면 세상을 이기고 음부의 권세를 멸한 분은 누구입니까. 예수 그리스도입니다.

평생 초지일관하여 나라 사랑에 전념했지만, 그 바탕에는 철저한 기독교 신앙이 깔려 있음을 알 수 있다. 진도에 유배 중일 때에도, 중국에 망명 중일 때에도, 상해 임시정부에서 활동할 때에도, 그는 나라의 독립을 위해 노심초사했는데, 여기에는 확고한 신앙심이 뒷받침되어 있었다. 동시에 자식들에게는 훌륭한 아버지의 표상이 되어, 깊은 인상을 남겨 줌으로써 나라의 동량이 되게 하였다. 그의 영향을 깊이 받은 어머니와 부인, 그리고 자녀들도 애국전선에서 독립운동과 나라를 살리는 운동에 매진하였다. 여기서 우리는 진정한 애국자 가족의 참모습을 보게 된다. 신앙심·효심·애국심, 즉 삼심이 함께 어우러진 결과였다.

신석구

국민 계몽운동의 선도자

1864년 시작된 대원군의 쇄국정책은 서양 학문을 새 시대의 여명처럼 생각하는 이들에게는 엄청난 충격이었다. 먼저 내실을 기하자는 뜻으로 시작한 쇄국정책이 개방이라는 대세와 맞닥뜨리며 엄청난 소용돌이를 예고한 것이다. 고종 황제보다도 막강한 실권을 쥐고 있던 대원군이 그 중심에 있었기 때문이다. 쇄국파와 개방파의 갈등이 결국 정국 혼란의 가장 큰 원인이 된 것이다. 하지만 시대의 대세는 개방이었고, 곳곳에서 조선의 빗장은 풀리기 시작했다. 그 가운데 하나가 운양호 사건(1875년)이다. 쇄국으로 일관하던 조선에 대해, 일본이 군대를 동원하여 무력으로 개방을 강요한 사건이다. 이후로 조선은 청나라와 일본은 물론 서구 열강의 각축장이 되었다. 바로 그 시절 조선을 일깨운 기독교 지도자 한 사람이 태어났다.

대를 이은 효자

신석구(1875~1950), 그는 충북 청주군(현 청원군) 미원면 금관리 초개동에서 명망 있는 한학자이자 효자로 소문난 아버지 신재기와 어머니 청해이씨 사이에서 2남 3녀 중 차남으로 태어났다. 정통 유학자인 아버지는 가난했지만 효자로 소문이 자자했다. 약속을 어기지 않았고, 의리를 중히 여겼으며, 관대한 덕성을 지녔고, 아랫사람들에게도 예의를 갖춘 선비 중의 선비였다.

이런 아버지 밑에서 성장한 신석구도 역시 어려서부터 남다른 효행과 예법이 저절로 몸에 스며들었다. 일찍이 부모를 여읜 그는 한동안 방탕한 생활을 하기도 했지만, 역시 집안의 가풍은 그가 바른 길을 선택하도록 만들었다. 가학으로 한문을 접하여, 열 살 때 서당에 들어가『천자문』·『동몽선습』·『소학』을 배우고 사서(四書)를 독파했다.『명심보감』에서 "효자 집안에 효자 난다."라고 했다. 효자 집안에서 태어난 신석구는 역시 소문난 효자였다. 유교적 가풍에서 유교적 법도를 지키며 자란 그가, 당시 효행의 상징 중 하나였던 3년상을 치른 것이 한 가지 예이다.

그는 출세를 효도의 방법이라고 여기며 꿈을 키워 가고 있었다. 하루는 길을 가다가 우연히 한 고을 군수의 공적을 기리는 비석을 발견했다. 그것을 보고는 부러워하며 커서 군수가 되겠다고 결심했다. 14세 때의 어느 날 다시 그 길을 가는데, 비석이 동강나서 부러져 있는 것을 보고는 실망했다. 자신이 꿈꾸던 입신양명의 효가 결국 망상이라는 것을 깨달은 것이다.

그의 선조들이 그랬듯이 그도 한학에 정진하며 향리의 훈장이 되어 아이들을 가르쳤다. 조치원에 사는 전주이씨의 딸과 결혼한 이후에도 계속 훈장 일을 했다. 그 일을 그만둔 것은 27세 때인 1901년이었다. 친구가 경영하는 전당포에서 일을 하게 된 것이다. 그런데 그만 친구의 잘못으로 파산하고 말았다. 친구 대신 3개월간 옥살이도 했다. 잘못은 친구가 했지만 옥살이는 신석구가 한 것이다. 그 이유는 몸에 밴 효심이 발동했기 때문이다.

감옥에 가야 할 친구에게는 노모가 있었고, 딸린 식구가 많았기 때문에, 자청하여 그를 대신해서 투옥되었다가 간신히 병보석으로 풀려났다. 친구를 배려하는 의리와 친구의 부모를 비롯한 가족에 대한 사랑 때문에 스스로 희생한 것이다. 이 일이 있은 후 그는 정든 고향을 떠나 서울로 갔다.

기독교 신앙과 새로운 삶

전국적으로 을사조약 파기운동과 국권 수호운동이 벌어지던 시기에 그는 상경했다. 처음에는 생계를 위해 가정교사를 하다가, 나중에는 친구와 함께 경기도 장단면 고랑포로 내려가 약국을 개업했다. 기독교 신앙을 갖고 있던 친구는 약국 일보다는 신앙 전도에 더 많은 시간을 쏟았다. 약국을 개업한 것도 전도를 위한 방편이었기 때문이다. 총명했던 신석구도 이에 호응하며 협조했다.

하지만 당시 그는 신앙을 가지고 있지는 않았다. 여전히 유교적 삶에 충실했다. 그러던 그가 기독교 신앙을 갖게 되는 계기가 생겼다. 그는 자신이 살아오면서 지은 죄를 되돌아보며 자신은 죽을 수밖에 없는 죄인이라고 자책하기 시작한 것이다. 죄로 고민하던 그는 자신의 문제를 해결해 줄 사람을 찾았다. 그리고 그 분이 하나님이라는 사실을 스스로 깨달았다. 그 전까지만 하더라도 기독교의 교리가 어리석게만 보였었는데, 거기에 구원의 길이 있다고 발견한 것이다.

흥미롭게도 그 계기가 된 것은 동중서(董仲舒)가 책문을 쓴 『통감』의 서두를 읽을 때였다. "나라가 망하는 것은 큰 도가 없는 까닭이고, 나라가 망하지 않으려면 큰 도가 필요하다."라는 내용을 읽으면서 깨달음을 얻었다. 바로 그 큰 도가 기독교라고 자각하여 성경을 펼쳐든 것이다.

물론 호락호락하게 처음부터 믿은 것은 아니다. 성경을 읽고서는 이를 전하는 전도자들과 크게 한판 논쟁을 벌여 보려는 심사도 있었다. 하지만 그는 한 구절 한 구절 읽어 나가면서 자신이 변화해 가는 모습을 발견하게 되었다. 그리고 33세 되던 1907년 7월 14일, 주일예배에 처음으로 참석했다.

그가 예수를 영접한 1907년은 교회사적으로도, 민족사적으로도 매우 중

요한 해이다. 평양을 중심으로 한국 교회 대부흥운동이 일어났고, 한편으로
는 정미7조약이 체결되어 일본의 한국 지배가 좀더 구체화되는 비극이 일어
났기 때문이다. 이러한 시기에 그는 신앙적 각성을 했고, 그와 동시에 일제
침략에 대한 대응책도 구체적으로 마련해 갔다.

신앙심과 애국심의 병행

기독교로 개종한 이유는 자신이 지은 죄로부터 해방되기 위해서였지만,
시간이 지나면서 개인의 신앙은 나라와 민족을 위한 애국애족 정신으로 나
아갔다. 그 이유는 두 가지 내용으로 요약된다. 첫째, 유교는 비록 수신제가
치국평천하(修身齊家治國平天下)를 말하면서도 사람을 사람 되게 하는 힘이 없
지만, 기독교는 사람을 사람 되게 하는 힘이 있다. 둘째, 유교는 민족을 구원
할 힘이 없지만, 기독교는 윤리적 갱신을 통해 국권을 회복하고 민족을 구원
하는 하나의 방편이 될 수 있다. 사람을 사람 되게 하는 힘과 국권 회복의 힘
이 기독교에 있다는 신념에서 개종하기로 결심한 것이다. 실제 유교가 갖는
속성과 내용을 떠나, 당시의 유교가 사회적으로 기능을 상실하고 있었다고
판단한 것이다. 아무리 좋은 종교와 사상이라도 그 기능을 상실하면 외면당
한다는 반증이다.

돌이켜 저 예수교를 보라. 현금 세계에 문명한 나라는 다 예수교 종교국이 아
닌가. 또한 멀리 타국을 말할 것도 없이 우리 눈앞에 보는 바대로 증거하더라
도, 유교로 말하면 어려서부터 늙기까지 듣고 보고 배우고 가르치는 바가 다
글이라도 그 글을 배운 자가 천 인 중 한 사람이라도 실천하는 자를 찾아보기
가 어렵다. 그러나 저 예수교로 말하면 무식한 자, 천한 것들, 주색잡기, 부랑

자, 사람 될 희망이 없다 하는 자라도 입교한 지 불과 몇 년, 몇 개월 만에 아주 새 사람이 되니 이 무슨 일이냐.

여기서 그는 기독교를 통해 나라를 구할 수 있다는 일종의 기독교 구국론의 입장에 서게 된다. 기독교가 나라를 구하는 데 그 역할을 담당할 수 있다는 민족주의적 사고에서 나온 발상이었다.

참으로 나라를 구원하려면 예수를 믿어야겠다. 나라를 구원하려면 잃어버린 국민을 찾아야겠다. 나 하나 회개하면 잃어버린 국민 하나를 찾는 것이다. 내가 믿고 전도하여 한 사람이 회개하면 또 하나를 찾는 것이다. ……내가 예수교 진리는 모르나, 우리가 다 예수를 믿어서 주색잡기만 아니하더라도 잃어버린 국민을 찾는 것이 되겠다.

내가 먼저 신앙인이 되고, 나아가 전도를 통해 그리스도인들이 늘어나면 나라가 산다는 것이다. 전도가 곧 잃어버린 국민을 찾는 것이고, 그것이 확산되다 보면 나라가 산다는 논리다. 그러기 위해서는 먼저 그리스도인들이 참다운 모습으로 국민들의 신뢰를 받아야 하고, 이런 가운데 나라는 구할 수 있다는 것이다.

당시 조선은 윤리적으로 혼란을 겪고 있었기 때문에 기독교인의 성결한 모습은 어지러운 사회의 빛과 소금이 되기에 충분했다. 기독교 신앙이 나라 사랑 정신으로 이어질 수 있는 고리였다. 이런 사정에서 기독교를 선택한 그는 신앙심에 머물지 않고 이를 애국심으로 승화시켰다.

나라는 두 날개와 두 발을 끊은 새가 되어 날려야 날 수가 없고, 기려야 기어 갈 수 없어, 다만 한 줄기 목숨만 끊어지지 아니하고 팔딱팔딱 몸부림치며 누운 모양이어서, 망하지 아니할 수 없는 지경에 이르렀다. 나도 이 나라의 국민 된 한 사람이다. 그러면 나라가 망할 지경에 들어가지 아니하도록 힘쓰는 것이 국민의 의무가 아닌가. 그런즉 어찌하면 망하게 하지 않겠는가.

우국충정이 절실히 묻어나는 내용이다. 이런 애국심과 신앙심이 함께 어우러지면서 기독교 구국론을 이룬 것이다. 기독교인으로서 독립운동에 뛰어든 배경이다.

3.1운동과 민족대표

기왕에 기독교 신앙을 갖게 된 차에, 신석구는 1917년 감리교 목사 안수까지 받았다. 신앙을 갖게 된 동기 가운데 하나가 나라 사랑이었기 때문에, 그는 목사가 되어서도 나라 살리기운동에 여념이 없었다. 주변에서 목회자가 정치에 참여하는 것이 옳지 않다며 만류하기도 했지만, 그는 "밀알 하나가 땅에 떨어져 죽지 아니하면 한 알 그대로 있지만, 떨어져 죽으면 많은 열매를 맺을 것이다."라는 성경 구절을 믿고 애국운동에 나섰다. 3.1독립운동 역시도 우리 민족을 구원할 하나님의 뜻이라 믿고 그는 적극적으로 참여했다.

"만일 내가 나라의 독립을 위해 죽으면 나의 친구들 수천 혹은 수백의 마음속에 민족정신을 심을 것이다. 설혹 친구들의 마음속에 못 심는다 할지라도 내 자식 삼남매의 심중에는 내 아버지가 독립운동을 하다가 죽었다는 기억을 심어줄 것이니, 이만해도 족하지 아니한가?"라고 독립운동에 참여하는 심경을 피력했다.

하지만 그가 독립운동을 하기로 결심을 굳히기까지, 한 가지 생각이 그를 잠시 주춤거리게 했다. 다름이 아니라 기독교 목사로서 불교나 천도교의 지도자들과 함께하는 것이 죄가 아닐까 하는 생각으로 고민한 것이다. 이 문제를 놓고 기도하던 중에 그는 "4천 년간 전해 내려오던 조국 강토를 네 대에 와서 잃어버리는 것이 죄인데, 나라를 찾을 기회가 왔는데도 찾아보려고 힘쓰지 아니한다면 이것이 더 큰 죄가 아닌가."라는 음성을 들었다. 그 후로 그는 곧바로 다른 종교 대표자들과 손잡고 국권회복운동에 당당하게 나섰다.

3.1운동 당시 민족 대표 33인에 참여한 그는 의연하게 독립선언문을 낭독하기로 한 태화관으로 발걸음을 옮겼다. 거기에는 불교·천도교 대표들도 함께 참여했다. 나라 사랑에는 종교 간의 차이가 있을 수 없음을 보여주는 현장이었다.

전 국민의 단결력을 보여준 3.1운동과 민족 대표의 독립선언문 낭독은 기독교계의 위상을 새롭게 정립하는 매우 중요한 계기가 되었다. 전국 곳곳에서 벌어진 만세운동의 중심에 교회와 기독교인들이 있었고, 민족 대표로 16명이 참가하면서 나라를 살리는 운동에 기독교가 모범을 보인 것이다. 이는 한민족의 주체성과 기상을 세우는 데 기독교가 선봉에 섰음을 보여주는 실례들이다.

일본 판사와의 법정 다툼

민족 대표로 3.1 독립운동에 가담한 신석구는 결국 서대문형무소에 수감되어 법정에서 재판을 받았다. 이때 그는 일본인 판사가 문명 개발론과 시혜론을 갖고 일본의 한국 지배를 합리화하려고 하자 반론을 제기하며 논전을 펼쳤다.

판사 : 조선은 문화가 발전하지 못했고, 인민의 생활 정도가 일본보다 낮으므로 그에 따른 교육제도의 신설이 필요하지 않은가? 그리고 조선인에 대한 대우를 말한다 하더라도, 인민의 행복과 자유가 점차 커가고 있지 않은가?

신석구 : 조선 사람에게 동등한 대우를 한다 해도 그런 것을 희망하지 않는다. 그것은 조선 사람으로 하여금 조선의 정신을 잃어 버리게 하는 일이기 때문이다.

판사 : 피고는 조선의 국민성을 잃지 않고 있다가, 기회만 있으면 조선의 독립을 계획하려고 하는가?

신석구 : 항상 그런 생각을 하고 있다.

판사 : 왜 독립하려고 하는가?

신석구 : 조선은 조선인으로 통치돼야 한다. 조선은 결코 일본을 위하여 이권을 제공하는 나라가 될 수는 없다.

판사 : 장래에도 또 독립운동을 할 것인가?

신석구 : 그렇다. 나는 한일합병에도 반대하였으니 독립이 될 때까지 할 것이다.

일본인 판사 앞에서 당당하게 조선인의 정신을 짓밟지 말라고 요구한 그는 결국 3년형을 선고받고 복역했다. 교도소에 수감되어 있던 중 그는 십자가 고난의 아픔을 체험하며 기독교 구국론에 대해 더욱 확고한 믿음을 갖게 되었다. 출옥 후 목회 현장에서 교육을 통해 민족혼 회복의 필요성을 역설한 것도 이러한 일들을 몸소 체험했기 때문이었다.

신사참배 반대운동

1935년부터 일제는 식민지 지배체제를 강화했다. 곳곳에서 벌어지는 전쟁을 빌미로 군국주의 통치를 합리화하려고 의도했기 때문이다. 국민학교 학생들에게 황국신민화 교육을 강제하며, "우리들은 대일본제국의 신민이다. 우리들은 마음을 합하여 천황 폐하께 충의를 다한다. 우리들은 인고(忍苦) 단련하여 훌륭하고 강한 국민이 된다."라는 말을 암송토록 하였다. 중학생들과 일반인들에게도 이와 유사한 내용을 교육하고, 전국에 있는 신사에 참배하도록 강요했다.

신사참배는 우상숭배라는 기독교만의 문제가 아니라 반국가·반민족 의식을 부추기고 나라의 정통성을 해치는 국가적 문제이므로 가볍게 묵과할 내용이 아니었다. 이 때문에 신석구 목사를 비롯한 나라사랑운동에 뛰어든 교회 지도자들이 목숨을 걸고 반대하였다.

결사반대하는 신석구 목사에게 일제는 "신사참배는 종교의식이 아닌 국민의례일 뿐이다."라는 논리로 참여할 것을 촉구했지만, 그는 국민의례라 하더라도 그것은 일본의 국민의례이므로 수용할 수 없다며, 단호히 거절했다. 이로 인해 그는 다시 구속되어 감옥에 갇혔다. 이뿐 아니라 1943년 그는 일장기를 게양하지 않아서 구금되기도 했다.

이런 그에게 찾아온 광복은 기쁨과 희망이 아니었다. 평남 용강에서 목회하던 그에게 광복과 더불어 찾아온 것은 북한 공산 정권이었다. 고난의 연속이었다. 1949년 공산 정권은 그에게 사형을 선고했으나, 독립운동을 한 사실을 참작해서 10년형으로 감형하였다. 그 후 6.25전쟁이 발발하여 기독교인을 학살 때 그는 순교하였다. 1950년 10월 10일, 향년 76세였다. 정부에서는 1963년 그에게 건국훈장 공로장을 추서했다.

기독교가 나라를 살린다는 신석구 목사의 기독교 구국론은, 일제 치하에서는 3.1운동과 신사참배 반대운동으로, 1950년 6.25동란 때에는 자유수호운동으로 이어졌다. 기독교 지도자로서 한평생 풍전등화와도 같은 이 민족의 장래를 걱정하면서, 정당하고 올바른 뜻을 굽히지 않고, 신앙인으로서 나라와 민족의 아픔을 외면하지 않고, 당당히 나선 신석구 목사는 결국 꺼지지 않는 민족의 횃불이 되었다.

유영모
한국적 언어로 성경을 풀어쓰다

다석(多夕) 유영모(柳永模, 1890~1981)의 신학 이론을 순수 복음주의적 신앙 안에서 담론하는 것은 쉽지 않다. 다원론에 대한 부담 때문이다. 너무도 깊이 빠져 버린 동양 종교에 대한 생각이 부담을 준다. 하지만 기독교의 시각에서 불교와 유교를 바라보고, 불교와 유교적 시각에서 기독교를 바라보는 것도 필요하지 않을까. 한국의 전통문화와 여타 종교의 언어와 방법으로 기독교를 이해하는 것은 종교간 소통의 차원에서도 한 번쯤은 생각해 볼 필요가 있다.

그런 점에서 다석의 성경에 대한 이해는 다소 낯설기는 하지만, 기독교인의 세계관을 확장해 준다는 차원에서 긍정적 요소가 있다. 유일신 하나님을 중심에 두고, 그의 현존을 동양 고전의 언어와 방법으로 설명한 것은 다른 종교에도 구원이 있다는 종교 다원주의와는 다른 차원이라는 점에서 그러하다.

다석은 동양 고전의 세계관과 가치관으로 성경을 해석한다. 『주역』과 『태극도설』을 통해 하나님과 예수의 관계를 말하며, 동양 윤리의 기본인 '부자유친'의 관계를 도출한다. 아버지의 뜻을 완벽하게 구현한 예수를 최고의 효자로 묘사한 것이다.

가난한 집안의 효자 아들
다석의 부모 슬하에는 모두 10남매가 있었다. 하지만 다석과 동생 영철만이 살아 남았다. 태어난 곳이 서울 도심이었지만 당시는 위생 상태가 좋지 않아서 유아 사망률이 매우 높았기 때문이다. 다석도 역시 일곱 살 때 콜레라에 감염되어 죽을 고비를 넘긴 적이 있었다. 끝없는 설사로 삶과 죽음의 경계를 넘나들던 다석을 위해 어머니는 지극정성으로 간병했다. 손으로 다석의 항문을 틀어막고 설사를 간신히 멎게 한 적도 있다.

다석의 집안은 평범했다. 아버지 유명근은 정규 교육은 받지 못했어도 한학에 조예가 있어 어린 다석에게『천자문』과『동몽선습』을 가르쳤다. 그 후로 다석은 서당에 들어가『통감』을 배우면서 전통적 학문과 예절, 그리고 효에 대해 배웠다. 열 살 때에는 소학교에 입학하여 신학문을 접했는데, 수학에 가장 흥미를 느꼈다. 하지만 그는 오히려 전통 학문에 더 많은 관심을 갖게 되었다. 그리하여 다시 서당으로 돌아와『맹자』등 유교 경전들을 익혔다.

민족의식과 함께 싹튼 신앙심

1905년 을사보호조약이 체결될 때, 다석은 일본을 바로 알아야 일본을 이길 수 있다고 생각했다. 그리하여 일본어를 배워 나라를 세워보겠다는 신념이 싹트게 되었다. 그리고 2년 만에 일본어를 자유롭게 읽고 쓸 수 있게 되었다. 이 과정에서 다석은 신앙 체험을 하였다. 독립운동에 앞장서다가 옥고를 치르게 되었는데, 감옥에서 예수를 믿기 시작한 김정식의 인도로 교회에 나가면서 나라 사랑의 독립정신과 신앙심을 함께 배양한 것이다.

당시는 도산 안창호 선생을 비롯한 민족 선각자들이 나라를 되찾기 위해서는 교육을 통해 국민을 일깨워야 한다며 곳곳에 학교를 세우던 시기였다. 다석도 이에 발맞춰 성경 공부와 학교 공부를 병행하며 매진했다. 그러다가 약관의 나이에 평안북도 정주에 있는 오산학교의 과학 교사로 부임했다. 교사로 재직하면서 수업을 시작하기 전에 기도하고 성경을 가르친 뒤 수업에 임했다. 그의 영향으로 학생들이 하나둘 변화하기 시작하자, 남강 이승훈 선생도 기독교에 관심 갖게 되었고, 결국 신앙인의 길로 나섰다. 학교 이념도 기독교 정신으로 바꿨다. 한 사람의 신앙이 주변을 신앙 공동체로 만든 것이다. 한 알의 밀알이 땅에 떨어져 수많은 결실을 맺은 것이다.

기독교 정신으로 탈바꿈한 오산학교는 민족정신을 고취시키는 교육에 정열을 쏟았다. 기독교 교육과 민족 교육을 병행한 것이다. 당시 숫자는 많지 않았지만, 기독교 지도자들이 민족의 앞날을 걱정하며 교육 현장에서 민족교육을 앞장서서 실시하고 있었다. 훗날 그는 오산학교 교장이 되어 수많은 민족 지도자들을 길러 냈다. 이때 평생의 제자인 김교신과 함석헌도 만나게되었다.

1919년 3.1운동이 일어났을 때에는 남강 이승훈의 독립 자금을 다석의 아버지가 보관했다는 혐의로 그는 아버지와 함께 투옥되었다. 이렇듯 다석과 남강은 교육활동뿐만 아니라 독립운동에도 뜻을 같이 했다. 1928년에는 YMCA 성경연구반을 35년간 지도하면서 신앙심 앙양과 민족 교육을 병행했다. 1942년에는 『성서조선』 사건에 연루되어 종로경찰서에 57일간 구금되었다. 『성서조선』 사건이란, 김교신의 "개구리를 조상하다"라는 뜻의 「조와(弔蛙)」라는 글이 개구리를 빗대어 조선의 독립을 추구하는 내용을 담고 있다고 해서, 일제 당국이 이에 연루된 애국지사들을 대대적으로 검거한 사건이다.

오직 앞을 향한 믿음만으로

다석은 치통으로 고통스러워하는 부인의 모습을 바라보며 색다른 신앙 체험도 했다. 아픔 속에서 성숙한 신앙인의 자세를 깨닫게 된 것이다. 그리고 이때 그리스도인의 영생은, "제칠 것은 제치고, 떼칠 것은 떼치고, 내칠 대로 내쳐"가며 "홀로 하나이신 하나님을 아옵고, 또 보내신 자 예수그리스도를 아는 것"이라고 고백했다.

아내가 치통으로 괴로워하는 자리 옆에서 빌었습니다. 낫기를 기도하였습니다. 기도 중에 전 허공계가 안개와도 같은 것을 알고 안개를 헤쳐 나가는 데는 성신(聖神) 없이는 불가능인 것을 믿었습니다. 게으름과 족한 줄 모름에서 몸은 사람의 짐이 되고, 육이 병의 보금자리가 된 것을 보고, 게으름을 제치고 모든 미련을 떼고, 앞만 향해 내쳐서 가야 살 것을 보았습니다. 죽을 것을 지키고 있다가는 죽음에 그칠 것이요, 뒤에 죽을 것을 거두어서 앞의 삶에 양식으로 이바지함으로써 몸은 성한 몸, 새 생명을 여는 몸이 될 것을 보았습니다. 제칠 것은 제치고, 떼칠 것은 떼치고, 내칠 대로 내쳐 가는 이기는 목숨 앞에는 병도 감히 침범치 못할 것이요, 침범된 것도 퇴각 격멸할 것으로 믿어졌습니다. (「부르신 지 38년 만에 믿음에 들어감」, 『성서조선』 157호)

이 글의 내용을 보면 결연한 신앙적 결단이 드러난다. 오직 앞을 향한 믿음만이 살길이라고 확신하고 있다. 이를 위해서는 알량한 자만과 체면을 버려야 한다. 하나님 앞에서 무조건 항복하면서 절대적 신앙 세계로 들어가야만 한다. 절대적 하나님에 대한 절절한 체험이었다. 상대 세계에서 어찌 해보려고 발버둥치기를 포기하고, 오직 믿음으로 살 것을 결심한 것이다. 다석은 이 경지를 시로 표현했다.

나는 시름없고나,
이제부터 시름없다.
님이 나를 차지[占領]하사,

님이 나를 맡으[保管]셨네.

님이 나를 가지[所有]셨네.

몸도 낮도 다 버리네.

내 것이라고는 다 버렸다.

죽기 전에 무엇을 할까?

남의 말은 어떻게 할까?

다 없어진 셈이다.

새로 삶의 낯으로는

이 우주가 나타나고,

모든 행동, 선을 그니,

만유물질 늘어서 있다.

온 세상을 뒤져봐도,

그곳에는 나 없으니,

位而無(脫私我)인 되어 반짝! 빛

(그 안에 생명이 있었으니 이 생명은 사람들의 빛이라. 요 1:4)

님을 대한 낯으로요,

말씀 體(本)한 빛이로다.

님 뵈옵자는 낯이요,

말씀 읽을 몸이라.

사랑하실 낯이요,

뜻을 받들 몸이라. 아멘.

(「믿음에 들어간 이의 노래」, 『성서조선』, 157호)

신앙 체험의 경지를 순수한 우리말과 한자어를 섞어서 시로 표현한 작품이
다. 이 체험 이후로 그는 그동안 시계바늘 같고 자로 잰 듯한 단정함과 근엄
함으로부터 너그럽고 부드럽고 둥그런 삶으로 바뀌었다. 그리고 「우리가 뉘
게로 가오리까」라는 시를 통해 노자·석가·공자의 한계를 지적했다. 자신이

따를 길은 오직 인자인 예수뿐이라고 고백했다. 유교·불교·도교에 대한 사상적 넘나듦을 통한 철학적 자유 속에서 기독교적 절대 신앙을 찾은 것이다. 특히 불교와 노장(老莊) 철학과의 만남 속에서 기독교 진리의 절대성을 찾았다. 배타적 신앙이 아니라 주변의 다양한 철학 사상에서 유일신 그리스도의 참모습을 발견한 것이다. 종교다원론에 대한 염려를 오직 믿음으로 불식시킬 근거도 여기에 있다.

'부자유친'의 최고 효자 예수

다석은 예수를, '부자유친(父子有親)'의 도를 완성한 특별한 존재라고 생각했다. 하늘의 뜻을 따르는 것이 유교적 관념에서 효라고 한다면, 예수는 누구보다 하늘의 뜻을 따랐다는 점에서 최고의 효자이고, '부자유친'의 완성자라는 것이다. 그는 예수를 단 한 분의 스승으로 모시면서, 예수가 하늘의 뜻을 순종한 것을 효에 비유했다. 다문화·다종교에 대한 현실적 다양성을 존중하면서도 기독교의 유일 신앙을 올곧게 지켜 냈다. 동양적 언어와 방식으로 기독교 신앙을 이해하고 설명하면서 자신의 신앙적 지조를 고수한 것이다.

군자를 나는 '그 이'라고 한다. 군자는 임금의 아들이나 하늘의 아들이다. '그 이'라는 '그'는 저 그리운 하늘을 뜻한다. 하늘을 그리며 그 하늘을 이어받은 이가 '그 이'이다.

성경에는 독생자라는 말이 있다. 군자란 임금의 아들이라는 뜻인데, 독생자와 같이 한아님의 아들로 볼 수 있다. ⋯⋯나라는 사람을 아는 사람들이 '어떻게든 바로 살겠다고 하던 그 이(군자)'가 하는 소리를 나는 듣고 싶다.

독생자를 주셨다는(요한 3:16) 것은 한아님의 씨(하나님께로서 난 자마다 죄를 짓지 아니하나니, 이는 하나님의 씨가 그의 속에 거함이요, 저도 범죄치 못하는 것은 하나님께로서 났음이라. 요일 3:9)를 우리에게 주셨다는 것이다. ……한아님의 씨를 주신 게 다른 짐승과 다르다. 내 속에 있는 한아님 씨가 있어서 이것을 깨달으면 좋지 않겠는가. (이상『어록』)

군자란 이상적 인간을 가리킨다. 다석은 독생자 예수를 군자로 표현했다. 하나님의 뜻을 이 땅에 이상적으로 실현한 분이다. 하나님의 뜻을 실현한 얼사람[真我]이자 하나님으로부터 나온 성신(聖神)이며, 이는 모두 하나이다. 예수의 사역은 성령에 충만하여 하나님 아버지의 뜻을 이 땅에 온전하게 실천한 것이다. 따라서 예수는 최고 존재로서의 군자이다.

꽃은 피처럼 붉다고 꽃은 핀다고 한다. 꽃은 자연의 피요, 사람의 피는 자연의 꽃이다. 꽃이 피요, 피가 꽃이다. 예수가 십자가에서 흘린 꽃다운 피가 꽃피[花血]다. 한마디로 의인이 흘린 피다. 아무리 흉악한 세상도 의인이 흘린 꽃피로 씻으면 정결케 된다. 세상을 의롭게 하는 것은 의인의 피뿐이다. 의로운 피를 흘리는 것이 한아님의 영광을 드러낸다. 그것이 성숙의 표다. 성숙이란 한아님의 아들이 되는 것이다. 한아님 아들이란 몸의 죽음을 넘어선 얼의 나다. 진리를 깨닫는 것과 죽음을 넘어선다는 것은 같은 말이다. 죽음을 넘어서는 것은 미성년을 넘어서는 것이다. 지식에 사로잡힌 사람은 미성년이다. 진리와 성숙은 같은 말이다. 죽음과 깨달음은 같은 말이다. (『어록』)

예수를 진정한 최고 효자라고 한 것은 하나님 아버지의 뜻을 온전히 실현했기 때문이다. 바로 '살신성인(殺身成仁)'이 그것이다. 여기에서 인류로 하여금 죽음을 넘어선 영원한 진리를 깨우치도록 한다. 영원한 참 나를 발견하는 길을 제시하고 있다.

우리 언어와 윤리적 사고로 풀어쓴 효 신학

다석은 자신만의 한국적 언어로 성경을 풀어 갔다. 하나님과 아들 예수의 관계도 지금의 우리에게는 생소한 순수 우리 언어로 말했다. '부자유친'의 관계를 끌어낸 요한복음의 말씀을 예로 살펴보자.

이제 마음이 뚜렷하고 뵘도 마음 안에 뚜렷하도다. 뵘이 마음 안에 뚜렷하면 뵘도 뵘 안에 마음을 뚜렷하게 하리니, 곧 마음을 뚜렷하게 하리라.

이는 개역 성경의 "지금 인자가 영광을 얻었고 하나님도 인자를 인하여 영광을 얻으셨도다. 만일 하나님이 저로 인하여 영광을 얻으셨으면 하나님도 자기로 인하여 저에게 영광을 주시리니 곧 주시리라."(요 3:31~32)라는 내용이다.

여기에서 '마음'은 아들이고, '뵘'은 하나님 아버지를 말한다. 아들 예수가 성육신해서 뚜렷하니 하나님 아버지도 뚜렷하다는 말이다. 하나님 아버지가 아들 안에 뚜렷하면 아버지도 아버지 안의 아들을 뚜렷하게 한다. 하나님과 예수의 관계를 동양적 오륜 가운데 하나인 '부자유친'으로 풀이한 내용이다. 아버지는 아들을, 아들은 아버지를 뚜렷하게 드러내는 것이 '부자유친'이다. 그러므로 둘은 친(親)이고 간격이 없다. '부자일체'(父子一體)다. 아버지의 뜻을 그대로 실현한 예수를 최고의 효자로 표현한 것은 이 때문이다.

다석의 신앙심은 유일신에 근거하지만, 동양적 언어와 방법으로 이를 설명했기 때문에 다소 혼란을 주기도 한다. 이것이 다원주의라는 비난에서 자유롭지 못한 이유이다. 일부 학자들은 다원성과 유일성이 공존한다고도 말한다. 그래도 그는 성부·성자·성령의 유일신 하나님을 끝까지 믿고 의지했다. 동시에 하나님과 예수의 관계를 '부자유친'의 동양 윤리적 관점에서 파악했다. 이것은 주목할 만한 대목이다. 예수를 '살신성인'의 최고 효자로 묘사한 것은 한국적 효 신학의 한 방향성을 제시한다. 성경적 효 신학의 발전을 위해서 넓은 마음으로 다석에 대한 연구가 좀더 필요한 이유가 여기에 있다.

이필주

격동기에 민족과 신앙을 위해 힘쓴 목회자

목회자의 사회 참여에 대한 찬반 논란은 지금도 여전하다. 이것은 '성속분리(聖俗分離)'인가, 아니면 '성속일치(聖俗一致)'인가의 문제이기도 하다. 하지만 "하나님이 세상을 이처럼 사랑하사 독생자를 주셨으니……."(요 3:16)라는 한 구절만 보더라도 대답은 자명하다. 교회가 이 땅을 위해 존재한다면, 교회 지도자로서 나라와 민족 문제에 무관심한 것이 오히려 문제가 아닐까. 옳지 못한 방법으로 미혹하는 것이 문제이지, 건강한 방법으로 사회적 현안에 참여하는 것은 성경의 뜻에 부합한다 할 것이다.

19세기 후반부터 20세기 전반까지, 우리 민족 최대의 수난 시기에 목회자들의 적극적인 사회 참여는 이 땅을 바로 세우는 근간이 되었다. 나라와 민족을 위한 교회와 목회자의 구국운동이 횃불 역할을 한 것이다. 당시 민족운동의 핵심이었던 상동청년학원과 신민회의 주요 멤버들이 기독교인이었고, 그 중심에는 교회가 있었다. 교회와 교회 지도자들이 나라를 살리는 운동에 앞장선 것이다. 1919년 3.1운동에 투신한 민족 대표 33명 가운데 16명이 기독교인이었음은 이미 알려진 사실이다. 바로 그 시절 망국을 구국으로 이끈 주역의 한 사람이었던 이필주 목사의 신앙심·효심·애국심을 통해서 교회 지도자의 사회 참여가 갖는 사회적 의미를 되새겨 본다.

어려서부터 가족의 생계를 책임진 효자

이필주(1869~1942)는 서울 정동에서 아버지 이은영과 어머니 조씨 사이에서 장남으로 태어났다. 대대로 벼슬을 지낸 사족(士族) 가문 출신이었지만, 4대 조 이래로 후손이 귀해지자 양자가 대를 이었고, 가세도 많이 기울었다. 8세 부터 한문 글방에 들어가 공부를 시작했지만 궁색한 집안 사정으로 학업을 계속할 수 없었다. 그리하여 13세의 어린 나이에 생업 전선에 뛰어들 수밖에 없었다. 자식의 도리로서, 더군다나 장남으로서 부모와 가족의 생계를 책임 져야 했기 때문이다. 18세 되던 해, 아버지가 세상을 떠나자 집안은 더욱 곤 궁해졌고, 그는 막노동으로 힘든 나날을 보내며 어머니와 가족을 돌보았다. 그는 당시 상황을 이렇게 술회하였다.

> 내가 18세 되던 해에 아버지가 어머니와 남녀 네 동생들을 남겨두고 세상을 떠 나시니 천지가 아득하며 어찌할 바를 모르던 차에, 설상가상으로 나조차 그 무서운 흑사병에 걸려…… 이레(7일) 동안을 죽은 모양으로 누워 있다가, 이레 째 되는 날에야 비로소 냉수를 마시고 정신을 차려 일어나게 되었다. 벌어다 먹이시던 아버지가 별세하신 후로는 어머니와 내가 살림을 하는데, 어머니는 남의 집 품팔이와 침선을 하시고, 나는 제사(製絲) 일을 때때로 하며, 또 하등 노동을 하여 겨우 그날그날의 생활을 유지하여 갔다. 아무도 도와주는 이가 없고 공생이 너무 심하여, 나는 때때로 죽고 싶은 생각이 많이 나서 산중이나 물가에 가서 홀로 운 적도 한두 번이 아니었다.

1890년 봄 구식 군대에 사병으로 입대한 것도 가정을 구하기 위해서였다. 비록 졸병이라도 월급을 탈 수 있다는 생각에 입대하였고, 막상 그로 인해 그의 가정은 경제적 안정을 찾았다. 졸병에서 시작한 군 생활은 얼마나 모범적이었던지 하사관급에서는 최고 직위에 올랐다. 군대에 있으면서 인생의 획기적인 또 하나의 전환점을 맞이하였는데, 뜨거운 신앙 체험을 한 것이다.

신앙생활의 길로

군 생활에 열중하던 그에게 커다란 아픔이 있었다. 창궐한 전염병으로 두 자녀를 잃은 것이다. 이로 인해 겪었던 좌절과 회의는 그의 인생행로를 바꿔 놓는 결정적인 계기가 되었다.

1902년에 와서 늦게야 장가를 들어 얻은 남매 자식을 우연히 일조(一朝)에 잃어 버리고 생각하기를, 이제 필연 나의 죄 값인가 보다 하며 마음 붙일 곳이 없어 섭섭하기 짝이 없고 심란함을 견딜 수 없어, 예수를 믿으면 무슨 고난을 당하든지 위로를 받고 안심이 된다는 전도를 듣고 믿기를 작정하였다.

기독교 신앙을 갖게 된 동기가 가슴 아프다. 한 전도자가 방황하던 그를 기독교 신앙의 길로 이끈 것이다. 이렇게 해서 그는 교회에 발을 들여놓고 신앙생활을 하며 상동교회를 다녔다. 신앙적 깊이가 없던 시절에는 "하나님을 섬기며 사람을 사랑한다"는 이른바 '경천애인(敬天愛人)'의 정신을 기독교의 옳은 도(道)라 생각했지만, 어느 날 그는 놀라운 꿈을 꾸며 새로운 영적 체험을 했다.

1902년 봄, 내가 처음으로 주를 믿기 시작한 해이다. 처음 1년 동안은 아무 취미 없이 예수교의 목적이 하나님을 섬기며 사람을 사랑한다 하니 옳은 도라

하고, 이삼십 명의 병정을 데리고 다니다가 하룻밤에는 이상한 꿈을 꾸었다. 꿈에 내가 죽어서 시체를 입관하여 놓고 내가 내 시체를 향하여 경계하기를, "내가 죄로 인하여 이같이 죽었느니라." 하고 비감한 말을 하다가 깬 일이 있었다. 그 후부터 나는 주색잡기를 끊어 버리고, 아직 담배만 끊지 않고 기도를 힘써 하고 세례 문답 공부와 개인 전도에 힘을 많이 썼다.

이렇게 자신을 돌아보는 신앙적 변화를 겪은 데에는 전덕기 목사와의 만남이 크게 작용했다. 전 목사는 그보다 일곱 살 적었지만, 신앙과 인생에서 가장 큰 스승이었다. 이 만남 이후로 그는 몇 번의 성령 체험을 하고서는 군 생활을 접었다. 군 생활 속에서 본의 아니게 바르지 못한 일들을 목도했기 때문이다. 생계수단이던 군대를 그만두면서 생계가 막막해졌지만, 그래도 그는 '옳은 일을 행하면 된다'는 신념으로 더 일상에 정진했다.

다행히 그는 상동교회 예배당에서 청소 일을 하며 생계를 꾸렸다. 사경회에 빠짐없이 참석하면서 성경 공부도 열심히 했다. 같은 장소에서 생계와 신앙생활을 병행한 것이다. 또 실력을 인정받아 교회에서 운영하던 학교의 체육교사에 임명되기도 했다. 직분도 속장에서 권사가 되었고, 목사와 함께 심방도 누구보다 열심히 다녔다. 상동교회에 없어서는 안 될 중요한 일꾼이 된 것이다.

교회를 통한 구국운동

당시 상동교회는 사회사업과 나라사랑운동의 본산이었고, 초·중등학교를 설립하여 교육을 통한 인재 양성에 주력했다. 전도를 겸한 인재 양성은 구국운동의 한 방편으로 전개하였다. 국민이 무지하여 조선이 망했다고 판단했기 때문이다. 그도 역시 이에 깊이 간여했다.

당시 함께 활동했던 인사들은 대개 신민회와 상동교회라는 두 개의 공통점을 갖고 있었다. 안창호·양기탁·전덕기·이동녕·이동휘·이갑·유동렬 등이 대표적 인물들이다.

체육교사로 출발한 그는 군사 훈련도 함께 담당하여 독립군 양성에도 힘을 기울였다. 동시에 전도에 대한 열정이 생기면서 1907년 4월에는 전도사로 임명되었다. 이후로 목회자의 길을 가면서 1915년에는 목사 안수를 받고, 1918년에는 정동교회의 담임을 맡았다.

1919년 3.1만세운동이 일어나기 직전의 일이다. 일찍이 민족운동에 앞장서 온 그는 기독교 대표로서 만세운동에 적극 참여했다. 알려진 바와 같이 3.1운동의 중심에는 기독교·천도교·불교계 대표들이 망라되었다. 종교를 초월한 통교적(通敎的) 차원에서 나라를 살리려는 운동이었다. 거기에 뜨거운 나라 사랑에 대한 열정을 지닌 학생들이 참여하면서 독립의 기운은 열기를 더해 갔다. 나라사랑운동에 종교적·이념적 및 세대 간의 차이가 있을 수 없음을 3.1독립운동을 통해서 보여준 셈이다.

기독교계는 이필주 목사를 중심으로 민족운동을 구체화하였다. 기독교계 인사 16명을 민족 대표로 선발한 장소도 이필주 목사의 사택이었다. 민족 대표로서 이필주 목사는 학생들의 독립운동에도 기여했다. 그의 집에서 학생들이 만세운동을 계획할 수 있도록 장소를 제공하였다. 민족 대표로 참여해서 감옥에 가더라도 만세운동은 학생들이 이어가기를 바라는 마음에서 학생들을 지도한 것이다.

기독교를 대표해서 독립운동에 앞장선 그는 결국 징역 2년형을 선고받고 투옥되었다. 출옥 후에도 표면상 목회 활동에만 전념한 것처럼 보이지만, 민족적 지조와 절개를 잃지 않고 강단에서 민족의식을 고취하는 설교로 성도들을 계몽했다. 전도회와 부흥회를 인도하며 구름처럼 몰려든 청중들을 향해 예수 사랑 정신과 나라 사랑 정신을 함께 전파했다.

1934년 전후, 감리교 중부연회인 남양교회를 중심으로 활동하다가, 1942년 4월 21일 신사참배와 태평양전쟁으로 기독교계와 시국이 어수선할 때, 그는 하나님의 부름을 받았다. 일제의 잔혹한 지배가 지식인과 사회 지도층 인사들에 대해 교묘하게 작용하여 그들의 지조와 절개를 꺾으려 하였지만, 그는 결단코 불의와 타협하지 않았다. 강압과 회유에 못 이겨 수많은 석학들이 일제에 협력할 때에도 신앙적 지조와 민족적 절개를 끝까지 지켜냈다.

비록 그는 세상을 떠났지만 그의 신앙심과 애국심, 그리고 부모에 대한 효성과 가족을 위한 헌신적 노력은 훗날 삼심운동에 커다란 족적을 남겼다. 정부에서는 그의 공적을 기려 1962년 건국훈장 대통령장을 추서했다. 그리고 그를 기리는 비석이 경기도 화성시 남양동에 소재한 남양교회의 뜰 한쪽 모퉁이에 세워졌다. 현재 화성시는 독립운동가 이필주기념관 건립 계획도 추진하고 있으며, 그의 남다른 나라 사랑 정신을 기리는 데 심혈을 기울이고 있다.

전영택

찬송시 「사철에 봄바람」의 작자

할렐루야! 여호와를 경외하며 그의 계명을 크게 즐거워하는 자는 복이 있도
다. 그의 후손이 땅에서 강성함이여 정직한 자들의 후손에게 복이 있으리로
다. 부와 재물이 그의 집에 있음이여 그의 공의가 영구히 서 있으리로다. (시편
112:1~3)

자효쌍친락(子孝雙親樂)이요, 가화만사성(家和萬事成)이라. (『명심보감』)

가족보다 소중한 공동체는 없다. 하나님이 천지를 창조하시고, 마지막 날
최고의 걸작인 인간을 만드시며 남녀를 남편과 아내로 짝지어 주셨다. 가족
공동체를 위한 최초의 가정이 탄생한 것이다. 가정은 남녀 혼인을 기본으로
하는 가족의 최소 단위다. 최근 나 홀로 가정도 가정의 다양한 개념 속에 포
함되었지만, 성경적 가정의 기본은 남녀 둘에서 시작한다.

가정이 행복하고 화목하면 모든 일이 잘 이루어진다는 『명심보감』 속 "가
화만사성"의 의미를 놓고 보더라도 가정보다 소중한 것은 없다. 그런데 여기
에는 조건이 있다. "자효쌍친락"이다. 자녀의 효행이 부모를 기쁘게 하고, 거
기서 가정의 행복과 화목이 시작되고, 만사가 형통한다는 뜻이다.

하나님께서 세우신 공동체는 크게 세 가지인데, 곧 가정·교회·나라가 그
것이다. 이 가운데 가장 기본이 되는 공동체는 가정이다. 가정이 든든하게 서

면 교회와 국가는 안정된다. 역으로 국가와 교회가 평안하지 않으면 가정도 평안할 수 없다. 셋은 긴밀한 연관 관계가 있다. 가정에서의 효와 교회에서의 신앙과 나라에서의 충이 불가분이라는 것이다. 동양의 고전 『대학』의 "수신제가치국평천하(修身齊家治國平天下)"도 같은 맥락이다. 최초의 공동체인 가정의 평안이 곧 사회와 국가의 평화로 이어진다는 말이다.

하나님 섬김, 부모 공경, 가족 사랑

「사철에 봄바람 불어 잇고」는 가정의 달인 5월이면 전국의 교회에서 가장 많이 울려 퍼지는 찬송이 아닐까 생각한다. 가정의 소중함을 담은 이 찬송은 1967년 한국의 대표적인 문학가이자 목회자였던 전영택의 시에 구두회가 곡을 붙인 것이다. 하나님을 모신 가정은 늘 훈훈한 사랑의 분위기가 감돌면서, 부모와 자녀, 동기들 간에 애정이 넘친다는 얘기다. 하나님 섬김과 부모 공경, 가족 사랑을 함께 노래한 찬송시이다.

(1절) 사철에 봄바람 불어 잇고 하나님 아버지 모셨으니
　　　믿음의 반석도 든든하다 우리 집 즐거운 동산이라

(2절) 어버이 우리를 고이시고 동기들 사랑에 뭉쳐 잇고
　　　기쁨과 설움도 같이하니 한 간의 초가도 천국이라

(3절) 아침과 저녁에 수고하여 다 같이 일하는 온 식구가
　　　한상에 둘러서 먹고 마셔 여기가 우리의 낙원이라

(후렴) 고마워라 임마누엘 예수만 섬기는 우리 집
　　　고마워라 임마누엘 복되고 즐거운 하루하루

문학정신에 스며든 어린 시절의 효심

전영택(1894~1968)은 '늘봄'이라는 인상적인 호를 가지고 있다. 그는 평양에서 아버지 전석영과 어머니 강순애의 셋째 아들로 태어났다. 그의 부모는 기독교 신앙을 갖고 있지는 않았지만 기독교와 친숙했다. 일찍 개화된 서북 지방의 선각자로서 아버지는 기독교에 대해 매우 우호적이었다. 동시에 전통적 가문의 엄격한 가풍 속에서 자녀들을 교육했다.

나는 어려서부터 몹시 엄한 아버지 밑에서 자라났다. 선비로서 4대 독자이신 그는 아들이 매우 귀했고, 또 함부로 기르기를 원치 아니하기 때문에 집에 독선생을 두고 가르치고, 이웃집의 질이 좋지 못한 아이들과 짝을 지어 놀지도 못하게 하였다. 그 결과 나는 어려서는 좋지 못한 장난을 못하였고, 욕하기를 배우지 못하였고, 좀 자라서는 담배 피우기와 술 마시기를 배우지 못하였다. 내 집에서 거짓말하는 것을 본 일이 없다. 그래서 나는 거짓말을 몰랐다. "저는 속아도 남을 속여서는 못쓴다." 큰 재산도 없고 지위도 없으나 무척 곧고 착하신 아버지는 가끔 이런 말씀으로 스스로 실천하시면서 엄하게 산 교훈으로 남겨 주셨다. (「독어록」, 『전영택 전집』)

아버지의 엄한 교육은 바른 인간됨을 위한 인성교육이었고, 늘봄은 이런 아버지의 뜻에 순종하며 성장했다. 부모님의 말씀을 거스르지 않고 순종하는 효자였다. 목회자의 길을 가면서 소설가·수필가로서 명성을 떨칠 때에도 그 정신은 그대로 이어졌다. 부모님의 교훈을 되새기며 작품 속에 이를 알게 모르게 표현했다. 『논어』에서 "3년 동안 부모님 뜻에서 어긋남이 없어야 효라고 할 수 있다."고 하였는데, 늘봄은 평생 부모의 뜻을 거역하지 않았으니,

효자 중의 효자였다.

이렇듯 늘봄의 아버지는 늘봄의 작품 세계는 물론 생애 전체를 통틀어 가장 굳건한 정신적 지주이자 버팀목으로 작용했다. 고루한 성리학적 유습을 버리고 새로운 흐름을 존중하며 사재를 털어 학교를 개설한 것에서도, 참신한 의식을 가진 선생님들을 초빙하여 아이들에게 신학문을 전수하도록 한 것에서도, 개화의 시류를 존중하며 김옥균의 개화파에 가담하여 활동한 것에서도, 늘봄 아버지의 삶의 철학이 어떠했는지를 알 수 있다. 이런 아버지의 삶과 철학이 늘봄의 목회 현장과 작품 속에 커다란 영향을 미쳤다.

무엇보다도 아버지의 엄격하면서도 너그러운 삶의 모습은 더욱 그러했다. 아버지는 엄격함과 자애로움으로 주변의 존경을 한 몸에 받았는데, 이것은 문학 작품에 자연스레 녹아 있다. 늘봄의 작품 세계 뒤에는 늘 아버지의 삶과 철학이 깔려 있다. 늘봄은 아버지를 회상하며 이렇게 기록하고 있다.

소작인들이나 일꾼들에게는 무턱대고 너그러운 대우를 했다는 것이다. 무상으로 소를 사 주고, 소작료를 아주 후하게 해서 그녀들을 놀라게 하였다. 소작인이나 일꾼네가 해산을 하면 반드시 쌀과 미역을 사서 보내고, 병이 나면 의원을 보내서 진맥을 하게 하고, 약을 지어 보냈으며, 오래 앓거나 중병인 경우에는 아버지가 친히 찾아보고 위문을 하곤 하였다는 것이다. (「서장」, 『나의 자서전』)

자신의 자녀들에게 엄하고 이웃에 관대하였던 아버지의 삶은 늘봄의 문학 정신과 일상적 삶에 매우 큰 영향을 미쳤다. 비록 부모에게서 신앙을 전수받은 것은 아니지만, 이미 아버지는 이웃 사랑의 실천으로 기독교적 신앙을 아들에게 가르친 것이다.

선친의 착한 마음씨는 고향 사람들이 마치 임금님처럼 어버이처럼 존경하는 것을 보아서 알았다. 그 가운데 가장 볼 데 없고 어려운 사람, 의지할 곳 없고 불행한 사람은 눈물로써 동정하시는 것을 내가 보았고, "나보다 약한 사람, 내게 부림을 받는 사람을 괄시하는 것은 가장 죄가 되느니라."라고 하는 말씀으로 이르시던 것은 그의 정신이요, 생활이었다. (『독어록』)

신앙심으로 이어진 효심

아버지의 인도주의 정신은 늘봄에게 기독교 신앙으로 전수되었다. 아버지의 이웃 사랑 정신을 늘봄은 성경적으로 재해석하였는데, 이는 대성학교에 다니면서 도산 안창호를 만나면서부터 시작되었다. 도산 선생을 통해서 기독교를 알게 되었고, 이는 삶의 전환점이 되었다. 도산을 존경하고 아버지처럼 따른 것도 그가 신앙의 길로 안내했기 때문이었다. 도산은 학문적 스승이자 신앙적 아버지였던 셈이다.

선생은 진실을 가장 사랑하셨다. 그리고 작은 일에 진실하게 착실하게 할 것을 가르치셨다. "독립전쟁의 총사령관이었던 와싱톤이 되려고 하지 말고, 아버지의 사랑하는 벗꽃을 찍고 제가 찍었노라고 바른 말을 한 어린 와싱톤이 먼저 되어라." 하고 그의 사랑하는 학생들에게 권고하시는 음성이 지금도 귀에 쟁쟁하다. (「안도산 선생을 생각함」, 『새사람』 제18호)

이렇듯 늘봄은 도산에 대해 애정과 존경심을 지니고 있었다. 특히 도산의 정직함과 청렴함을 가슴속에 새겼다. 도산의 가르침을 삶 속에 구현하면서 기독교 신앙심도 더욱 깊어져 갔다. 그리고 1910년 한국 기독교 최초의 목회자이자 조선의 바울로 일컬어지는 김창식 목사로부터 세례를 받고 본격적인 기독교인의 길로 들어섰다.

세례를 받고 새로운 신앙 체험을 하면서 또한 신학 공부를 하기로 결심했다. 1914년 일본 유학 시절의 일이다. 신학 공부를 마치고 목회자의 길을 가면서 그는 어려서부터 갖고 있던 효심을 신앙심으로 승화시켰다. 찬송가 「탕자의 비유」(눅 15:18~24)를 생각하고 지은 「어서 돌아오오」라는 찬송시에서 알 수 있다.

> (1절) 어서 돌아오오 어서 돌아만 오오
>   지은 죄가 아무리 무겁고 크기로
>   주 어찌 못 담당하고 못 받으시리요
>   우리 주의 넓은 가슴에 하늘보다 넓고 넓어
>
> (2절) 어서 돌아오오 어서 돌아만 오오
>   우리 주는 날마다 기다리신다오
>   밤마다 문 열어 놓고 마음 졸이시며
>   나간 자식 돌아오기만 밤새 기다리신다오
>
> (3절) 어서 돌아오오 어서 돌아만 오오
>   채찍 맞아 아파도 주님의 손으로
>   때리시고 어루만져 위로해 주시는
>   우리 주의 넓은 품으로 어서 돌아오오 어서

집을 나간 자식이 돌아오기만 기다리는 아버지의 마음, 하늘보다 넓고 넓은 부모의 마음, 그 마음이 바로 하나님의 마음이라고 찬송가를 통해 확인해 주고 있다. 자애로운 아버지의 마음에서 하나님의 마음을 발견한 것이다.

집을 나간 탕자이지만 다시 집으로 돌아가는, 돌아가야만 하는 자녀의 도리, 곧 효심을 찬송으로 고백하고 있다. 효심과 신앙심이 어우러진 찬송이다.

나아가 개개인의 회개를 통한 민족적 위기의 극복도 이 찬송에는 담겨 있다. 1943년이라는 시대적 환경을 놓고 볼 때, 이 찬송은 범민족적 회개를 통해 하나님의 나라를 회복하자는 암시를 담고 있다. 각성한 민족을 향해 회개를 촉구하는 내용이다.

행동하는 신앙인의 나라 사랑

효심으로 표현된 늘봄의 신앙심은 나라 사랑의 열정으로도 표출되었다. 이 때문에 9개월간 옥살이를 했다. 1919년 전국적으로 일어난 3.1독립만세운동에 참여했기 때문이다. 출옥 후, 1921년 다시 일본으로 건너간 그는 신학과 문학을 본격적으로 공부했다. 6년 동안의 공부를 마치고 귀국한 다음, 1927년 목사 안수를 받고 목회와 문학 활동을 병행했다. 문학 작품으로 예수의 복음을 전하겠다는 사명감 때문이었다. 1937년에 『새사람』 창간호에서 그는 이렇게 말하고 있다.

나는 조선에 있어서 가장 어려운 잡지 경영, 그 중에도 종교 잡지 경영을 거의 모험적으로 시작하였습니다. 나는 다만 글을 써서 동포에게 예수의 복음을 전하겠다는 사명감에 이끌리어 이 일을 합니다. (「편집을 마치고」, 『새사람』 창간호)

하지만 그의 이런 열정은 일제의 탄압으로 시련을 겪었다. 1937년 '수양동우회사건'에 연루되었기 때문이다. 그는 금주운동을 위해서 「멸망에 함(陷)한 민족을 구출하는 기독교인의 역할」이라는 글을 써서 전국에 배포하였는데, 일제 당국이 이를 문제 삼은 것이다. '새사람운동' 차원에서 전개한 일에 대해 제재를 가한 것이다. '새사람운동'은 늘봄의 나라 사랑 정신의 발현이었고, 진실성 회복을 통한 나라 살리기운동이었다. 이는 새사람 생활 강령에 잘 나타나 있다.

우리는 새사람이 되는 공부를 위하야 다음의 세 가지 생활 강령을 실행하기로 힘쓰자. (一) 매일 성경을 읽자. (二) 거짓말을 하지 말자. (三) 겸손하고 깨끗하게 살자. (『새사람』, 제9호)

여기에는 기독교 신앙과 아버지의 가르침, 그리고 도산 선생의 교훈이 모두 망라되어 있다. 이로부터 우리는 청소년기에 부모와 스승의 역할이 얼마나 중요한가를 절실히 느낄 수 있다. 늘봄은 엄한 아버지 밑에서 사랑하는 것과 베푸는 삶의 태도를 배웠고, 도산 선생에게서 정직과 청렴함을, 그리고 기독교 신앙을 가지면서 나라와 인류를 향한 인도주의를 깨달았다. 한마디로 늘봄의 신앙심·효심·애국심은 부모와 스승의 올바른 가르침에서 나온 것이었다. 한마디로 인류 평화 정신이 담긴 늘봄의 말을 되새기며 글을 마친다.

평화는 원하면서, 사랑은 모르고 평화의 길을 찾지 않는 것이 딱하다. 집집마다 사랑이 넘치고, 교회마다 사랑이 가득하고, 모든 크리스천이 이웃을 사랑하고 평화를 추구하는 날에 사회와 세계에 평화가 올 것이다. 참사랑이 그립고 평화의 세계가 그립다. (「평화의 세계가 그리워」, 『전영택 전집』 제2권)

주기철

민족적 자존심과 기독교 신앙을 수호한 순교자

예나 지금이나 귀신 이야기는 아이들이 무서워하면서도 좋아한다. 기복(주기철의 아명)이 태어난 웅천은 옛 지명이 웅신(熊神)이었을 만큼 주민들이 귀신을 섬겼던 마을이다. 집 안팎으로 귀신이 없는 곳이 없었다. 안방은 물론 부엌·마루·장독대 등 사람의 발길이 닿는 곳이면 모두가 귀신을 모신 자리였으며, 집 밖으로는 늙은 나무가 있는 성황당이 그 자리였다. 당시는 무속인들이 이런 곳을 찾아다니며 불을 밝히고 미신을 숭배하던 시절이었다.

이처럼 미신이 성행하던 동네에서 기복의 아버지는 교회 장로로 신앙생활을 하고 있었다. 덕분에 기복은 찬송과 기도 소리를 들으며 어린 시절을 보냈다. 신앙적으로 엄격했던 아버지로부터 신앙 교육을 받은 기복의 가정은 주일에는 예배를 드리는 것 외에는 아무 것도 할 수 없었다. 아무리 필요한 물건이라도 주일에는 살 수 없었고, 바쁜 모내기철이나 추수기라 하더라도 일을 하면 안 되었다. 이런 분위기에 익숙한 기복을 사람들은 '소년 목사'라고 부르기도 하였다.

본래 주씨는 송나라 성리학(주자학)을 집대성한 주희(朱熹)의 후손이다. 아버지는 신앙 교육 이외에도 이런 집안의 가풍을 존중하며 전통적 교육을 아들에게 전수했다. 손수 『논어』와 『맹자』를 교육하고, 수신(修身)과 치인(治人)의 도리를 체득하도록 했다. 그러면서 아버지는 형제가 다투기라도 하면 "형제끼리 서로 힘을 합쳐도 서로 살기 어려운 세상인데, 서로 싸운다면 남들이 얼마나 우습게 여기겠느냐."고 하며, 형제간의 우애를 강조했다.

역사의식 함양과 나라 사랑 교육

주기철(朱基徹, 1897~1944). 그는 경상남도 창원군 웅천면 북부리에서 주현성 장로와 조재선의 넷째 아들로 태어났다. 그 해에 조선은 고종 황제가 즉위하면서 국호를 대한제국으로 바꾸고, 일본인들에 의해 시해된 민비를 명성황후에 봉하여 국장을 치렀다.

비록 조선을 대한제국이라 바꾸고, 왕을 황제라 불렀지만, 나약한 조선은 여전히 풍전등화와도 같았다. 기울 대로 기운 나라의 형세를 목도하며 뜻있는 분들의 우국충정을 절실히 필요로 할 때, 주씨 집안에서는 기철의 형뻘되는 기효가 그 일을 담당했다. 팔도강산을 두루 돌아다니며 장사를 하던 그가 새로운 문물에 눈을 뜨고, 주변 사람들을 계몽하였던 것이다.

우리가 일본에게 당하는 이유는 너무 무식해서다. 일본 놈들이 아무리 다 빼앗아간다 해도 우리 머릿속에서 지식을 빼앗아 갈 수는 없다. 그러니까 우리는 배워야 한다. 우리가 살아 남기 위해서는 새로운 문물과 제도를 배우고 익히는 수밖에 없다.

이렇게 역설하며 그는 웅천에 개통(開通)학교를 세우고, 손수 교장과 교무주임을 맡았다. 그리고 청소까지 도맡아 하며 헌신적으로 교육에 치중했다. 기철도 아홉 살 되던 해에 이 학교에 입학하여 본격적으로 정식 학교 교육을 받기 시작했다. 여기서 그는 우리의 역사에 대한 안목을 길렀고, 나라와 민족의 중요성을 배웠다. 역사의식과 민족애 교육은 어린 학생들을 뜨겁게 계몽시켰고, 기철도 이때부터 애국에 대해 깨달아 갔다. 그리고 그 나라 사랑에 대한 열정은 정주의 오산학교를 다니면서 더욱 강렬해졌다.

오산학교에 다닐 때 기철에게 가장 큰 영향을 준 인물은 남강 이승훈과 고당 조만식, 그리고 다석 유영모 선생이었다. 이들은 민족교육뿐만 아니라 철저한 신앙 속에서 나라의 장래를 위해서는 산업이 살아야 한다고 강조했다. 부강한 나라의 기본은 신앙심과 애국심, 그리고 강한 경제력이라고 했다. 이것은 훗날 그의 삶에 절대적 영향을 주었다. 그리고 활동 현장 곳곳에서 빛을 발했다.

기복이라는 이름을 기철로 개명한 동기도 의미심장하다. 기복(基福)의 '복(福)'자가 너무 자기만 복을 받겠다는 이기적인 의미를 가진 것 같아서, 기독교를 철저히 지킨다는 뜻의 기철(基徹)로 바꿨다고 한다. 성씨인 '붉을주(朱)'자까지 이어 해석하면 "피로써 신앙을 지킨다."는 뜻이다. 훗날 순교자적 삶은 이미 주기철로 개명할 때부터 예견된 일이었다.

고향에서의 독립운동과 신앙적 각성

주기철의 인생에 가장 큰 걸림돌은 안질이었다. 상급 학교에 진학을 앞두고 도진 안질을 치료하기 위해 그는 고향으로 돌아왔다. 오랜만의 휴식을 취하면서 그는 뜻있는 동지들과 야학을 열어 지역 어린이들을 계몽했다. 자라나는 세대를 위해서 도서관을 열었고, 운동을 좋아하는 사람들과는 아침마다 조기운동회를 조직하였다. 마을 공동체를 위한 원족(遠足), 즉 소풍도 주선하였다. 술과 담배를 금지하는 금주·금연운동을 겸한 이러한 행보는 모두가 나라를 살리기 위한 구체적인 애국운동의 일환이었다.

이때 서울에서는 3.1운동이 거세게 일어났다. 독립운동의 거센 파도가 전국을 뒤덮을 때 주기철의 고향마을인 웅천에서도 독립만세운동이 벌어졌다. 「독립선언서」를 낭독한 이는 주기철의 사촌형인 주기용이었다. 처음에 4백여 명에서 시작한 독립 시위는 2천여 명으로 늘어났다. 이 일로 주기용은 1년 6월의 실형을 선고받았고, 주기철도 헌병대에 잡혀갔다가 한 달 만에 풀려났다.

고질적으로 괴롭히던 안질은 그의 삶을 새로운 세계로 이끌었다. 앞을 가리던 안질이 영적 세계를 보게 하는 계기를 만들었다. 더불어 생각도 깊어졌다. 소문난 깡패 출신 목사인 김익두도 이 무렵에 만났다. 주기철은 뜨거운 부흥회의 열기 속에서 수많은 사람들이 회심하는 모습을 목도하면서, 자신은 왜 그렇게 되지 못하는가에 대해 고민하였다. 당시 김익두 목사는 "장님으로 하여금 눈을 뜨게 하는 것은 내가 아니라 예수님이요, 앉은뱅이로 하여금 일어서게 하는 것도 예수의 이름으로 성령이 하시는 일입니다. 김익두는 없소. 난 마른 막대기만도 못한 사람이요……"라고 설교했다. 이 말을 듣는 순간 주기철은 자신의 교만한 자아가 두터운 빗장이 되어 마음의 문을 닫아 걸고 있음을 깨달았다. 그리하여 대성통곡하며 회심하는 체험을 했다. 이후로 신학을 공부하고 인간의 영혼을 구원하는 쪽으로 삶의 방향을 잡았다. 이때는 이미 가정을 꾸리고 자식까지 둔 상황이었기 때문에 주변의 반대와 염려도 만만치 않았다. 하지만 주기철의 굳은 결심을 그 누구도 꺾지 못했다.

고독한 순교자의 길

평양신학교에 입학한 주기철은 밤낮으로 신학 공부와 원근 각지의 교회를 돌보는 데 여념이 없었다. 당시만 해도 목회자가 절대 부족했기 때문에, 신학생 시절부터 목회자 없는 전국 각지의 교회들을 순회하며 예배를 인도하였다. 신학교를 마칠 즈음 남강 이승훈이 찾아와 오산학교에서 교육자가 될 것을 권유했지만, 그는 목회자의 길을 가기로 결심했다고 고백하며 정중히 사양했다. 결국 1925년 평양신학교를 졸업하고 목사가 되었는데, 이때 그의 나이 서른이었다.

1923년 일본에서는 대지진이 일어나 엄청난 피해를 입었다. 이러한 혼란을 틈타 일본 경찰을 비롯한 군부에서는 조선인들이 폭동을 일으켜 일본인들을 약탈하고 살해한다는 유언비어를 퍼뜨리며 애꿎은 조선인들을 잔혹하게 살상하였다. 동시에 전국 각지에 신사(神社)를 세워 제사를 지내도록 의무화하였다. 사상적으로 내선일체를 강화하기 위한 일제의 술책이었다. 서울에서는 남산 중턱에 신궁을 짓고 조선인들에게 참배할 것을 강요하였다. 교회 신도들도 예외가 아니었다. 이에 부산 초량교회와 마산 문창교회, 평양 산정현교회를 연이어 담임하던 주기철 목사는 신사참배를 단호히 반대하고 나섰다. 마산에서는 무학산, 평양에선 묘향산에 올라가 눈물을 뿌리며 교회와 나라를 위해 기도하였고, 평양 산정현교회에서는 조만식 장로와 같은 민족 지도자들과 함께 애국전선에 직접 나섰다. 하지만 그가 소속된 평북노회는 신사참배를 결의했다. 이에 반발하던 주기철은 헌병대의 집중 감시대상이 되었고, 급기야 체포되어 감옥에 갇혔다.

감옥에서 온갖 협박과 고문을 당하면서도 그는 아랑곳하지 않고 신앙적 절개를 지키며 신사참배 강요를 거부했다. 장로교 총회에서도 신사참배를 결의했지만, 그는 끝까지 굴복하지 않았다.

최후의 승자

일제의 신사참배 강요에 끝까지 타협하지 않던 주기철 목사에게 손을 든 것은 오히려 일본 헌병들이었다. 일본 당국은 잠깐의 의례적인 목례조차 거부하던 주기철 목사를 더 이상 감옥에 두고 고문 협박하다가는 더 큰 문제가 일어날 수도 있다고 판단했다. 그리하여 일시적으로 그를 석방한 것이다.

석방 후 그는 2천여 명이 몰려들어 발 디딜 틈도 없이 꽉 들어찬 산정현교회에서 집회를 인도했다.

> 내 주는 강한 성이요
> 방패와 병기 되시니
> 큰 환난에서 우리를
> 구하여 내시리로다. ……

찬송이 울려 퍼지는 가운데 다섯 가지 결의에 찬 기도 제목을 선포했다.

> 첫째, 죽음의 권세를 이기게 하여 주시옵소서.
> 둘째, 장기 고난을 견디게 하여 주시옵소서.
> 셋째, 노모와 처자와 교우를 주님께 부탁합니다.
> 넷째, 의에 살고 의에 죽게 하옵소서.
> 다섯째, 내 영혼을 주님께 부탁합니다.

주기철 목사의 설교가 이어지는 동안 산정현교회는 눈물바다가 되었다. 일제의 앞잡이로서 감시하기 위해 참석했던 헌병들도 눈물을 글썽였다. 설교를 하다가 그가 찬송을 부르자, 참여한 모든 사람들은 뜨거운 눈물을 흘렸다.

> 이 세상 험하고 너 비록 약하나
> 늘 기도 힘쓰면 큰 권능 얻겠네

주의 은혜로 대속하여서
피와 같이 붉은 죄 눈같이 희겠네.

예배를 마치고 나온 주기철 목사는 팔순의 어머니 앞에 무릎을 꿇고 큰절을 올렸다. 늙은 어머니는 야윈 아들을 바라보며 오열했다. 그리고 병든 아내와 아직 어린 네 아들들을 힘차게 껴안아 주었다. 이렇게 한 덩어리가 된 주기철 목사와 가족은 한동안 눈물이 멈추지 않았다.

이후로 주기철 목사는 매일 아침 이것이 마지막이 될 수 있다는 생각을 하며 어머니에게는 큰절을 올렸고, 아들들에게는 끌어안고 기도해 주었다. 일본 당국이 신사참배를 거부하는 사람은 강력하게 처벌하는 법률을 새로 제정하여 교회와 교회 지도자들을 더욱 강력하게 압박해 왔기 때문이다. 결국 주기철 목사는 사랑하는 가족과 교우들을 남겨 두고 다시 감옥에 갇혔다. 그 마지막 날의 모습을 아들 주광조는 이렇게 회상하였다.

아버지께서 구속되기 전날 밤, 마지막 가족예배를 보았습니다. 아버지께서는 죽음을 예견하신 듯, 담담하게 「시편 23편」을 읽고 기도하였습니다.

헌병대 형사들이 주 목사를 잡으러 왔을 때, 그는 노모에게 큰절로 하직 인사를 올리며 이렇게 기도했다.

하나님, 불효한 이 자식은 어머님을 봉양하지 못하옵니다. 내 어머님을 주님께 부탁하나이다. 불효한 자식의 봉양보다 자비하신 주님의 보호하심이 나을 줄 믿고 내 어머님을 주님께 부탁하옵고, 이 몸은 주님의 자취 따라 가겠나이다.

그리고 병든 아내와 사랑하는 아들들, 그리고 이 소식을 듣고 달려온 몇몇 교우들과 마지막 포옹을 하였다. "민족의 십자가, 조선 교회의 십자가를 지고 가는 하나님의 종 주기철 목사를 보라!"는 어느 청년의 울부짖는 소리를 들으며, 그는 다시 가시밭길을 떠났다. 그 후로 산정현교회도 주기철 목사의 가족도 모두가 형극의 시간을 보냈다. 감옥은 온통 신사참배를 거부한 산정현교회 교인들로 가득 찼다. 주 목사의 아내도 그 안에 있었다.

악랄한 일제 헌병은 주 목사의 가족을 경찰서로 데려와 주 목사에게 온갖 고문을 가하는 장면을 직접 보여주었다. 이를 보면서 어머니는 실신했고, 아홉 살 난 막내아들은 실어증에 걸렸다. 다른 아들들은 모두 퇴학 처분을 당하여 곳곳으로 떠도는 신세가 되었다. 혹독한 고문을 감내하는 주 목사를 바라보며 일본인 검사는 "도대체 당신의 하나님은 어떤 존재이기에 무슨 힘으로 당신을 이렇게 힘든 고문에서 이기게 하는 거요?"라고 물었다. 주기철 목사는 기진맥진해 있었지만 단호한 목소리로 "이 고문은 당신들의 매질이 아니요. 우리 민족의 잘못으로 하나님께 매를 맞고 있는 것이요. 하나님은 사랑하지 않는 자에게는 매를 주지 않소. 조선을 사랑하시기에 조선 교회가 일본의 우상 앞에 무릎 꿇은 것을 슬퍼하시면서 조선이 눈을 뜨라고 매를 주시는 거요. 나는 일본에 항거하거나 반항하는 것이 아니요. 나를 사랑하는 내 생명이신 예수 그리스도를 따라가고 있을 뿐이요."라고 대답했다. 그로부터 얼마 후 주 목사는 형장에서 승리의 면류관을 쓰고 하늘나라로 떠났다.

순교한 주기철 목사에게 정부는 1963년 3월 건국공로훈장을 추서했다. 그의 묘는 평양의 돌박산에 있지만, 서울 동작동 국립묘지 애국자 묘역에 신·구약 성경과 찬송가를 넣고 새롭게 단장했다. 비록 신사참배 거부는 기독교 신앙을 수호하기 위한 것에 지나지 않았을 수도 있지만, 일본의 충성 맹약에 대한 민족적 저항이 함께 내포되어 있다는 점에서 나라를 구하려는 운동의 일환이었다. 주기철 목사의 신사참배 반대 투쟁이 신앙적 절개를 지키는 의지이자 민족적 자존심을 지키려는 저항정신의 표현이었다는 것이다. 민족과 신앙이 둘이 아닌 당시 상황에서 주 목사는 몰(沒)민족적·몰신앙적 타협과 난행에 저항하며 순교자의 길을 갔다. "내 하늘나라에 가서 이 겨레 위해 기도하오리다."라는 그의 마지막 기도에 이것이 잘 드러나 있다.

주요한

「어머니의 넓은 사랑」을 노래한 애국시인

지금 내 귀를 울린다.

오직 너를 생명같이 알던 너의 어머님 목전에서

녹슬은 창끝에 찔려 죽은 어린 동생아,

지금 최후의 어머니를 찾던 날 너의 절규

너의 어머님의 마지막 기도와 함께

나의 가슴을 끓인다. 아아……

아아 대한의 누이야 아우야……

부활의 새 소리가 우렁차게 대한(大韓)나라 방방곡곡에 퍼져 나갈 때,

그 위대한 명동(鳴動)속에 가장 힘 있게 가장 맑게 울리던

……(중략)……

참으로

대한의 영광이 된다.

대한의 생명이 된다.

그리하고 아릿다운 목소리가 장생(長生)하고

굵어짐에 따라 너의 나라는 다시 살리라.

너와 나라는 다시 넘어시지 않으리라. (3.1독립운동이 있은 이듬해의 같은 날 주요
한이 『독립신문』에 기고한 노래인 「대한의 누이야 아우야」)

부모 공경, 가족 사랑

주요한(1900~1979). 그는 평양에서 아버지 주창호 목사와 어머니 홍씨 사이
에서 장남으로 출생했다. 아버지의 원래 이름은 주공삼(朱孔三)이다. 할아버

지가 공자(孔子)와 주자(朱子)의 이름을 따서 지은 이름이다. 대대로 철저한 유교 가문이었음을 알게 해준다. 주요한도 어린 시절 유교적 가르침에 충실했던 조부모에 대한 추억을 자주 회고했다.

그는 청소년 시절에 자신에게 영향을 준 책들을 『조선문단』(1927. 1)에 밝혔다. 충효와 관련된 『오륜행실』, 세계 지리에 대한 『토민필독(土民必讀)』, 선교사들이 번역한 『구약』, 그리고 소설 『목단화』·『은세계』 등이었다. 이러한 책들이 자신의 삶에 가장 많은 영향을 미쳤다고 한다. 이를 통해 전통 학문과 서구 학문 모두를 섭렵하였다. 신문명·신학문에 대한 기대와 꿈은 일본 유학으로 해소했다. 마침 아버지가 동경에 조선인 선교목사로 부임한 덕분에 일본 유학의 꿈도 자연스럽게 이룰 수 있었다.

일본 유학은 자신이 하고 싶은 공부를 하기 위해 간절히 바라던 일이었지만, 어머니와 고향에 대한 그리움을 지울 수는 없었다. 「고향」이라는 시에는 그가 고향인 평양과 가족을 얼마나 그리워했는지가 잘 드러나 있다.

어머님 병환이
조금은
회복되었지만
아아 나그네의 마음
다시 그리워지네—내 고향
아아 물 맑은 대동강 물결
서틀은
아우의 자상한 글줄
봄날 해가 기울면
다시 생각나네—내 고향

어머니와 가족에 대한 그리움을 고향에 대한 향수와 동경으로 그려 냈다. 고향에 돌아가고 싶은 마음과 가족에 대한 사랑의 마음이 물씬 묻어난다. 대동강이 흐르는 평양, 비록 열두 살 때 떠났지만 그곳에 대한 향수가 짙게 배어 있다. 큰 뜻을 품고 떠난 일본 유학이었지만, 고독한 이국 생활에서 느끼는 부모형제와 고향에 대한 절절한 애정을 서정적 정서로 표현해 냈다. 이때 그는 일본에서 중학교에 다니고 있었다.

상해 임시정부로 가다

어려서 경인선 기차를 타본 경험이 있었지만, 일본 유학길에는 비행기를 타고 갔다. 거기에서 그는 선진 문물을 경험하고는 커다란 문화적 충격을 받았다. 이후로 "우리도 기계를 배워야 나라를 되찾을 수 있다."(『주요한 문집』, 1982. 이하 생략)라고 다짐하였다. 힘이 나라를 나라답게 한다고 생각한 것이다. 조국 대한의 땅에서는 마침 3.1 독립만세운동이 일어났다. 그때의 비장했던 분위기를 「암흑」이라는 글에 표현했다.

흐린 날씨 무서울 만큼 텅 비어 있는 정원,
억누르는 암운,
적적한 산골에서 흘러들어온 자주빛 공기,
어디인가 약한 차가운 구석에,
때때로 움직이는 사람 그림자.
……
숨을 죽여서 눈이 내린다.
……
겨울이다! 겨울이다! 운명지워진 때다.
유혈과 비참한 날이 우리들의 호흡을 막아버리는 겨울이다.

……

우리들은 기다리고 있다.

아름다운 담청(淡靑)의 새벽을,

우리들은 기다리고 있다.

기다리고 있다…….

일제 치하에서의 가혹한 생활을 암흑으로 어둡게 표현했다. 하지만 매서운 추위도, 세찬 폭우도 언제까지나 지속되는 건 아니다. 피를 흘리는 선열들의 노고는 결국 맑고 밝은 세상을 만들 것이라고 확신하였다. 희망적 언어로 끝을 맺은 것이다. 3.1운동 당시의 어두운 현실에 대비시켜 미래에 대해 희망적 언어로 표현한 글이다.

1919년 3.1운동 즈음, 민족적 저항운동에 동참하기 위해 잠시 귀국했지만, 하던 공부를 계속해야 한다는 아버지의 권유로 3월말에 다시 동경으로 돌아갔다. 그러다가 5월 중순에 독립운동의 본산인 상해 임시정부로 갔다. 민족운동, 나라 살리기운동에 본격적으로 참여하기 위해서였다. 비슷한 시기에 동생인 주요섭은 고향에서 무궁화소년회를 만들어 「민족자결을 주장하는 윌슨 미국 대통령이 온다」라는 전단을 뿌리다가 구속되어 징역 1년형을 선고받았다.

상해로 간 주요한은 임시정부의 기관지인 『독립』과 『독립신문』의 편집을 맡았다. 경제적으로 얼마나 어려웠는지, 『독립신문』을 발간할 때 "뒷방 한 침대에서 새우잠을 잤고, 구두 바닥에 구멍이 뚫어져 빗물이 새어 들어오는데도 수선할 돈이 없어 그대로 절벅거리며 다녔다." 1920년에는 결국 일제의 탄압으로 『독립신문』이 휴간되었다. 그 해 그는 도산 안창호 선생이 지도하는 흥사단에 가입하여 민족운동을 이어갔다. 가입 당시의 분위기를 그는 다음과 같이 전했다.

이제 우리는 나라를 구하기 위하여 나라를 구할 이론과 방법을 토론하게 되었으니, 묻는 자나 대답하는 자나 다 터럭 끝만한 거짓도 없는 참으로 하여야 할 것이오. 이제 우리는 저마다 같은 신앙을 따라서 기도하시오.

그러면서 그는 단호하게, "우리의 독립을 회복하고 민족 영원의 창성을 얻으려면 흥사단주의로 갈 수밖에 없다고 믿습니다."(『인격혁명』, 1969)라고 입단 동기를 밝혔다. 이런 당시의 분위기를 「상강(湘江) 언덕에서」라는 시에 담았다.

이천만의 생존 위해,
반만 년의 영예 위해,
아, 돌아가신 위장(偉壯)한 혼이여!
뼈에 삭이노이다.
당신의 붉은 뜻을
피에 심노이다…….
당신의 자유정신!
살아 남의 종 됨보다
차라리 죽어 자유혼을!
밝은 해가 뜨는 곳에
어둔 살이 못하여라
붉은 피가 뛰는 남아
종의 멍에 못 매어라!

이 시는 망명정부의 지하신문인 『독립신문』 1923년 5월 2일자 제160호에 실렸다. 우국충정의 비장함이 절절하게 느껴진다. 핵심은 '자유정신'이다. 자유를 찾기 위해 피를 흘리는 것은 당연하다고 묘사하고 있다. 종이 되느니 차라리 죽는 게 낫다는 강렬한 메시지를 담고 있다.

문맹 퇴치운동

주요한은 나라가 못사는 것도, 나라가 남의 나라에 의존하는 것도, 모두 국민들이 무지하기 때문이라고 생각했다. 문맹자가 많으면 판단력이 없게 되고, 판단력이 없으면 자유 의식이 없고, 자유 의식이 없으면 나라를 찾을 수 없다고 보았다. 그리하여 문맹 퇴치를 통해 나라를 구할 수 있다는 신념을 갖게 된 것이다. 하지만 넘어야 할 장애물이 있었다. 한글 맞춤법이 너무 어렵다는 점이었다. 이것부터 해결해야 한다고 판단하여, 간편한 맞춤법 통일안을 만들었다. 쉬운 한글을 쓸 수 있도록 하기 위한 방편이었다. 그리고 일반인들에게 글을 가르치는 일에 나섰다.

주요한이 주도하던 『동광』이라는 잡지가 그 중심에 있었다. 이렇게 시작한 국민 계몽운동은 경제 자립·봉건정신 혁신·한글 보급으로 전개되었다. 이 운동에는 흥사단이 가세하면서 한층 강화되었다. 특히 한글 보급은 한글운동사에 중요한 족적을 남겼다. 마침 1941년 조선어학회사건이 발생하여, 최현배·이희승·이은상을 비롯한 30여 명의 민족 지도자들이 구속되었다. 이유는 조선어 사전에 수록된 '왜(倭)'자에 대한 풀이 때문이었다. '왜수건'·'왜떡' 등과 같이 '왜'자가 들어간 말들이 모두 일본을 폄하하고 있다고 생트집을 잡은 것이다. 증인으로 참석한 주요한은 "그렇게 세상에서 부르고 있는데 어떻게 하란 말인가?"라고 반문했다. 지금 일본이나 일본인을 비하할 때 '왜'·'왜놈'이라고 하는 것도 이와 무관치 않아 보인다.

주요한의 애국사상에 가장 큰 영향을 준 사람은 도산 안창호 선생이었다. "상해 시절에 뵌 안 도산 선생은 나의 생애를 결정짓는 정신적 영향을 주었다."고 고백한 데서 알 수 있다. 주요한은 문화 혁신의 선구자이자 애국운동가로 알려져 있는데, 이는 1920년 도산의 권유에 따라 흥사단 활동을 시작하면서부터였다. 독립운동을 하다가 투옥되어 징역을 살기도 했다. 잃어버린 역사의 발굴에도 심혈을 기울였다. 민족정신 개조와 청소년 교육, 그리고 문화 창달에 이바지한 것이다. 그가 종로 유치장에 투옥되어 있을 때의 경험을 이렇게 기록하고 있다.

천정에 매달려 맞고, '학춤'과 코에 물 넣기 등을 당했다. 감방은 빈대 벼룩이 득실거렸다. 검거된 지 한 달쯤 뒤, 동우회를 해산하라고 해서 해산식을 했는데도 45명을 검사국에 넘겼다. 그 이유는 총독부에는 친목단체로 되어 있는데, 궁극 목적은 독립운동이기 때문에 '변혁단체'로 걸린다는 것이 기소 이유였다. 증거로는 동우회 약법과 도산이 상해 시절 미주 단원들에게 보낸 공개서한이 제출됐다. "우리 민족 전도 대업의 기초를 준비한다."라는 약법 조항의 전도 대업은 독립을 뜻한다는 것이고, 도산의 서한에 "우리 동지들은 밥을 먹어도 잠을 자도 독립을 위해 한다."라는 구절도 있었다.

1945년 8.15는 우리 민족에게 감격과 환희를 안겨 준 날이다. 요한도 가슴 벅찬 기쁨을 만끽했다. 하지만 마음에 걸리는 것이 있었다. 일제 말기, 그들의 강요에 의해 독립운동을 중단하고 일제에 협조하겠다는 전향서를 작성한 일이었다. 이것은 평생 동안 그의 마음에 부담으로 작용했다. 스스로 '때 묻은 사람'이라고 말하며, 해방 후 정치 일선에 나서지 않겠다고 결심했다. 대신

기업 활동으로 나라의 경제를 살리는 일에 앞장섰다. 이미 식민지 시절 화신 무역에 관여하며 전문 경영인으로서의 경험을 쌓은 그였다. 1949년에는 상호 무역을 설립하여 운영했다. 대한상공회의소와 한국무역협회의 운영에도 참 여하였고, 영농기업사를 만들기도 했다. 해방 후 혼란한 악조건 속에서 산업 부흥을 통한 경제 살리기로 국가와 민족을 위해 헌신하기로 한 것이다.

공산주의에 대항한 자유주의 운동

1950년에 6.25동란이 발생하지만 그는 피난을 가지 않았다. 자유주의를 신 봉한데다 기독교 가정이었으니, 공산주의자들에게 잡히면 죽임을 당할 것은 뻔한 일이었다. 그것을 알면서도 피난을 가지 않았지만 다행히도 수모나 곤 욕을 당하지는 않았다. 9월 28일 서울이 수복되고 공산군이 북쪽으로 퇴각 할 때, 북한에 적을 둔 사람들이 찾아와 북으로 가자고 제안했다. 북한 출신 인사들이 속히 고향으로 돌아가 공산당의 뿌리를 뽑고 총선거를 치러 자유 민주주의를 실현하자는 제안을 받은 것이다. 조만식이 대표가 되고 이윤영· 한근조·김병연 등이 창당한 조선민주당에 가입할 것도 권유받았다. 주요한 은 여기에 가입은 했지만, 자신은 정치가 체질에 안 맞는다고 생각했다. 대신 국제문제연구소를 만들어 공산주의와 공산당의 허구성을 비판하는 작업을 하였다.

그래도 주변에서는 정치에 참여하도록 강력히 권유했다. 정치를 통해 혼란 한 정국을 바로잡고 산업 부흥과 자유주의 애국운동을 하자는 취지였다. 할 수 없이 1954년 서울 종로에서 출마했지만, 경쟁자인 윤보선에게 밀려 낙선하 고 말았다. 1957년에는 민주당에 입당하여 정책심의회 의장을 맡았다. 다음 해에는 서울 중구갑에서 정일형과 조병옥의 도움을 받아 당선되었다. 일제

시기에 독립운동을 하면서 흥사단에서 이들과 우정을 쌓은 덕분이었다.

시로 표현한 희망찬 내일의 조국

주요한은 시인이다. 시인은 시로 말한다. 시를 보면 시인의 세계를 알 수 있다. 일제 강점기를 살며 그 아픔과 고통을 시인은 시로써 항변했다. 「낮과 밤의 기도」라는 그의 시 작품이다.

아아 공포의 세월, 진통의 날이여!
분함과 적막의, 애정지워진 해[年]여!
빛으로 짓눌러진 살[肉]
살에 붙어 번지는 증오의 불길
꺼지지 않는 연소의 불길이여
더욱 찢기고 할퀴어진—빛 앞에 너무나도 연약한 하나의 영혼
아아 외로운 듯이 견디기 어려운 듯이
또 이끌려가는 채 읊조리는 무거운 심장
음울한, 비통한, 회복키 어려운 병의
쓴 눈물은 무엇을 말함인가
······(중략)······
들어라. 견뎌 기다려라!
항상 패하기만 한 나의 심장이여
흙투성이 된 심장이여
눈물만이 오로지 하나의 생명을 알리.
아아 나의 가난한 손가락을 가득 채워라.
새 새악시 맞기 위하여
용감한 미래의 탄생의 자리를 축하하기 위해
원컨대 정성들인 금빛 웃음으로써
이 즐거운 기대의 시간을 노래 부르도록 하게 하라.

나라를 빼앗긴 민족의 아픔을 절제된 언어로 절절히 표현했다. 서정성보다는 부조리한 현실을 강하게 부정한 내용이다. 저항 의지가 강하게 묻어난다. 거기에는 희망이 있다. 희망찬 미래를 함께 노래했다. '용감한 미래의 탄생', '금빛 웃음', '즐거운 기대의 시간을 노래'하는 시간은 해방된 조국을 상징한다.

나는 조선의 어린이외다.
몸과 정성의 아낌이 업시
하로하로 또 하로 배우는 뜻은
조선을 빛내보렴이외다.

시조 작품인 「뜻」에도 특별한 흔적을 남겼다. 조국에 대한 희망적 메시지를 담았다. 조선의 아들로 태어나 조선을 빛내는 것이 공부의 목적이라는 교훈적 내용이 그것이다. 일제 식민 통치의 절박한 상황이 주요한을 애국시인으로 만든 것이다.

「어머니의 넓은 사랑」

주요한은 문학 작품에 나라와 민족에 대한 애끓는 심정을 담아 냈다. 그래서 한국 근대 문학사에 족적을 남긴 큰 인물이었다. 그 이면에는 어머니에 대한 절절한 사랑과 공경, 그리고 목회자의 아들로 태어나 아버지로부터 받은 철저한 신앙적 삶이 있었다. 어버이주일만 되면 가장 많이 울려 퍼지는 찬송인 「어머니의 넓은 사랑」에는, 어머니의 신앙으로 성장한 주요한의 신앙 고백이 고스란히 담겨 있다. 그 찬송가의 전문을 여기에 적어 본다.

(1절)

어머니의 넓은 사랑 귀하고도 귀하다. 그 사랑이 언제든지 나를 감싸줍니다.
내가 울 때 어머니는 주께 기도드리고 내가 기뻐 웃을 때에 찬송 부르십니다.

(2절)

아침저녁 읽으시던 어머니의 성경책 손때 남은 구절마다 모습 본 듯합니다.
믿는 자는 누구든지 영생함을 얻으리 외워주신 성경말씀 이제 힘이 됩니다.

(3절)

홀로 누워 괴로울 때 헤매다가 지칠 때 부르시던 찬송소리 귀에 살아 옵니다.
반석에서 샘물 나고 황무지가 꽃피니 예수님과 동행하면 두려울 것 없어라.

(4절)

온유하고 겸손하며 올바르고 굳세게 어머니의 뜻 받들어 보람 있게 살리다.
풍파 많은 세상에서 선한 싸움 싸우다 생명 시내 흐르는 곳 길이 함께 살리라.

최병헌

유교 지식인에서 기독교 지식인이 되다

성결한 세상이 온다는 것은 늙은 대학자가 천하의 큰 길을 걸으면서 바로 서서 순수한 얼굴로 물동이를 등에 메고 도학을 품고 마음을 밝게 체험하는 것이니, 부귀하면서도 음탕하지 아니하며 빈천하지 않고, 그 말은 선하고 행동은 깨끗하며, 큰 인물로 미혹하지 않고 따르는 자, 죄의 반열에서 초월하니 과오가 없는 성현에 들어간 자라 말할 수 있다. (최병헌, 「시대」)

구한말, 성결한 세상을 추구하며 "온 천하의 동포들이 성역(聖役)에 동참하여 참 진리로 돌아가 한 마음 한 뜻으로 사람 사랑하기를 나 사랑하듯 하며, 하나님 아버지를 높이고 공경하며, 악으로 악을 갚지 아니하며, 덕으로 원한을 갚고, 나를 해치는 자를 오히려 사랑하는 사회"를 부르짖은 이가 있었다. 유교적 전통사상을 아우르면서 기독교적 이상 세계를 추구하며 일생을 헌신한 사람, 바로 탁사 최병헌이다.

유교적 입신양명에 좌절하다

탁사 최병헌(1858~1927). 그는 충청북도 제천에서 아버지 최영래와 어머니 청주곽씨 사이에서 차남으로 태어났다. 가난한 선비 집안에서 태어나 어려서부터 한학 교육을 받았고, 어려운 환경에서도 유별나게 향학열이 강했다. 7세 때 아버지로부터 언문과 『효경』을 전수받고, 연이어 몽학(蒙學)·통사(通

史)·서법(書法)을 익혔다. 14세 때에는 『논어』를 비롯한 경서를 깨우쳤다. 효의 시작이 신체 보전이라면, 공부는 수신(修身)임과 동시에 효의 궁극적 목적인 입신양명, 바로 치인(治人)의 필수 과정이었다.

수기치인(修己治人), 곧 관리자가 되기 위해 공부하는 것이 유교적 효행의 최종 목적을 이루기 위한 방법이었기 때문에, 과거시험은 매우 중요한 의미를 갖는다. 탁사가 한학에 매진한 것도 입신출세를 통해 효를 실천하려는 차원이었다. 하지만 그는 1875년 18세 되던 해, 과거에 응시했지만 낙방하고 말았다. 과장(科場 : 과거시험장)에서 목도한 부정부패는 단순히 실망한 정도가 아니라 인생의 목표에 대한 좌절과 회의로 이어졌다. 당시는 과거시험 무용론이 나올 정도로 시험장의 부조리가 극심하던 시절이었다. 권문세가 집안의 자녀들이 과장을 독차지하는 실정에서 가난한 사람들이 등제하기는 거의 불가능한 상황이었다.

> 시험장에 들어가 과거에 응하는데, 구름처럼 모인 사람들은 국내의 내로라하는 선비들이다. ……모인 선비들은 각기 잘났다고 생각하며 대단한 희망을 갖고 혹은 천 리 밖에서 혹은 수백 리 밖에서 와서 글 한 장으로 일생의 운명을 거는 것이었다. 그러나 조금도 공적인 도리가 없는 과거시험장은 몇몇 유력자의 농락장이 되고, 불원천리하고 온 사람들은 다 저들의 농락에 유린될 뿐이다. (「고 최병헌 선생 약력」, 『신학세계』 12권 2호, 1927)

부패한 조선 말기의 과거시험장 풍토를 묘사한 내용이다. 과장은 바로 돈 있고 권력 있는 사람만의 잔치에 불과했다. 권문세가의 문벌계급이 아니면 아무리 뛰어난 재능이 있어도 인정받지 못하는 풍토에서, 남다른 실력을 지넀던 탁사의 실망은 더욱 컸다. 과거로 가난을 이겨 보려던 그에게 찾아온 것은 채무 송사였다. 돈을 빌렸다가 기한 내에 갚았지만, 지역 군수와 친분이 두터웠던 채권자가 갚지 않았다며 우기는 바람에 억울한 옥살이를 한 것이다. 통탄할 일이었지만, 힘 없는 탁사는 속수무책으로 당할 수밖에 없었다. 부조리한 현실을 극복하는 길은 그래도 과거 급제밖에 없다고 생각했다. 그리하여 다시 등과를 시도했지만 또다시 고배를 마셨다. 어떻게 해서든 부패한 사회에 맞서려 했던 그의 시도는 수포로 돌아갔고, 결국 그는 붓을 꺾고 통분했다.

기독교 지식인으로

1892년 과거에 실패한 탁사는 부조리한 사회에 실망하여, 과거 급제를 통해 입신출세하려던 계획을 포기했다. 신봉하던 성리학적 가치관에 대해서도 회의하기 시작하였다. 공리공소(空理空疎)한 성리학에 실망하여 그 대안을 모색하던 중에 기독교를 접했다. 그가 처음 기독교를 알게 된 것은 1880년 친구가 상해에서 가져온 『영환지략』이라는 세계지리 관련 책을 통해서였다. 이 책을 통해 서양의 발달된 문명을 접하고, 그 이면에는 기독교 정신이 있음을 알게 되었다. 그리고 그로부터 여러 해 뒤에 기독교 선교사들이 한국에 들어온 것을 알게 되어, 그들과 만나면서 새로운 종교를 접하게 된 것이다.

선교사를 처음으로 만난 것은 배재학당에 다니던 친구가 존스(G. H. Jones) 목사를 소개하면서다. 처음에는 이국적인 그들의 모습에 호감이 가지 않았다. 움푹 들어간 눈에 푸른 눈동자와 노랑머리 같은 외모뿐 아니라, 세간에 서양인들이 사람의 눈을 빼먹고 간도 빼간다는 소문이 나돌던 터라, 그들을 보면서 오히려 거부감을 느꼈다. 하지만 존스 목사와 교류가 깊어지면서 새로운 신앙 체험을 하고는 개종을 결심했다. 그 결정적인 계기는 서양 선교사가 어려운 사람을 구제하는 현장을 우연히 목격한 것이다. 길거리에 있는 병든 걸인을 지나가던 선교사 한 사람이 데려다가 치료해 주는 모습을 보고는 감동을 받아 개종한 것이다. 그리고 이어서 1893년에는 존스 목사로부터 세례까지 받았다.

신앙을 갖기 이전에 이미 여러 서책들을 통해 이론적으로는 기독교를 접한 적이 있었다. 배재학당의 한문 교원으로 근무하면서 여러 종류의 서학 관련 책들을 접했는데, 특히 한문으로 된 신약성경을 우리말로 번역하는 일을 하면서 성경을 누구보다 깊이 이해하였다. 마태복음 5장의 "원수를 사랑하라."는 말씀이 그로 하여금 기독교를 다시 생각하게 했고, 이것이 성경을 번역하기로 결심하는 동기가 되었다. 선교사들도 한국 문화와 사상에 정통한 지식인을 필요로 하고 있던 터라, 탁사의 개종은 중요한 의미가 있었다. 지식인 계층에게 선교를 도모하고 있던 선교사들에게 탁사는 너무나도 반가운 사람이었다.

번역을 통한 문맹 퇴치운동

19세기 말의 한반도는 서구 문화의 충격과 제국주의 세력의 횡포로 인해 암울한 상황이었다. 무지몽매한 서민들은 이리저리 휩쓸렸고, 나라의 운명은 풍전등화와도 같았다. 이때 식견 있는 몇몇 사람들은 백성들의 무지함이 나라를 이 모양으로 만들었다며 문맹 퇴치 운동에 나섰다. 탁사도 그 가운데 한 사람이었다. 배재학당에서 교사로 근무하면서 서구의 선진 문물을 소개하는 책들을 번역하는가 하면, 학교 내에 협성협회를 조직하여 문서를 통해 나라 세우기 운동에 앞장섰다. 황성신문 기자가 되어 글로써 국민 계몽 활동을 하였고, 이어서 순 한글로 된 제국신문을 창간하여 자신이 주필을 맡았다. 또한 한글 보급에도 앞장서면서 문맹 퇴치를 무엇보다 우선적인 사업으로 추진했다.

탁사의 이런 활동들은 문맹 퇴치의 일환이었지만, 동시에 조선의 지식계층을 움직이는 계기도 되었다. 한학의 대가인 탁사 최병헌의 움직임은 주변의 식자층에게 커다란 관심을 불러일으켰는데, 특히 유교에서 기독교로의 개종은 그들에게 충격과 동시에 기독교에 대한 관심을 증폭시켰다. 1907년 대부흥기에 한국 교회의 폭발적 성장은 일반 서민뿐만 아니라 많은 지식계층에게도 호응을 얻었다. 이때 탁사의 지식인들과의 교류가 한 몫 하였다. 탁사가 담임하던 정동교회가 지식인들이 모이는 교회가 된 데에는 이런 배경이 있었다.

문명 개화론

탁사는 일본을 방문하여 근대화된 일본의 모습을 보고 커다란 충격을 받았다. 유교적 보수주의의 굴레에서 벗어나지 못한 우리의 현실에 대해 가슴 아파하며, 그로 인해 일본에게 지배당할 수밖에 없다는 현실을 뼈저리게 느끼고, 문명 개화의 필요성을 절감했다. 전 세계가 경제적 이권에 몰두하고 있는 사이에, 여전히 게으름과 가난에 길들여져 있던 조선의 현실을 냉정하게 비교할 수 있었다. 그리고 일본 제국주의가 조국을 침탈하고 각종 이권을 독점함에도 불구하고 속수무책으로 당할 수밖에 없는 조선의 무기력함에 통탄했다.

이렇게 문명 개화의 필요성을 절감한 그는 교육을 통한 실업 진흥을 강조했다. 백성의 후생(厚生)을 위해서는 실업이 진흥해야 하고, 이는 곧 조선의 경제적 자립을 의미한다고 생각했다. 영국이 가난과 굶주림에서 벗어날 수 있었던 것을 산업혁명과 그에 따른 직업교육의 성과 때문이라 여겨, 교육의 중요성을 강조했다. 사농공상의 신분질서가 여전히 공고하던 조선 사회에서, 그것도 유교 지식인 출신인 탁사가 직업교육과 산업의 필요성을 강조한 것은 의미 있는 일이었다.

흥미로운 것은 직업교육과 산업의 진흥을 강조하면서도 도덕의 중요성을 소홀히 하지 않았다는 점이다. "앞선 사람들이 뒤따라 오는 사람을 대할 때에는 먼저 행할 직분이 세 가지 있으니, 첫째는 도덕이요, 둘째는 공업이요, 셋째는 말씀이다."라고 하여, 도덕을 맨 앞에 두었다. 그가 세 번째로 강조한 '말씀'은 곧 성경 말씀이다. 목회자이면서 성경 말씀을 세 번째로 말한 것은 그 당시 시대적으로 부도덕의 해결과 민생의 해결이 가장 급선무였기 때문이었다.

도덕은 전통 도덕과 기독교 윤리를 모두 포괄하는 내용이었다. "교육의 근본은 도학이라. 사람이 도학을 업신여기면 암만 재주가 있더라도 서로 믿을 수가 없고, 서로 믿을 수 없게 되면, 신하가 임금을 속여서 벼슬을 도적질하고, 자식이 아비를 속여서 재물을 도적질하고, 형제간에 재물을 다투어 우애가 사라지고, 지도자가 백성을 괴롭게 하여 재물을 토색한다."라고 한 데서 알 수 있다.

금주운동과 민족 구원

1919년 3.1 독립만세운동 이후로 조선의 기독교계는 초월적 신비주의 운동과 현실적 계몽주의운동의 두 갈래로 나뉘었다. 탁사는 후자의 입장에서 전근대적인 구습을 타파하는 데 앞장섰다. 특히 금주운동은 그가 가장 중요시한 역점 사업이었다. 근대화의 길목에서 민족의 장래를 암울하게 한 것이 관대한 음주문화라고 판단했기 때문이다. 마치 아편이 중국의 근대화에 암울한 그림자를 드리웠듯이, 조선에서는 술이 아편과 같은 것이라고 생각하여, 그런 습속이 지속된다면 사회 발전은 불가능하다고 여겼다. 술은 기독교인의 순수성을 해칠 뿐만 아니라, 국가적 위기도 초래한다고 생각했다.

금주운동을 통해 봉건적 구습 타파에 나선 것이다. 구한말 영국 작가인 이사벨라 버드 비숍은 한반도 곳곳을 여행하며 보고 느낀 것을 『한국과 그 이웃나라들』이라는 책에 기록했는데, 거기서도 한국 사회의 특징을 술에 관대한 나라로 묘사하고 있다. 조선은 인사불성이 되도록 술을 마시는 것을 전혀 이상하게 여기지 않는 폭주문화가 있어, 언제 어디를 가더라도 대낮부터 술에 취한 이를 보는 것은 어렵지 않다고 기술하고 있다. 지나친 음주문화와 그에 관대한 한국인의 습성을 지적한 내용이다.

초창기의 선교사들도 한국 땅을 밟았을 때에 비슷한 인상을 받았다. 금주운동을 선교의 주요한 방법으로 삼은 것도 이렇게 절실한 시대적 과제를 고려했기 때문이다. 오늘날 한국 교회가 술에 유난히 엄격한 것도, 기독교가 처음 도입될 무렵에 사회 문제를 해결하기 위한 한 방편으로 펼쳤던 금주운동이 긍정적 효과를 거뒀기 때문이다. 금주운동이 희망을 잃고 방황하는 조선인들에게는 일종의 복음이었던 셈이다.

탁사도 역시 당시 조선이 겪는 총체적 위기가 지나친 음주문화와 무관치 않다고 생각했기 때문에 금주운동에 앞장선 것이다. 그는 술이 "사람을 미치게 하는 독약"이라고 단정하고, 술로 인한 폐단을 낱낱이 지적했다. 한 가정의 패가망신이나 불행이 술에서 기인하며, 개인의 건강 악화도 술 때문이라 여기고, 철저한 금주만이 문제 해결의 열쇠라고 말했다. 결국 술이 개인은 물론 가정과 사회와 국가를 해치고 사회적 인륜도덕까지도 망치는 원인이기 때문에 근절되어야 할 문제라고 판단한 것이다. 이를 치유하는 최선의 방법이 기독교에 있다며, 금주를 민족 구제운동 차원에서 선교로 승화시켰다. 탁사는 청년들을 향해, 팽배한 음주문화의 해악을 깨닫고 오직 실력을 양성하여 나라와 민족의 동량이 되라고 주문했다.

나라를 위한 근로와 면학

탁사가 생각하기에, 조선인의 또 한 가지 문제는 나태함이었다. 사농공상의 사민의식이 여전히 강고하고, 특히 양반은 놀고먹는다는 근로 경시 풍토가 조선을 병들게 한다고 생각했다. 그리하여 근면함과 근로정신이 조선을 구하는 길이라고 여겼다. "하늘은 일 없는 사람을 내지 않으니 사람은 일과 함께 태어난다."고 전제하고, "나태한 자는 개미에게서 근검절약을 배우라."고 말했다. 동시에 면학(勉學)을 강조하며 "한 사람의 능력이 백을 이루고, 백 사람의 능력이 천을 이룰 수 있는 길은 면학밖에 없다."(이상「勤者得之」,『신학세계』)라고 하여, 열심히 공부할 것을 강조했다. 백성의 무지(無知)가 나라를 잃게 하였고, 면학이 나라를 세운다는 논리다.

이렇게 근로와 면학이 나라를 다시 살리는 길이라고 생각한 바탕에는, "일 하지 않는 자는 먹지도 말라."는 성경의 가르침이 깔려 있었다. 그가 늘 주장하던 천성낙원(天城樂園)도 내세의 영적 공간만이 아니라 무지와 나태로 인한 고난과 압박으로부터의 해방 공간, 곧 독립된 조선에 있었다. 이때 중요한 것이 자유와 자립이다. 자립을 천부인권인 자유에서 나온다 생각하고, "자유 없는 자립 없고, 자립 없는 자유 또한 없으니, 자립에 힘쓰지 아니하는 자는 곧 스스로 자유를 포기하는 자와 같다."라고 말했다. 그래서 "자유의 포기는 살인·강도·불효·간음보다 더 큰 죄악"(「자립의 필요」,『신학세계』)으로 여기고,

남의 자유를 박탈하는 것보다 자기의 자유를 포기하는 것을 더 큰 죄악이라고 보았다. 자유와 자립이 자력갱생의 가장 중요한 요소이고, 민족을 계몽하고 나라를 세우는 데 절실한 문제라고 생각한 것이다.

기독교 민족주의

훗날 학자들은 탁사의 이러한 생각과 실천을 종합하여 기독교 민족주의라고 일컫는다. 서재필·윤치호 등과 마찬가지로 기독교를 민족운동 차원으로 연결시킨 인물로 평가한 것이다. 동시에 기독교를 한국 전통문화와 사상적 맥락에서 한국 사회에 뿌리 내리게 하는 데 일조한 인물로 평가한다. 충군애국의 충의정신이 그의 기독교 신앙 속에 뿌리 깊이 박혀 있음도 확인할 수 있다. 조선의 독립과 자립을 기원하던 이론적 기반이 기독교와 전통적 한국 사상에 있다고 지적한 것이다.

그가 이러한 평가를 받는 까닭은, 개화자강의 필요성을 역설하며 기독교 신앙을 기반으로 우리의 전통문화를 적절히 적용했다고 판단하기 때문이다. 앞서 지적한 근면과 면학 풍토 조성도 기독교 신앙에 기초하고 있지만, 우리 전통문화의 기조와 다르지 않다. 구한말의 양반문화가 일하지 않는 문화로 알려진 것은 잘못된 인식의 소산이다. 실제로 우리 민족은 근로와 면학을 대단히 중요한 삶의 요소이자 방법으로 인식했다. 탁사가 자강론의 핵심 내용으로 근로와 면학을 강조한 것은 결코 우리 문화와 무관하지 않다. 일제 식민 통치의 억압과 고난으로부터 해방되기 위해서는 일반 사람들에게는 근면한 삶이, 청년들에게는 새로운 지식을 배우는 노력이 필요하다고 했는데, 이는 기독교적 삶의 철학임과 동시에 우리의 전통적 요구와도 상통하는 것이다.

일제 시기의 기독교는 사회 참여적 경향과 복음주의적 경향으로 나뉘어 있었다. 교회가 사회문제에 등을 돌리고 있을 수 없다는 전자의 주장과 성속(聖俗)의 구별을 중시하는 후자의 입장이 양립하는 형국에서, 탁사는 사회 참여적 경향을 취하면서 민족 구원에 앞장섰다. 교회는 개인 구원만이 아니라 사회와 민족을 구원하는 데에도 역할을 해야 한다고 판단했다. 교회운동과 민족운동이 별개일 수 없고, 개인의 신앙이 민족적 과제와 무관치 않다고 판단한 것이다. 다시 말해 개인의 삶과 신앙은 가정과 교회에 뿌리를 두고 있기 때문에 개인의 평안은 가정이나 교회와 무관치 않으며, 또 가정과 교회는 사회와 국가의 보호 없이는 보존되거나 성장할 수 없기 때문에 국가적 안위와 무관치 않다는 것이다. 이로부터 개인과 가정-교회-국가는 연속적 관계이자 상보상성의 관계라는 인식이 나온 것이다. 이들 삼자는 별개가 아니며, 거기서 요구되는 효심-신앙심-애국심도 결코 다르지 않다는 것이다. 탁사의 가정과 교회와 나라와 민족을 향한 외침과 가르침이 오늘날 삼심운동을 하는 이들에게 큰 교훈을 주는 이유가 여기에 있다.

최자실

가난 속에서 희망을 찾은 '할렐루야 아줌마'

최자실 목사님이야말로 내 일생에 잊을 수 없는 신앙의 어머니요, 목회의 은 인입니다. 만일 최자실 목사님이 나의 동역자가 되시지 않았었다면, 오늘날 내 자신의 목회도 없었을 것입니다. (조용기 여의도순복음교회 원로목사)

'할렐루야 아줌마'로 더 익숙한 최자실(1915~1989). 그는 일제의 횡포로 민 족적 울분이 끓어오르던 시기에 황해도 해주에서 아버지 최덕립과 어머니 허자화 사이의 1남 1녀 중 장녀로 태어났다. 여섯 살 되던 해에는 어머니의 손을 잡고 해주에서 수백 리나 떨어진 평양을 오갔다. 아버지가 입원해 있던 평양도립병원에 병문안을 위해서였다. 늘 이곳저곳 바쁘게 돌아다니던 아버 지를 보러 간다는 생각에 자실은 기쁘고 설렜지만, 어머니의 얼굴에는 수심 이 가득 차 있었다. 아버지의 병세가 호전되지 않았기 때문이다.

철없는 자실은 아버지를 빨리 보고 싶어 병실로 뛰어갔지만, 아버지는 핏 기라고는 없는 얼굴로 그를 바라보며, "자실아, 너는 이런 곳에 오는 것이 아 니란다."(『나는 할렐루야 아줌마였다』, 1997년. 이하 생략) 하고 타일렀다. 그럴 때마 다 자실은 갑자기 아버지가 무서워져, '아버지!'라는 말 한마디 해보지도 못 하고 복도로 뛰쳐나와 혼자서 눈물을 흘렸다. 그러던 어느 날 밤 아버지는 끝내 운명하였다. 다정다감한 모습 한 번 보지 못하고 아버지를 여읜 것이다.

아버지에 대한 오해

끝없이 흘러내리는 어머니의 눈물을 보면서 자실도 슬픔에 잠겼다. 어린 그의 마음 한구석에도 그리운 아버지에 대한 생각이 아련히 자리하면서 아픔이 깊어진 것이다. 그에게 아버지는 늘 도망자의 모습으로 기억되었다. 사기꾼으로 몰려 순사들의 추적을 피해 다닌 것이다. 아버지를 찾기 위해 집안 곳곳을 쿵쿵거리며 돌아다니던 일본 순사들의 모습이 여전히 생생하게 남아 있었다. 그럴 때마다 어머니는 이삿짐을 꾸려야 했다. 동네 사람들이 수군거리며 손가락질을 하는 경우도 다반사였다. 이 넓디넓은 세상에서 자실의 식구들은 길을 잃고 방황하는 나그네 신세였다.

아버지가 세상을 떠나자 가난하던 집안 형편은 더욱 궁핍해졌다. 가족의 생계를 위해서 어머니는 삯바느질을 시작했다. 인두질을 하다 말고 저 멀리 하늘을 바라보며 기나긴 한숨을 내쉬는 모습도 자주 보았다. 그때마다 어머니의 눈가에는 눈물이 가득 고였고, 그런 어머니의 모습을 눈치 챈 어린 자실도 더 없이 슬펐다. 특히 찾아올 사람도, 찾아갈 친척도 없던 그의 가족에게 설이나 추석 같은 명절은 외로움만 커지는 슬픈 날에 불과했다.

아버지의 사기 행각으로 집안이 망하고 생계가 어려워졌음에도 불구하고, 그는 아버지를 원망하거나 탓하지 않았다. 이웃과 친척들로부터 멸시와 조롱을 받아도 아버지에 대해서는 아무 말도 하지 않았다. 오히려 자서전에 이런 아버지의 행적을 떳떳이 밝혔다. 자존심이 상하는 일일 수도 있지만, 그때의 일들을 숨김없이 낱낱이 기록하였다.

하지만 아버지에 대한 세간의 오해는 훗날(1948년) 백범 김구 선생을 만나면서 풀렸다. 자실이 '대한민국독립촉진국민회의' 대의원으로 선출되고 나서였다. 그때 만난 백범 선생은, 자실의 아버지가 자금 마련을 담당하는 독립 투사였다는 사실을 알려 주었다. 아버지는 독립자금을 모으기 위해 동분서주하다가 사기꾼으로 몰렸던 것이다. 자실로서는 상상도 못했던 사실을 30여 년 만에 알게 되어, 그동안 아버지에 대해 가졌던 원망과 설움이 존경과 긍지로 바뀌게 된 것이다. 백범 선생을 만나지 못했다면 주변 사람들로부터 사기꾼의 딸이라는 오명을 쓴 채 평생을 살았을지도 모를 일이다. 역사에 묻힐 뻔했을 진실이 딸의 적극적인 사회활동으로 인해 밝혀졌으니, 자실은 입신양명을 통해 효도를 실천한 셈이다.

어려서 아버지의 죽음을 목격한 그는 죽음에 대해 실존적 고민을 했다. 항상 어두웠던 어머니의 모습도 삶보다는 죽음을 떠올리게 했다. 보통학교 3학년 때의 어느 날, 그는 동네 앞 징검다리를 건너다 물에 빠져 정신을 잃었는데, 마침 그곳을 지나가던 지게꾼에게 발견되어 구조되었다. 그 지게꾼 아저씨는 동네 머슴처럼 일하면서 인간다운 대접을 받지 못하던 사람이었다.

그러나 그런 일이 있고 나서 그는 항상 그 아저씨에 대해 공손하게 예를 갖췄다. 생과 사의 갈림길에 있던 그에게 아저씨는 생명의 은인이었고, 죽음이 무엇인가를 깊이 생각하게 해준 장본인이었다. 하지만 더 큰 삶에 대한 고민은 가난에서 비롯되었다. 이렇게 구차하게 사는 삶이 무슨 의미가 있을까 하고 고민한 것이다. "기왕 죽으려면 일찍 죽어 버리지, 뭣 하러 할망구가 되도록 살아. 배는 고프고, 아버지도 없고, 기운 없어 죽겠는데……." 이렇게 체념어린 고백을 하면서 그는 지독한 가난과 굶주림에 지친 삶에 대한 회의에 빠졌다.

'하나님 아버지'와의 만남

아버지가 일찍 세상을 떠난 이후 그는 늘 아버지에 대한 그리움으로 힘들어하고 있었다. 외롭게 지내던 그에게 어느 날 친구가 찾아와서 '하나님 아버지'에 대한 얘기를 꺼냈다. 아버지가 그리운 그에게 '하나님 아버지'에 대한 얘기는 귀를 솔깃하게 만들었다. 친구는 분명 '하나님 아버지'를 말했지만, 그에겐 '아버지'라는 소리만 들렸다. 다른 아이들처럼 소리 높여 불러보고 싶은 아버지가 아니었던가. 아무리 동네사람들이 원망하며 비난하던 아버지였지만, 그에게 아버지는 그리운 아버지, 보고 싶은 아버지, 훌륭한 아버지, 하루에도 몇 번씩 마음으로 불러보는 아버지, 어머니 눈에 늘 눈물을 고이게 만드는 아버지였다. 언젠가 어머니에게 "어머니, 오늘 장에 가서 아버지 하나 사 갖고 와."라고 했던 그 아버지를 친구가 소개하였으니 얼마나 반가운 일이었겠는가.

친구는 천막을 가리키며 저 안에 아버지가 계시다고 말하며 집회 장소를 안내했다. 일찌감치 저녁을 먹고 아버지를 만나기 위해 집회장소로 갔다. 마을 어른들도 천막 주변으로 몰렸다. 어린 그는 천막 안으로 들어가려고 기웃거렸지만, 어른들이 아이들은 들어갈 수 없다며 가로막았다. 아버지에 대한 그리움이 절절했던 그는 천막 뒤쪽으로 가서 땅바닥에 엎드려 천막 안으로 머리를 들이밀었다. 강단 위에 앉아서 그 모습을 본 어떤 어른이 미소를 지으며 들어오라고 하였다. 그는 천막 안에, 그것도 강단 위에 버젓이 자리 잡고 앉았다.

이런 인연으로 만난 사람이 바로 그 유명한 부흥사 이성봉 목사다. 이후로 그는 목사님도 자상한 아버지이고, 목사님을 통해 만난 하나님도 아버지라고 생각했다. 이것이 그가 기독교 신앙을 갖게 된 배경이다. 아버지에 대한 그리움이 아버지를 만나게 한 것이다. 영적 지도자인 목사 아버지를 통해서 인류의 구원자인 '하나님 아버지'를 알게 된 셈이다.

부흥 집회의 뜨거운 분위기는 그의 마음을 움직여, 늘 두통으로 고생하는 어머니도 여기에 오면 치료될 수 있을 것이라는 확신이 들었다. 그리하여 그는 집으로 달려가 어머니를 모시고 곧장 집회 장소로 돌아왔다. 처음에는 어머니가 강력히 거부했지만, 울며불며 가야 한다고 채근하는 딸의 성화에 못이겨 따라 나섰다. 불교 신자였던 어머니는 이렇게 하여 기독교에 입문하게 되었다. 그리고 새벽예배부터 빠지지 않는 열성 신자로 변모했다.

어머니 통한 신앙심 회복

자실은 훗날 자수성가하여 많은 돈을 벌게 되었다. 이때 어머니는 딸의 신앙심이 약해진 것을 염려하면서, 주일예배만은 꼭 드리라고 당부했다. 딸의 인도로 신앙을 갖게 된 어머니가 이제는 거꾸로 딸의 신앙을 위해 기도하는 입장으로 뒤바뀐 것이다. 자실은 온갖 사업으로 정신없이 돌아다니며 주일 성수조차 제대로 못하는 상황이었기 때문에 그렇게 된 것이다. 효성이 지극한 그는 '그래, 어머니 말씀이 다 옳아요 옳아. 어머니가 사시면 얼마나 사신다고 내가 이렇게 불효를 하고 있는지 모르겠구나. 욕심은 끝이 없고 남는 것은 피곤뿐인데, 사람이 살면 천 년 만 년 살 것인가. 이번에 돌아가면 어머님 말씀에 순종하고, 돈은 좀 적게 벌더라도 주일을 지키고 십일조 생활을 해야지.'라고 결심했다.

딸의 효심에서 비롯된 어머니에 대한 전도는 어머니를 독실한 신앙인으로 만드는 데는 성공했지만, 정작 본인의 신앙은 시간이 지나면서 식어만 갔다. 그런 딸을 걱정하며 어머니가 딸에게 신앙을 지킬 것을 권유하자, 효성스런 딸은 어머니 말씀에 순순히 응했다. 어머니의 염려를 이해한 딸의 효심이 신앙심 회복을 독려한 것이다.

자실은 늘 가난에 쪼들린 생활을 하면서도 공부에 대한 열정을 불태웠다.

그런 그를 보면서 어머니는 "요즘 세상은 여자도 배워야 한다. 이제는 여자도 공부만 하면 훌륭한 사람이 될 수 있으니까."라며 격려했다. 그럴 때마다 그는 '내 어머니는 참 좋은 어머니야. 이 세상에서 최고야.'라고 생각하며 자랑스러워했다.

자실은 보통학교를 졸업하고 우등생으로 상급 학교에 진학했다. 부족한 돈은 가정교사를 하면서 충당했다. 아이의 공부를 도와주고 나서, 새벽 두세 시가 되면 다음과 같이 기도했다. "하나님, 제게 지혜와 용기를 주옵소서. 그래서 고생만 하시는 어머니와 어린 동생을 내 힘으로 보살피게 해 주옵소서. 그리고 에스더처럼 내 나라와 내 민족을 위하여 일하게 해 주옵소서."

가족 사랑, 나라 사랑

효심과 애국심이 절절이 묻어나는 기도 내용이다. 우선 가정부터 살려야겠다는 마음에 그는 간호사의 길을 선택했다. 주로 일본 사람만을 선발하는 간호사 시험에서 당당히 합격했다. 일본을 꺾기 위해서는 먼저 일본인들과의 경쟁에서 이겨야 한다는 강한 의지가 있었기에 합격한 것이다. 비록 경제적인 문제 때문에 간호사의 길에 들어섰지만, 그것은 이 땅의 아픈 영혼을 치료하는 애국의 길이었다. 가족의 행복을 위하고 이 나라의 병든 자들을 돌보는 일석이조의 결실을 맺은 것이다.

더 많은 돈을 벌기 위해 위험한 국경지대를 근무지로 선택한 것은 가족 사랑과 나라 사랑의 결과로 이어졌다. 전보다 경제적으로 넉넉히 가족을 부양할 수 있었으니 효도요, 국경지대에서 생명을 담보로 나라를 위해 애쓰는 사람들을 치료할 수 있었으니 애국이라고 할 수 있다.

자실은 1948년 북에서 월남한 뒤 성냥공장과 비누공장을 설립했다. 근대적인 산업시설이 부족하던 때 남한에 공장을 세운 것은 나라의 힘을 키우는 일이었다. 6.25 전쟁 후 샷틀공장을 경영하고, 배를 사서 선박회사를 운영하여, 경제 기반이 약한 한국의 발전에 큰 기여를 했다. 그는 뛰어난 경영 능력을 발휘하여 공장을 더욱 확장하면서, 사업가로서 가정과 사회와 국가를 세우는 데 앞장선 여걸 중의 여걸이 되었다.

그가 성냥공장을 세운 동기는 단순했다. 시중에 유통되는 성냥의 질이 좋지 않아 서민들이 불편해하고 있었기 때문이다. 질 좋은 성냥을 만드는 것은 서민을 위한 일이고, 나아가 그것이 애국의 길이라고 생각했다. 공장이 없어서 일자리가 부족하던 시절, 공장을 건립하여 나라를 살리고 서민생활의 개선에 앞장선 것이다. 성냥공장이 큰 성공을 거두자, 비누공장을 세운 것도 같은 맥락이었다.

국민회의의 대표가 되다

피난 전에 종사했던 산파 활동도 다시 재개했다. 이 소식이 전해지자 그를 찾는 이들이 늘어났다. 공장 운영과 산파 활동을 동시에 하면서, 나라와 이웃을 위한 일에 발 벗고 나섰다. 교회에서는 부인회장을 맡았다. 그 외에도 '대한민국독립촉진국민회의' 대의원으로 선출되어 바쁜 나날을 보냈다. 국민회의의 주요 참여자들에는 아버지의 오명을 씻어 준 김구 선생을 비롯하여 이승만·신익희 등의 지도자들과 박순천·모윤숙 등 여성계 대표들이 망라되어 있었다.

그는 대의원으로서 나라와 민족을 위해 열심히 봉사했다. 거의 매일 열리는 회의에 빠짐없이 참석했는데, 하루는 자실이 젖먹이 아들을 등에 업고 회의에 참석하자, 백범 선생은 그를 격려하며 다음과 같이 말했다.

아, 어린 것을 데리고 이 귀한 시간에⋯⋯. 최 의원, 암탉이 병아리를 품고 있을 때는 아무리 힘센 짐승도 그 옆에 다가오지 못할 만큼 강한 힘을 지니게 됩니다. 마찬가지로 우리 여성들도 자식을 이처럼 품에 안고 젖을 먹일 때부터 애국심을 길러 주어야 됩니다. 이제 멀지 않아 우리나라의 장래는 최 의원 품에서 젖을 먹고 있는, 이와 같은 어린이들의 손에 달려 있습니다.

자실은 백범 선생의 모성애와 애국심에 대한 격려의 말을 듣고 나서, 신앙심도 중요하다는 생각을 했다. '옳은 말씀입니다. 애국심뿐만 아니라 신앙심도 젖을 먹을 때부터 길러 주어야 합니다. 모세의 어머니도 그렇게 길러서 민족의 지도자로 삼았었으니까요.'라고 마음속으로 대답하였다.

이웃 사랑, 인류 봉사, 그리고 나라 위한 기도

1950년 6.25전쟁이 터지자 그는 주변을 돌아보았다. 산파로서 돌봐야 할 이웃들이 늘어만 가고 있었다. 나라 위해 싸우다 희생된 군인들과 목숨 걸고 북에서 내려온 피난민들을 돕는 일에 팔을 걷어붙였다. 공장 식구들과 함께 공장의 가건물에서 이들을 치료하고 돌보는 데 앞장섰다. 부족한 군의관을 대신하여 치료해 주고, 군인들에게 식사도 제공했다. 굶주린 피난민들에게는 주먹밥을 만들어 주면서 위로했다.

처절하고 암울한 민족의 앞날에 대한 걱정 때문에 간절히 기도했다. "이것이 어찌된 일입니까. 일본 놈들이 물러가고 자유스럽게 살 수 있다고 했는데, 조국은 남북으로 두 동강 나고 이젠 빨갱이들이 쳐들어왔습니다. 하나님, 이 민족은 어떻게 살아야 합니까. 이제는 피난을 가도 태평양 바다밖에 없습니다. 이 민족을 구해 주세요. 하나님께서 구해 주시지 않으면 구할 자가 없습니다." 이렇게 간절하게 기도를 올리며, 하나님이 함께하는 나라는 반드시 승리한다는 확신을 갖게 되었다. 그리고 북한 공산군이 물러가자, 다음과 같이 감사의 기도를 올렸다.

> 하나님께서 이 나라를 지키시고 보호하신 것을 확실히 믿고 압니다. 이제는 다시 이와 같은 전쟁이 일어나지 않게 해 주옵고, 이번 전쟁으로 말미암아 이북에 있는 내 동포들도 다 자유 대한의 품으로 돌아올 수 있도록 구출하여 주시옵소서.

자신과 가족의 안녕만을 위한 기도가 아니라, 나라와 민족 전체를 염려하며 기도를 드렸다.

"천국 사장이 되어라"

사업을 하느라 정신 없이 바쁘던 그에게 불행한 소식이 들려왔다. 어머니가 위독하다는 전갈을 받은 것이다. 곧바로 귀가한 그는, "자실아, 이제 나는 69년 동안 지은 죄를 다 회개하고 내일 모레면 천국에 간다."라는 어머니의 말을 듣고, 통한의 눈물을 흘렸다. "어머니 무슨 말씀이십니까. 그런 말씀하시면 안 됩니다. 이제부터 어머님 말씀 순종하고 효도할 기회를 주셔야지요. 가시다니요." 딸의 느슨해진 신앙을 염려하던 어머니는 "그래 이제부터는 천국 사장을 해라. 돈 좀 그만 쫓아다니고……. 이 에미 말 깊이 명심해 들어." 라고 말하며 딸의 손을 꼭 잡았다.

어머니에 대한 효심이 유난히 강하던 딸은 하염없이 눈물을 흘리면서 지난날을 돌아보았다. 가난하던 시절에 돈을 벌어 어머니를 잘 모시겠다는 각오를 했고, 성공하여 혼신의 힘을 다해 뛰어다니며 돈을 번 다음에는 어머니를 편히 모시며 부족한 것이 없다고 생각했지만, 막상 어머니의 마지막 유훈을 듣자 딸은 그동안 해온 모든 일들이 한갓 헛된 것에 불과하다고 생각했다. 어머니가 원하던 것은 호화로운 집도, 맛있는 음식도, 돈을 많이 버는 사장이나 사업가도 아닌, 하나님에 대한 신앙심 회복이었기 때문이다.

자실이 늦깎이 신학생이 되었을 때의 일이다. 가난하지만 실력이 출중한 한 청년이 찾아와서는 "믿음의 어머니가 되어 주세요. 이제부터 저도 목사가 되기로 결심했습니다. 나 위해서 기도해 주는 어머니가 되어 주세요."라고 말했다. 이때 그의 딸은 중학교 3학년 학생이었으니, 어느 누구도 그의 딸이 바로 이 청년과 결혼을 할 것이라고는 생각도 못했다. 이 청년은 다름 아닌 여의도순복음교회를 설립한 조용기 목사다. 그는 주변 사람들에게 늘 모성애적 따뜻함을 전해 주었으니, 조용기 목사에게도 그 따뜻한 마음이 전해졌던 것 같다. 그를 아는 사람들은 공통되게 그의 모성애에 대해 얘기하는데, 명지학원의 설립자인 유상근 박사는 이렇게 술회하였다.

최자실 목사님을 뵈올 때마다 우리 어머님께서 이 아들에게 주셨던 극진하신 모성애를 느낍니다. 이 아들을 위한 간절한 기도 소리를 최자실 목사님으로부터 듣습니다. ……낮이나 밤이나 틈만 있으면 성경을 읽으시거나 기도하시던 어머님의 모습을 최자실 목사님을 뵈올 때마다 상기하게 하십니다. 어떠한 일이든지 적절한 성경의 장절과 말씀을 정확하게 지적하여 주시던 어머님의 인자하던 모습을 최자실 목사님의 설교 말씀을 들을 때마다, 혹은 저서를 배독할 때마다 회상케 하여 주십니다.

최흥종

나병 환자와 걸인들의 친구

먼발치에서 얼핏얼핏 본 오방 최흥종 목사님은 마치 간디의 모습 같았다. 비교적 큰 키에 마른 장작처럼 단단해 보이는 체구며, 우묵한 눈이 사진 속의 간디와 많이 닮아 보였다. 어쩌면 신선 같기도 한 오방 선생님은 내게 초현실적 존재로 비쳐지기도 했다. 그러나 온 몸으로 현실을 부둥켜안고, 각박한 현실 안에서 절망으로 쓰러진 사람들을 일으켜 세우는 궁핍한 시대의 구원자라는 것을 알기까지는 꽤 많은 시간이 필요했다. 1966년 5월 18일 광주공원에서 '오방 최흥종 목사 사회장'이 엄수되었을 때, 수많은 나환자들과 걸인들이 "아버지, 우리는 어쩌라고 이렇게 가십니까?" 하고 울부짖는 것을 보고 가슴이 뭉클했다. 장례식 때, 전율처럼 강하게 나를 흔들었던 감동적인 장면이 오래도록 내 머리에서 사라지지 않았다. (문순태, 『성자의 지팡이』, 다지리, 2001)

냉대하는 계모에게도 효도한 아들

'손수레를 탄 오방 최흥종', '거지들의 아버지', '나환자들의 아버지', '예수를 흉내 내는 정신병자'. 모두가 최흥종(1880~1966)을 두고 하는 말들이다. 그는 40일간이나 금식기도를 하여 앙상하게 뼈만 남은 적도 있었다. 이런 아버지의 모습을 본 아들은 눈물을 흘렸다. 주변을 내 몸처럼 돌보면서도 자신을 돌보지 않는 그의 삶 속에서 성자의 모습을 볼 수 있다. 폐병 환자들이 기거하는 움막촌 옆에 자리한 작은 초막교회가 그의 기도처였다. 바닥에는 짚으로 엮은 멍석자리, 윗목에는 책상으로 사용하는 엎어 놓은 사과상자, 그 위에는 달랑 찌그러진 주전자와 밥그릇이 놓여 있었다. 금식기도를 하는 교회 안에 있는 작은 방의 초라한 모습이었다.

어머니가 일찍 세상을 떠나자 새어머니와 이복동생이 들어와 함께 생활했다. 계모는 이복동생만 편애하고 흥종에게는 늘 쌀쌀맞게 대했다. 그럴 때마다 흥종은 돌아가신 어머니를 그리며 눈물만 흘렸다. 그렇다고 새어머니를 원망하지는 않았다. 이복동생도 미워하지 않았다. 살아계신 아버지를 극진한 마음으로 대했지만, 아버지마저 얼마 안 되어 세상을 떠났다. 유일한 버팀목이 사라진 것이다. 19세 때(1898)의 일이었다. 의지할 부모가 모두 세상을 떠나자, 그는 절망에 빠졌다. 새어머니의 냉대는 전보다 심해졌다. 세상을 미워하고 비관하면서 생활은 점차 비뚤어져 갔다. 밖으로만 나돌던 그는 주먹만이 자신의 유일한 살길이라고 생각했다. 주먹깨나 쓰는 망나니 왈패의 생활이 시작된 것이다.

어느 날 새어머니는 몸도 성치 않은 바보처럼 보이는 한 처녀를 데려왔다. 흥종에게는 한 마디의 의견도 들어보지 않은 채 결혼 상대를 구해 온 것이다. 흥종은 자신의 아내라기보다는 새어머니의 몸종을 데려온 것으로 여기고, 새어머니의 결정에 순순히 따랐다. 자신을 미워하고 냉대하는 새어머니일지언정, 그의 결정에 순종했다. 계모로부터 온갖 냉대를 받으며, 한겨울에도 홑옷만을 입은 채 떨고 살면서도 순종했다는 '민손단의(閔孫單衣)'의 효행 설화를 연상케 하는 이야기다.

이웃 사랑으로 시작한 신앙생활

그런 그에게 하나님의 천사가 나타났다. 광주 지역에 내려와 나환자들을 돌보고 있던 선교사들이었다. 그들이 헌신적으로 봉사하는 모습을 보면서 예수님의 사랑을 체험한 것이다. 나병 환자가 생기면 가족들마저 동네에서 내쫓던 시절이었으니, 선교사들이 나병 환자를 돌보는 모습은 충격과도 같은 일이었다. 피고름이 묻은 그들의 몸을 아무 거리낌 없이 돌보고 치료하는 모습을 보면서, 홍종은 자신을 돌이켜 보았다. "그분들을 통해 비로소 나 자신을 돌아보고 회개할 수 있었다."라고 고백했다. 자신이 가야 할 길도 찾았다. 참다운 삶이란 그리스도의 사랑을 실천하는 일이라고 생각한 것이다. 그리하여 나병 환자와 폐병 환자들을 돌보기 시작했다. 이때부터 그들이 짚고 다니던 피고름 묻은 지팡이를 하나님의 증표라 여기기 시작했다.

동네에서 쫓겨난 나병 환자들을 무료로 치료해주면서, 그리스도가 누구인지 조금씩 알게 되었다. 자신도 모를 기쁨과 평화도 찾아왔다. 전에는 한 번도 경험해 보지 못한 환희였다. 먼저 신앙생활을 시작한 사람들의 변화된 모습도 홍종의 마음을 흔들었다. 도대체 예수가 무엇이기에, 망나니 같은 자신의 마음을 이렇게까지 바꿔놓을 수 있을까. 깊은 신앙 체험의 길에 들어섰다. 선한 일을 하면 마음에 평화가 찾아와 영생을 얻는다는 선교사의 설교도 들었다. 남을 괴롭히지 않고 이웃을 내 몸 같이 사랑하고, 내가 가진 것을 팔아서 가난한 사람을 구제하라는 설교를 듣고서 마음에 평화를 찾았다. 그리고 자신도 그리 하겠다고 다짐했다.

일제의 순검에서 의병의 구원자로

홍종은 가장으로서 가족의 생계를 위해 순검이 되었다. 깡패 생활을 청산하고 순검을 자원했지만, 순검은 나라를 위해 떨쳐 일어선 의병을 때려잡는 직업이었다. 당시 일제는 강압적인 을사조약을 체결하고 조선을 식민지로 지배하려는 태도를 노골적으로 드러내자, 이에 저항하여 의병들이 전국적으로 들고 일어나던 시절이었다. 의병 조직이 전국화하자 일제가 머리를 짜내 만든 조직이 순검이었다. 일명 의병 체포 조직이라고도 했다. 의병을 와해시키기 위해 만든 순검에 흥종이 지원한 것이다. 생계를 유지하기 위한 것이 주된 이유였지만, 나라를 위해 일어선 의병을 때려잡는다는 것은 같은 조선 사람으로서 마음이 편할 리 없었다. 당연히 주변 사람들로부터 일제의 앞잡이라는 눈총과 손가락질도 받았다. 그때마다 흥종은 고뇌했다. 선교사를 찾아가 고민을 털어놓았지만, 하나님의 남다른 섭리가 있을 것이라는 답만 돌아왔다.

의병들과 총격전이라도 벌어진다면, 자신은 과연 그들에게 총을 겨누어야 하는가? 하나님의 뜻은 무엇일지 고민하던 흥종은 마침내 방법을 찾았다. 붙잡은 의병들을 풀어 주어야겠다고 생각했다. 동행하는 일본 순경의 눈을 피해 붙잡힌 의병의 포승줄을 풀어 주어 도망치게 하였다. 전남 보성에서 있었던 일이다. 일본 순검과 함께 의병대원 12명을 체포해서 압송하는 책무를 맡았다. 동행하던 일경은 압송 도중에, 귀찮으니 포로들을 총살시켜 버리자고 재촉했다. 그러자 흥종은 "이 자들을 끌고 가서 고문을 하여 다른 놈들이 숨어 있는 곳을 알아내야 하지 않겠습니까?"라고 둘러대며 만류했다.

화순까지 왔을 때 흥종은 "목도 컬컬한데 술이나 한 잔 하고 가자."며 일경을 유혹했다. 그러다가 포로가 도망치기라도 하면 어쩌려고 그러느냐는 일경에 대해, 총으로 쏴 버리면 되지 않느냐고 안심시키며 술을 권했다. 흥종은 일경의 기분을 띄워 주며 계속해서 술을 권했다. 얼마 후 일경이 비틀대며 화장실에 갔을 때, 흥종은 재빨리 의병들의 포승줄을 풀어 주면서, 어서 자신의 입에 재갈을 물리고 포승줄로 감나무에 묶도록 했다. 머뭇거리는 의병들을 향해 재촉했다. 그리고 일경도 화장실서 나오면 때려눕힌 뒤 도망치라고 시켰다. 의병들은 이런 흥종에게 감사의 인사를 하고는, 그가 시킨 대로 한 뒤 달아났다.

이후로도 흥종은 잡혀온 의병들에게 여러모로 편의를 제공하고 탈출도 도왔다. 하지만 꼬리가 길면 잡힌다고 판단하여, 결국은 순검 생활을 청산했다. 그때 그는 이렇게 기도했다. "하나님, 저로 하여금 비굴하게 살지 말게 하옵소서. 진실을 찾고 지키며 살게 하시고, 의롭게 살 수 있을 정도의 용기와 양심의 자유를 잃지 않고 살 수 있을 정도의 물질만을 허락하소서." 생계를 위해 선택한 순검 생활에 대한 회의가 묻어나는 기도 내용이다.

나병 환자와 함께하며 목회자의 길로

순검을 그만둔 그는 좀더 떳떳한 생활을 하기 위해 일거리를 찾았다. 이때 「빌리보서」 4장 13절의 "내게 능력 주시는 자 안에서 내가 모든 것을 할 수 있느니라."라는 말씀은 큰 힘이 되었다. 때마침 "예수님께서 갈릴리 해변 가에 버려진 나환자를 불쌍히 여기셨다."라는 설교 말씀을 들었다. 이에 감동한 흥종은 그 길이 곧 자신이 가야 할 길이라고 느꼈다.

이렇게 하여 나병 환자를 돌보기 시작했다. 나병 때문에 가족으로부터 격리되고 동네에서 쫓겨난 젊은 여인이 첫 대상이었다. 동네 아이들과 구경꾼들은 문둥이라고 놀리면서 모래를 뿌리며 그를 멸시했지만, 선교사들은 오히려 자매라 부르며 혼신의 힘을 다해 보살폈다. 어떻게 동네사람들로부터 버림받은 나병 환자를, 그것도 자매라 부르며 이렇게도 헌신적인 치료를 할 수 있을까. 처음에는 꺼림칙해 하던 흥종도 용기를 냈다. 그리고 선교사들이 나병 환자들을 대하는 것과 똑같이 행동했다.

하지만 여인은 병세가 악화되어 결국 세상을 떠났다. 피고름이 묻은 지팡이와 사랑하는 딸을 남겨 둔 채 뜬 눈으로 숨을 거둔 것이다. 이 모습을 본 홍종은 뜨거운 눈물을 흘렸다. 뒷동산에 여인을 묻고는 고아가 된 딸을 찾아 나섰다. 자신이 돌봐 주기로 결심한 것이다.

그 후 홍종이 선교사들과 함께 나병 환자들을 치료해 준다는 소문이 퍼지면서 곳곳의 나병 환자들이 몰려들었다. 홍종의 손길은 더욱 바빠졌다. 부모에게 물려받은 땅 1천 평도 나병 환자들의 거처를 위해 내놓았다. 처음에는 비협조적이던 가족들도 홍종의 뜻을 기꺼이 받아들였다.

예수님의 말씀 한마디로 "물이 변하여 포도주가 되었듯이" 홍종의 삶도 완전히 변화되었다. 그 모습을 보고 주변 사람들도 감동했다. "높은 하늘 윗자리를 마다하시고 세상에 사람이 되어 오셔서 우리의 종이 되신 주님, 세상 밑바닥에서 고통당하는 이들을 높여 주심을 감사합니다. 자신을 내어 주시고도 모자라 물과 피마저 쏟아 내시니, 남은 것이 하나도 없이 가난해지신 주님, 그로 하여 움켜쥔 것을 풀어 나누게 하시니 감사합니다. 생명의 밥으로 오시고, 생명의 양식을 나누어 먹이셔서 모든 사람을 배불리신 주님, 그로 하여 밥은 나누어 먹는 것임을 가르쳐 주시니 감사합니다. 주님, 당신의 뒤를 따르겠나이다. 저도 십자가를 지고 서로 가진 것을 나누며, 밥을 나누어 먹으며, 저 낮은 곳에 처하여 평화의 일꾼으로 행동하겠나이다. 힘을 주소서, 주님."이라고 간절히 기도했다.

홍종은 세례교인이 되고 집사와 장로가 되었다. 나병 환자의 피고름 묻은 지팡이는 신앙의 증표로 삼았다. 마음이 흔들릴 때마다 지팡이를 바라보면서 신앙의 초심을 잃지 않았다. 나병 환자들과 함께 음식을 먹고 그들의 고름을 닦아 주었다. "서당 개 3년이면 풍월을 한다."라는 속담처럼 홍종도 이젠 나병 환자들에게 주사도 놓고 약 처방도 할 수 있게 되었다. 선교사는 웬

만한 일은 홍종에게 맡겼다. 교회활동에도 열성을 다했다. 1907년부터는 광주의 양림교회와 북문안교회에서 기둥 역할을 했다. 1912년 장로가 되고, 1914년에는 평양신학교에 들어가 목회자의 길을 갔다.

독립운동을 통한 새어머니와의 새로운 만남

하지만 시국은 편안한 목회를 허락하지 않았다. 독립에 대한 국민의 열망은 전국을 뒤흔들었으며, 급기야 1919년 3.1 독립만세운동이 일어났다. 홍종도 여기에 적극 가담하여 나라 살리기운동에 앞장섰다. 광주에서 상경하여 독립운동에 참여한 것이다.

> 우리 힘으로 나라를 되찾아 후손들에게 자랑스러운 조국을 물려줍시다. 국권을 회복하지 못한다면 후손들에게 얼마나 부끄러운 일입니까. 나라를 찾지 못한다면 우리에게는 희망도 내일도 없습니다. 절망과 고통뿐입니다. 나는 만세운동에 참여하기 위해 멀리 광주에서 여기까지 왔습니다. 여러분, 저를 따라서 모두 파고다공원으로 갑시다.

앞에서 독립만세운동을 이끌던 홍종은 종로경찰서로 연행되어 온갖 고문과 협박을 받고는 1년 2개월간 옥고를 치렀다. 수감된 지 두 달 만에 새어머니가 만삭의 아내와 함께 면회를 왔다. 그는 무엇보다 연로한 새어머니가 면회를 와 준 것에 대해 감사했다. 새어머니는 천대하던 아들에게 따뜻한 말로 위로하고 건강을 걱정해 주었다. 출산일이 얼마 남지 않은 아내는 말없이 눈물만 흘렸다. 면회소에서 이들의 모습은 자녀 돌봄[慈], 부모 공경[孝], 남편 사랑[愛]의 정취로 가득했다. 이후로 이복동생도 면회를 와서 형제간의 애틋한 우애를 나눴다. 집으로 돌아온 새어머니는 비록 생자는 아니지만 생자만큼 소중한 아들 홍종에게 다음과 같이 편지를 썼다.

> 내 아들 최홍종이 보게.
>
> 지난달 어멈과 같이 면회갔을 때 얼굴이 수척해진 것을 보고 마음이 편치 않았는데, 자네를 만나고 온 영욱(이복동생의 이름)의 말로는 한결 건강이 좋아졌다니 마음이 놓이네. 그때도 당부했네만 건강에 각별히 조심하기 바라네. 가족들은 태평하니 그저 집안일은 잊고, 어쨌거나 아무 탈 없이 수형 생활 마치기 바라네. 자네가 잘 되어야 우리 집안이 평탄하다는 것을 명심하소. ……자네는 유산으로 받은 봉선리 토지 1천 평을 나병 환자들을 위해 기증했고, 나머지 가옥과 토지마저도 모두 이복동생인 영욱한테 물려주지 않았는가. 이렇게 욕심이 없는 자네 때문에 처자식이 고생하게 될 것이 걱정이었다네. 허나 나와 영욱이 있으니 자네 식솔 걱정은 말게나. 나는 나이가 들수록 의젓해진 자네를 보면서 돌아가신 아버님을 생각했다네. 아무튼 자네의 평안을 위해서 늘 하나님께 기도하겠네.

홍종은 새어머니의 편지를 읽고 또 읽으며 눈물을 흘렸다. 애증 섞인 새어머니에 대한 그간의 기억들이 뜨거운 눈물로 변한 것이다. 편지의 내용을 통해 홍종의 성격과 사연 많은 가족사를 짐작할 수 있다. 한때 망나니처럼 살면서 주변을 걱정하게 만들었지만, 그의 사심 없는 모습은 이 사회의 귀감이 되기에 부족함이 없었다. 병들고 헐벗고 굶주린 이웃을 내 몸처럼 생각하는 신앙심, 부모와 형제와 가족을 생각하는 효심, 나라의 독립을 부르짖다가 옥고까지 치른 애국심, 가정과 사회와 국가의 리더로서 이 세 가지 마음이 편지 속에 고스란히 드러나 있다.

신앙심 · 효심 · 애국심의 실천

형기를 마치고 출옥한 후, 홍종은 젊은이들을 위한 계몽사업에 매진했다. 조국의 독립을 위해서는 젊은이들이 희망을 가져야 한다며 교육 일선에 뛰어든 것이다. 동시에 복음을 받아들여야만 희망이 있다고 판단하여, 복음 전파에도 열과 성을 다했다. 일반학교와 성경학교의 필요성을 절감하고, 미국 선교사들에게 도움을 청하는 편지도 썼다. 이때가 1920년 11월경이었다.

그는 목사 안수를 받고 사회와 국가를 위한 사역에 매진할 것을 다짐하며 다음과 같이 기도했다.

주님이 이 몸을 주님의 종으로 선택하신 뜻을 알고 있습니다. 그렇기에 이 몸 주님 앞에 약속을 하겠습니다. 이제부터 이 몸은 이웃을 위해, 이 땅에 주님의 세상을 건설하기 위해 자신을 버리겠나이다. ……앞으로는 세상을 변화시키는 데 이 한 몸 바치겠나이다. 이제 저 개인은 없습니다. 이웃을 위한 최흥종, 주님 사랑을 실천하는 최흥종, 길을 잃고 방황하는 이 민족이 살길을 열어 주는 최흥종이 있을 뿐입니다.

시베리아에서 베푼 이웃 사랑과 인류 봉사

그리고 아무도 자원하지 않은 시베리아로 전도 여행을 떠났다. 시베리아는 러시아와 일본 군인들 사이에 총격전이 자주 벌어지던 곳이었다. 그리고 조선인의 인권이 철저히 무시되던 사각지대였다. 그곳으로 홍종은 이웃 사랑이라는 인류애 정신을 실천하기 위해 떠났다. 거기에서 안중근 의사의 가족을 만나고, 안 의사의 어머니에게는 세례 예식을 베풀었다. 유랑하는 동포들은 홍종을 찾아와 도움을 청했다. 그때마다 그들을 보살피며 선교사로부터 배운 의술로 아픈 상처를 치료해 주었다. 그러던 중 러시아 군대에 잡혀 총살형 직전까지 갔다가 구사일생으로 살아난 적도 있었다. 조선인 동포들이 그를 구해 낸 것이다.

그리고 마침내 조국 광복의 소식이 들려왔다. 이국 땅 시베리아에서의 활동을 마치고 고향으로 돌아온 그는 전남 건국준비위원장에 추대된 뒤 다음과 같이 역설했다.

해방이란 무엇입니까? 진정한 해방은 정치적 놓임이 아니라, 우리 국민 모두의 정신적인 해방까지를 말합니다. 지난 36년 동안 일제의 세뇌에 시달려온 우리는 한민족의 건국 이념을 회복하고, 자유 시민으로서 인류에 공헌할 때가 된 것입니다. 새로운 나라를 건설하기 위한 값진 땀을 조국을 위하여 흘릴 줄 아는 사람이라야만 해방의 의미를 진정으로 아는 사람입니다.

그에 대한 지역민들의 신임이 두터운 것을 아는 중앙 정치권에서도 그에 대한 기대가 만만치 않았다. 이승만과 김구 모두가 그에게 중앙 정치에 함께 참여할 것을 권유했지만 거절했다. 그리고는 다시 나병 환자촌으로 들어가, 버려진 이웃을 돌보는 일에 매진했다.

참된 사랑과 교육사업

홍종은 주변 사람들을 위해 온갖 방식으로 헌신하고 봉사하는 삶을 살면서, 인생에서 가장 중요한 가치가 사랑이라고 깨달았다.

남의 인격을 사랑하는 애정이 곧 공경이요, 백발노인에 대한 사랑이 곧 존경이요, 동년배에 대한 사랑이 곧 은혜요, 어린이에 대한 사랑이 곧 자애로움이요, 부모에 대한 사랑을 다른 사람에게 미치게 하는 것이 효도요, ……남을 사랑하여 이롭게 되도록 하는 것이 충이요, ……하나님을 사랑하고 동포를 사랑하고 자기를 사랑하고 사람을 사랑하는 것이 사랑이요, ……."

여기에서 눈에 띄는 것은 부모 공경을 효라 하지 않고, 부모를 사랑하는 마음으로 주변에 미치게 하는 것이 효라고 한 대목과 남을 이롭게 하는 것이 충이라고 한 부분이다. 동양 고전인 『맹자』와 『순자』의 기록이 연상되지만, 이것은 성경의 내용을 기반으로 한 신앙고백이라고 생각한다.

그는 인생의 말년에는 후학 양성에 온 힘을 쏟았다. 황폐한 강토를 살리는 길이 젊은이들에게 희망을 심어 주는 일이라며 광주국민고등학교를 세웠다. 학교의 설립 이념은 덴마크의 그룬트비가 말한 '하나님·이웃·나라 사랑'의 삼애(三愛) 정신을 본받아 '하나님 사랑'·'민족 사랑'·'땅 사랑'으로 정했다. 그리고 몸소 교장이 되어 성경을 가르치고 정신교양을 실시했다.

농업은 하나님께서 인간에게 주신 최초의 직업이며, 동시에 죄 지은 인간을 용서하신다는 하나님의 사랑의 약속입니다. 그리고 농업은 이마에 땀 흘린 자에게만 먹을 것을 주신다는 하나님의 약속입니다. 그러므로 농업은 우리 인간이 가장 사랑해야 할 직업입니다. 농업은 하나님을 경외하는 경천지도(敬天之道)입니다. 농업은 하나님을 전적으로 신뢰하고 바라는, 하늘을 섬기는 마음에서 비롯되는 것입니다.

홍종은 무등산 자락에 있는 초라한 집에서 가족들의 찬송 소리를 들으며 세상을 떠났다.

> 낮빛보다 더 밝은 천국
> 믿는 맘 가지고 가겠네.
> 믿는 자 위하여 있을 곳
> 우리 주 예비해 두셨네.

1966년 5월 18일, 사회장으로 장례를 치른 뒤, 1997년에 대전국립묘지로 이장했다.

한국의 간디

기도하며 행동하고, 행동하며 기도하던 신행일치의 선도자, 나병 환자를 돌보며 어두운 곳에 빛을 비추고, 나라 위한 일에 헌신하며 조국애를 불태운 지도자, 병든 이웃의 친구가 되어 주고, 가는 곳마다 청년들을 일깨운 선각자. 이 모두가 최흥종을 일컫는 말들이다. 그는 젊은이들에게 "꿈이 없는 사람은 인생을 살아 가는 힘을 얻지 못합니다. 꿈이 있는 사람은 역사를 창조합니다."라며 용기를 북돋워 주었다.

> 오방, 그는 결코 기인이 아니었다. 하나님의 말씀을 충실히 따른 기독교인으로, 세속적인 눈에 기인으로 보였을 뿐이다. 그는 세속적인 의미의 부가가치는 창출하지 못했지만, 사람들에게 부가가치를 창출할 수 있는 영감과 에너지를 주었다. (신경림 시인)

할아버님께서는 모든 것을 버림으로써 모든 것을 얻으신 삶을 사셨다. 또한 모든 것을 버림으로써 진정으로 자유로워지셨다. 할아버님께서는 이 세상을 떠나실 때 물질적으로 아무 것도 가진 것이 없었으나, 많은 것을 남겨 놓고 가셨다. (최협 전남대 교수)

한경직

'경천애인'의 청빈한 목자

믿음이 척박한 땅 대한민국, 암울했던 일제 강점기를 거쳐 질곡 같은 역사 속에 나라 잃은 겨레의 아픔을 눈물로 기도한 한 남자가 있습니다. 대한민국 기독교의 역사, 그 밭 한복판에 유별나게 큰 거목 한 그루, 종교를 뛰어넘어 사회의 가장 큰 어른, 소외된 이웃들의 울타리, 마지막 대변인으로서의 삶을 살아간 이 시대의 진정한 거인, 고 한경직 목사. 98년간의 기적 같은 여정…… 그의 길을 따라갑니다. (2011년에 개봉한 영화 〈사랑의 빛이 된 한경직〉을 소개한 내용)

긍정적인 성품

미국 선교사에 의해 시작된 130년의 한국 근대 교회사에서 가장 존경받는 인물은 누구일까. 아마 한경직 목사도 유력한 후보들 가운데 한 사람일 것이다.

한경직(1902~2000). 그는 평안남도 평원군 공동면 간리에서 아버지 한도풍과 어머니 청주이씨 사이에서 장남으로 태어났다. 가난한 집안에서 태어난 그는 부모에게 극진하게 효도했고, 누나나 두 동생과는 서로 의지하며 돕는 우애가 남달랐다. 본래는 잘사는 집안이었지만, 큰아버지가 가산을 탕진하여 빈털터리가 되었다. 그의 아버지는 15세부터 생계를 위해 머슴살이를 하면서도, 틈틈이 글공부를 하여 스스로 한글과 한문을 터득했다. 경직의 부지런하고도 성실한 삶은 아마도 이러한 아버지를 본받은 듯하다. 그는 늘 부지런히 일하는 아버지를 따라다니며 고된 일도 마다하지 않고 도왔다.

목화 농사를 짓던 어머니도 아버지 못지않게 근면하고 성실했는데, 어린 경직은 어머니를 따라 자주 목화밭에 나가 일을 했다. 아무리 힘이 들어도 경직의 얼굴에는 늘 웃음이 떠나지 않았다. 그는 착한 성품을 지녔을 뿐 아니라, 모든 일을 긍정적으로 대하는 마음가짐을 가지고 있었다. 『논어』에 '색난(色難)'이라는 말이 있다. 온화한 얼굴빛을 띠는 것은 어렵지만, 그렇게 하는 것이 효라고 했다. 그는 항상 웃는 얼굴로 부모를 대했다. 웃는 얼굴로 부모 마음을 기쁘게 해드렸고, 아들의 환한 모습을 보면서 부모님은 근심을 잊었으니, 효자 중의 효자였다. 경직은 부모에 대해 다음과 같이 회고했다.

아버지는 근면 성실한 농부로, 내가 철이 들게 되자 곧바로 신학문의 혜택을 입게 했어요. 12세에 조실부모한 아버지는 고아처럼 자라며 열심히 일을 해서, 그리 넉넉하지도 못하나 자활할 정도의 농토를 마련했어요. 어머니 청주이씨 또한 부지런하고, 무슨 일에나 열중하는 그런 시골 부인이었어요. 그러나 어머니의 사랑은 내 나이 열 살 때 그만 젖줄이 끊겨 버렸습니다. 어머니를 일찍 여읜 나는 후모의 극진한 사랑을 입었지요." (한경직, 「나의 교우 반세기」, 『신동아』 1974년 3월호)

효자 신앙인

가난하면서도 늘 행복하던 경직의 집안에 아픔이 찾아왔다. 그의 나이 겨우 6세 되던 해인 1908년에 어머니가 세상을 떠난 것이다. 그는 너무나 큰 상처를 받았다. 집안을 일으켜야 한다며 고된 일도 마다하지 않던 어머니가 그만 과로로 쓰러져 다시 일어나지 못한 것이다. 어머니가 세상을 떠나자, 그는 어머니가 천당에 가게 해 달라고 기도했다. 교회에도 전보다 더 열심히 출석했다. 어머니가 보고 싶을 때에는 기도로 그리움을 달랬다. 그것은 어머니를 그리워하는 효성심의 발로였다. 신앙심과 효성심이 함께 어우러지며 아픔을 달래고 위로를 받았던 것이다.

그가 살던 시골마을에는 그가 태어나기 전부터 교회가 하나 있었다. 자작교회라는 아주 작은 교회였다. 마을사람들 대부분이 유교나 불교를 믿던 그곳에 교회가 세워진 것은, 1895년 마펫 선교사와 한석진 조사가 평양으로 가다가 길을 잘못 들어 이곳에서 하룻밤 묵은 일이 계기가 되었다. 서양 사람을 구경하러 나온 사람들에게 두 사람이 복음을 전하면서 교회가 시작되었으니, 우연과 필연이 겹친 셈이다. 길을 잘못 들어 교회가 시작되었으니 우연이고, 하나님의 섭리에 의해 이루어졌다면 필연인 것이다. 그날 밤 그 자리에 있던 청년 셋이 평양에 나가 마펫 선교사의 조언을 듣고 가정예배를 드리면서 교회가 시작되었다. 이때 한씨 가문에서도 20여 가구가 믿게 되었고, 그중에는 경직의 집안도 포함되어 있었다. 그는 교회에 가는 것을 즐거워했고, 성경 공부와 찬송 부르는 것도 매우 좋아했다.

민족의식과 애국정신을 배우다

1912년 경직은 처음으로 학교에 입학했다. 아버지는 신앙심이 좋은 그를 기독교 계열의 진광소학교에 보냈다. 진광소학교는 마을 사람들이 일찍부터 기독교 정신에 입각하여 교육을 해야 한다고 판단하여 주변 동네와 협력해서 세운 학교였다. 이름도 '진리의 빛'이라는 의미의 '진광'이라고 했다. 선교사가 앞장섰고 경직의 할아버지도 참여했다. 치욕적인 경술국치가 있은 지 2년 후에 입학한 그는 기독교 정신에 입각한 민족교육을 받았고, 신학문도 접했다. 학교를 오가는 길에 어느 부잣집 대문에 쓰여 있던 「요한복음」 3장 16절은 그가 제일 먼저 외운 성경 구절이 되었다. 학교에서는 민족의식과 애국정신도 가르쳤다. 신앙심과 더불어 애국심도 함께 함양한 것이다.

그는 학교에서 늘 모범적인 생활을 했다. 친구들 간에 다툼이 있을 때는 웃으면서 말리곤 했다. 말릴 때에는 상대방의 감정을 건드리지 않으면서도, 화해시키는 데 남다른 재주가 있었다. 이런 그가 평생의 반려자를 만난 것은 12세 때인 1914년이다. 세 살 연상이던 아내는 경직을 도우면서 공부에 열중할 수 있도록 배려와 지원을 아끼지 않았다. 훗날 아내에게 특별히 감사하다고 자주 말한 것도 그때 아내의 내조를 잊지 않았기 때문이다.

유난히 모범적이던 그는 진광소학교를 1년 월반한 뒤, 더 큰 꿈을 실현하기 위해 정주에 있던 오산학교에 입학했다. 오산학교는 민족 지도자인 남강 이승훈 선생이 세운 학교다. 민족정신과 신앙교육을 바탕으로 나라에 이바지할 인재 양성을 교육 목표로 삼았다. 여기서도 그는 출중한 실력을 발휘하여, 곧바로 2학년에 편입되었다. 장래가 촉망된다고 생각한 아버지는 재산목록 1호였던 소를 팔아 그의 학비를 충당했다. 그에게 오산학교는 인격 도야의 장이자 민족의식을 고취하는 터전이었다. 특히 이승훈 선생이나 고당 조만식 선생과의 만남은 그에게 삶의 이정표가 되었다. 그 당시를 그는 다음과 같이 회고하곤 했다.

그때 오산학교는 기독교 학교라서 채플 시간이 있었는데, 채플 시간이면 남강 선생이랑 고당 선생이 보아주었단 말이에요. 그때 남강은 나이를 잡수셨으면서도 말씀하실 때에는 불을 뿜어요. 그 정신이 살았거든……. 그래서 우리 남강 선생은 잊을 수가 없고…….

나는 지금까지 여러 선생들에게 가르침을 받아 왔지만, 학생을 사랑하고, 나라를 사랑하며, 실제로 모범을 보여주며, 그의 전 생애를 희생한 교육가는 오직 고당 한 분이라고 기억돼요. 그래서 그 분을 특별히 존경하게 돼요.

홍기두 선생님은 도산 안창호 선생이 하는 평양 대성학교에서 공부하다가 학교가 폐지될 때까지 다녔던 이에요. 그 분의 사상이 아주 좋고요, 아주 잘 가르쳐 주고, 오산학교에 갈 때에도 두 명이 입학하게 되었는데, 자기가 친히 데려다가 입학시켰지요. ……그리고 그때 교회에 전도사인 우용진 씨라는 분이 계셨는데, 결국 그 두 분이 의논하셔서 저를 가까운 평양에 숭실학교가 있었지만 오산학교가 더 애국하는 학교라 하여 거기로 보내셨거든요. 참 생각해 보니 하나님의 큰 은혜입니다. (김병희 저, 『한경직 목사』, 규장문화사, 1982년)

학교를 선택한 기준이 애국이었던 것이다. 그가 민족의식과 애국정신을 갖게 해준 오산학교를 졸업한 것은 1919년이다. 3.1운동의 여파로 졸업식도 못했다. 더 공부하고 싶었지만 집안 형편상 그럴 수도 없어 교회에서 운영하는 영성학교에 교사로 취직했다. 날로 악랄해져만 가던 일제는 평소 사상이 의심된다는 명목으로 그를 체포하여 혹독한 고문까지 가했다. 그는 다음과 같이 회상했다.

나는 고등계 형사의 고문이 그렇게 무서운지 몰랐습니다. 불문곡직하고 고문부터 하는 것이었습니다. 손가락 굵기의 목봉을 손가락 사이에 넣고 쥐어트는데, 죽는 줄로만 알았습니다. 난생 처음 당하는 고문이었기에 더욱 참기가 힘들었습니다.

목회자가 되기 위한 미국 유학

나라 잃은 백성의 설움을 절절히 경험하여, 나라의 소중함을 다시 깨닫고 반드시 되찾아야 한다는 생각을 다졌다. 그러기 위해 부족한 공부를 더 하고 싶었다. 그는 형편상 대학 입학을 못했지만, 공부에 대한 꿈을 포기한 것은 아니었다. 꿈은 이루어진다고 했다. 그는 좋은 후견인을 만난 덕분에 숭실대학 이과에 입학할 수 있었다. 과학이 살아야 나라가 살 수 있다는 신념에 따라 이과를 선택했다. 그가 4년 동안 최우수 성적을 받을 수 있었던 것도 오로지 한 가지 생각, 즉 나라를 살리겠다는 의지 때문이었다. 전국 대학생 웅변대회에 참가해서 입상하기도 했다. 틈틈이 농촌 전도를 하면서 이 나라가 사는 길은 기독교를 바로 믿게 하는 데 있다고 생각했다. 바른 목회자가 되어 이 나라를 바로 세우겠다는 결심을 한 것도 그 무렵이다. 그리하여 과학자가 아니라 목회자가 되기로 마음을 바꾸었다.

한경직은 1925년 숭실대학을 졸업하고, 방위량 선교사와 윤치호의 도움을 받아 미국으로 건너갔다. 뉴저지에 있는 프린스턴신학교에 입학하여 마침내 신학 공부를 시작한 것이다. 신학교에서는 철저하게 경건한 생활을 하면서, 학문적 완성도도 높여 갔다. 생활이 넉넉하지 못했기 때문에 식당에서 아르바이트를 해서 돈을 벌었고, 부족한 부분은 성적 우수 장학금으로 대체했다. 그런 상황에서 학생회장에 선출되기도 했고, 항상 우등생에서 빠지지 않았으며, 졸업할 때에는 설교상도 수상했다. 뛰어난 리더십과 언변을 인정받은 것이다.

신학교를 졸업한 그는 예일대학 박사반에 진학하여, 교회사 분야 연구로 박사학위를 취득했다. 하지만 건강이 안 좋아 찾았던 병원에서 폐결핵 3기라는 청천벽력 같은 진단을 받았다. 사망 선고와도 다름없었다. 모든 계획을 접어야 할 상황을 맞아, 조용한 시골마을의 요양원에서 요양생활을 하면서 깊은 좌절감에 빠졌다. 그러면서 한편으로 살아온 과정을 돌아보며 회개하는 시간을 가졌다. 그때의 상황에 대해 그는 이렇게 회고했다.

> 병원 입원 생활을 통하여 나는 좀더 새롭게 재생되었다. 영적으로 하나님과 만나는 이상의 기쁨이란 이 세상에 있지 않다. 그래서 전에 깨닫지 못했던 죄도 깨닫게 되어 회개하기로 했고, 영적으로 육체적으로 보다 깨끗한 자리에 나아갈 수 있었음을 영광으로 삼았다. ……병상 생활을 통하여 책들은 내게 길을 가르쳐 주었고, 하나님과의 만남은 언제나 빛이 되었다. 건강은 나날이 회복되어 갔다. 나는 건강에 자신을 가지면서 위로받은 것보다는 좀더 하나님과 가까이 지내고 오로지 주님과 만나는 데 큰 위로를 실감했다. (『기독공보』, 2000. 8. 26)

이웃 사랑과 나라 사랑을 위한 목회 활동

이때 그는, 하나님이 살려만 주신다면 2, 3년만이라도 조국을 위해 헌신하겠다고 기도했노라 고백했다. 함께 요양하던 대부분의 사람들이 죽어 나가는 상황 속에서 희망의 끈을 놓지 않았던 그의 간절한 소망은 기적처럼 이루어졌다. 몸이 회복되자, 그렇게도 그리던 조국 품으로 돌아왔다. 귀국할 때 그의 마음속에는 일제 치하에 있는 암울한 조국에 도움이 되는 일을 하려는 강한 꿈과 소망으로 가득 차 있었다.

귀국 후 그는 목회 활동을 하며 틈틈이 구제사업에도 힘썼다. 고아원과 양로원 설립에 앞장섰고, 교인들의 헌금은 불우한 이웃을 위해 썼다. 신의주 주변에 노인들을 위한 공동체로 복지시설을 건립했다. 그의 활발한 활동과 함께 교회도 빠르게 성장하여, 처음에 3백 명이던 교인이 3천 명으로 늘어났다.

이 무렵 일제는 신사참배를 강요했지만 그는 단호히 거부했다. 애국애족의 민족주의를 강조하다가 교회를 그만두어야 할 지경에까지 이르렀다. 대신 고아원이나 보육원으로 달려가 그들과 함께 생활했다. 비록 부모 없는 아이들이라 해도, 아이들을 장래 민족의 희망이라 믿고 정성껏 돌보았다.

그러던 중 광복을 맞이했다. 거리마다 환호성이 울려 퍼졌지만, 격동의 전환기를 맞이하여 혼란도 극에 달했다. 그는 치안 유지와 사회 질서 확립을 위한 자치회를 조직했다. 당시 소련의 지시를 받은 공산주의자들에 의해 사회는 매우 혼란했다. 처음에는 사회 기강을 세우는 데 일조하는 차원에서 시작했지만, 나중에는 공산주의에 대항하는 단체로 변화해 나아갔다. 이때 만들어진 단체가 '기독교민주당'이다. 공산주의자들의 기독교인에 대한 박해가 날로 심해지면서, 목회자와 교인들을 구금하거나 폭행하는 일도 다반사였다. 신앙의 자유를 찾아 떠나는 사람들도 늘었다. 1945년 10월, 그도 마침내 신의주를 떠나, 신앙의 자유를 찾아 월남한 것이다.

서울에 정착한 그는 베다니교회를 세웠다. 바로 오늘날의 영락교회다. 이 교회의 교인들은 주로 월남한 사람들이었다. 이 때문에 피난민 교회라고 소문이 났다. 북에 두고 온 가족의 안녕을 위해 기도하는 사람들로 넘쳐났다. 밤샘 기도를 하는 사람들의 행렬 뒤에는 피난민의 사무친 아픔이 함께 있었다. 그는 그들에게 평안과 희망을 주는 메시지를 전했다. 그들은 주로 남대문이나 동대문 부근으로 나가 북에 두고 온 가족들을 위해 열심히 일했다. 그는 그들을 찾아다니며 위로하고 용기를 북돋워 주었다. 사람을 섬기며 민족을 위해 봉사한다는 것을 교회의 목회 방침으로 삼았다. 이런 환경에서 교회는 급속히 성장해 나갔다. 그리하여 한국 교회사상 최초로 주일 예배를 두 번 드리는 이른바 2부 예배를 시행했다.

'기독교구국회' 활동

하지만 조국의 현실은 여전히 암울했다. 해방 이후 계속되던 남북의 대치는 결국 1950년 6.25사변을 불러왔다. 한경직은 신축한 지 얼마 안 되는 예배당을 포기하고 피난길에 올랐다. 피난 도중에 '기독교구국회'를 결성했다. 기독교인이 중심이 되어 나라를 되살려 보자는 취지에서 조직한 단체였다. 이 단체를 통해 신앙 집회와 시국강연회를 병행했다. 반공사상을 고취하고 민족 단결을 주창하며, 국민적 책임을 강조하는 것 등을 중요한 사명으로 삼았다. 절망에 빠진 민족을 구원하려는 간절한 소망을 바탕으로, 가는 곳마다 절망하는 교인들을 위로하고 목회자들을 격려했다.

대전에서 시작해서 대구와 부산으로 옮겨 다니면서 '기독교구국회'는 더욱 활발히 움직였으며, 회장인 한 목사도 열성적으로 활동했다. 피난 중에 있는 목회자들을 모아 나라를 위한 기도에 불을 붙였다. 피난민 구호사업에도 앞장섰다. 미군의 도움을 받아 당장 먹을 것과 피난처를 제공하였다. 미국의 트루먼 대통령과 유엔 사무총장, 그리고 맥아더 유엔군 사령관에게 한국민의 진심이 담긴 편지를 보냈다. 당시 그는 영락교회의 담임목사가 아니라 한국교회의 담임목사 역할을 한 것이다.

전쟁 일선의 장병을 돕는 일과 상이군인들을 위한 봉사에도 나섰다. 고아원·보육원 사업도 등한시하지 않았다. 전쟁으로 인해 걷잡을 수 없이 늘어나는 고아들과 미망인 및 그 자녀들을 위한 구제사업에도 여전히 정성을 쏟았다. 그러던 와중에 휴전협정이 체결되자 그는 서울로 돌아왔다. 1953년 10월 25일, 서울에서 감격적인 귀환 예배를 드렸다. 예배당을 가득 채운 교인들과 함께 드린 예배는 눈물바다가 되었다. 전쟁의 상흔을 치유받으려는 수많은 사람들이 감동적인 예배를 드린 것이다. 그리하여 목회의 방침도, 교회의 목표도 새롭게 정했다. 영락교회의 3대 사명이었다.

첫째, 진리 수호의 사명: 오늘처럼 교계가 사상적으로 혼란할 때는 별로 없었다. 각 방면으로 치우치는 경향, 사이비 이단, 분규 교란들이 도처에 편만하였다. 이때 진리의 기치를 분명히 들고 갈 길을 잃은 무리를 진리와 사랑으로 인도할 사명이다.

둘째, 민족 교회와 복음 전파의 사명: 하나님께서 복음의 문을 크게 열어 주셨다. 그런데 한국 교회는 현재 사소한 일에 분열되고 분규 때문에 이런 좋은 기회를 놓칠까 두렵다. 한국은 기독교를 통한 중생 이외에 다른 소망이 없다. 복음 전파야말로 구령사업이요, 사회개량운동이요, 애국과 건국운동이다.

셋째, 사회봉사의 사명: 곧 자선·교육·문화사업에 더욱 적극 공헌해야 되겠다. 특히 10주년 기념사업으로 기도원과 성경구락부, 즉 교회 직속 초등학교를 건축하는 일이다. 보린원·경로원·모자원도 완전히 재단으로 만들어야 하며, 학교 및 병원도 장차 기회 주시는 대로 설립하려고 한다. (이상 김수진, 『아름다운 빈손』, 홍성사, 2000)

한마디로 복음 전파를 통한 하나님 섬김이고, 자선사업을 통한 부모·어른·노인 공경이고, 교육을 통한 어린이·청소년·제자 사랑이고, 문화사업을 통한 나라 사랑이고, 구제활동을 통한 이웃 사랑·인류 봉사라고 할 수 있다. 교회가 이 일에 앞장서야 한다는 취지의 주장이다.

한 목사는 평생 목회활동하면서 나라와 민족을 위해 헌신했다. 그 어떤 애국지사 못지 않은 일들을 감내해 내며 조국을 위해 일했다. 그것은 성경의 근거 위에서 실행했기에 더욱 힘이 붙었다. 교회연합운동에도 앞장섰다. 1980년에는 '한국기독교교회협의회(KNCC)' 활동을 통해 '화해와 일치'·'교회 성장과 갱신'·'민족통일과 평화'를 위한 사업을 펼쳤다. 1989년에는 '한국기독교총연합회'를 발족하여 초대 회장에 취임하고, '사랑의 쌀 나누기운동'을 전개하여, 북한은 물론 아프리카와 동남아시아 등의 가난한 나라들에 쌀을 보내주는 일도 벌였다.

이런 일에 주력하던 그는 1992년 종교 분야의 노벨상으로 불리는 템플턴상을 수상했다. 이 상은 인도의 테레사 수녀와 빌리 그레이엄 목사가 받은 명예로운 상이다. 한국 교회의 거목이자 한국의 위대한 지도자로 우뚝 선 그는 예수의 청렴·청빈을 본받아 은퇴한 후 교회에서 마련해 준 70평짜리 아파트를 사양하고, "내가 쉴 수 있는 조그만 방 한 칸이면 된다."며 경기도 남한산성의 작은 처소로 갔다. 그리고 거기에서 2000년 4월 19일 조용히 하나님의 부름을 받았다.

경천애인의 목회 철학

한경직, 그는 늘 '사랑'이라는 말을 입에 달고 살았다. 가는 곳마다 사랑 실천을 외쳤다. 화려한 언어로 말하지 않았다. 그는 미국에 유학하여 박사학위까지 받았지만, 영어는 한 마디도 쓰지 않았다. 그의 목회 철학은 간단명료했다.

기독교를 한 글자로 표현하면 '사랑'이다. 하나님을 사랑하는 것이고, 사람을 사랑하는 것이다. 기독교회는 그리스도의 몸으로서, 말하자면 사랑의 공동체이다. (한경직, 『사도바울에게 배운다』, 기독교문사, 1985)

하나님과 사람을 사랑하라는 것이 핵심이다. 한마디로 경천애인(敬天愛人)이다. 그러므로 개인들은 서로 섬기고, 교회는 누구보다 앞장서서 사회에 봉사해야 한다고 했다. "피차간의 봉사, 또 온 교회가 합하여 일반 사회의 봉사는 자연한 열매이다."(앞의 책) 초대 교회가 그랬던 것처럼 유무상통의 정신으로 주변 사람들과 상부상조해야 한다는 것이다. 때로는 동고동락(同苦同樂)하면서 아픔과 슬픔을 나누는 것이 그가 말한 사람 사랑이다. "약할 때 붙들어 주고, 슬플 때 위로해 주고, 쓰러지는 이들을 힘을 모아 일으켜 주는 것이 교회 안에서의 불가피한 일이다."라며, 교회의 사명을 이웃 사랑과 사회 봉사에 두었다. 또 이 일은 교회 안에서만 해서는 안 되고, 사회로 나아가서 해야 한다고 했다. 교회 안에서의 우리끼리의 위로와 나눔이 아니라, 사회적 약자를 위한 나눔이어야 한다는 것이다. 사회적 하모니를 교회가 앞장서서 이루어야 한다고 주장한 것이다.

물론 여기에서 중요한 것은 '사랑'이다. 물질적으로만 도움을 주는 것은 진정한 사랑이 아니라고 했다. "내가 믿는 것은 이러한 사업은 돈만 있다고 되는 것이 아니다. 참된 사랑이 필요하다. 참 사랑을 지닌 그리스도인들이 이러한 일들을 맡아 봉사하는 것은 마땅히 해야 할 일이요, 또 누구보다 제일 잘할 것이며, 또 이러한 봉사야말로 그리스도가 남긴 사업을 계승하는 것이고, 하나님께 영광을 돌릴 것이다."(앞의 책)라고 하여, 가장 중요한 요소는 '사랑'이라고 강조했다. 교회의 책무이자 기독교인의 역할은 사회적 봉사활동에 있으며, 그것의 중심에는 '사랑'이 있다는 지적이다.

그래서 그는 늘 '교회는 봉사기관'이라고 했다. "우리 믿는 사람들의 생활은 진실되고 성결하며, 사랑과 봉사로써 무언 가운데 예수 그리스도를 증거할 수 있는 생활이 되어야 하겠습니다. 헐벗은 사람에게 옷을 마련해 주고,

어려운 가운데 있는 사람들을 피차에 도와서 직업을 알선해 주고, 피차에 서로 상부상조하는 것은 다 무언의 전도가 됩니다. 그러므로 교회 안에 있는 자선사업 기관들이 하는 일도 다 무언의 전도가 됩니다."(『한경직목사 설교전집』 VI, 1971)

전도는 입으로 외치는 것이 아니라, 주변의 어려운 이웃을 위해 묵묵히 봉사하는 것이라고 말했다. 그것이 곧 예수의 사랑이고 우리가 본받아야 할 사랑 실천운동이라는 것이다. 봉사가 무언의 전도라는 것은, 다시 말하자면 '경천'은 '애인'을 통해서 가능하다는 말이다. 한마디로 한경직 목사의 목회 철학은 곧 '경천애인'의 실천이었다. 그를 기리는 한국 교회가 돌아봐야 할 대목이다.

한경희
만주의 사도 바울

근대화 과정 속에서 우리 민족은 숱한 고난과 역경을 겪었다. 열강의 각축 속에서, 구한말의 풍전등화 같은 위기 속에서, 또 일제 강점기의 나라 잃은 설움 속에서 나라와 민족을 위해 헌신한 분들이 그 중심에 있었다. 그 중에는 알려진 사람들도 많지만, 아직까지 알려지지 않은 사람들은 훨씬 더 많다. 나라와 민족을 위해 희생하고 헌신한 사람들을 찾아내어 기리는 것은 국가적 차원에서 대단히 중요한 일이며, 후손들의 당연한 도리이자 의무이다. 나라와 민족을 위해, 또 복음 사역을 위해 목숨을 바쳤지만, 후손들이 이를 모른다면 얼마나 안타까운 일일까. 조금만 신경 쓰면 그런 분들의 흔적을 찾는 것은 어렵지 않다. 여기 소개하는 한경희 목사도, 그동안 잘 알려지지 않았던 인물들 가운데 한 사람이다.

기울어 가는 집안의 기대주 효자

한경희 목사(1881~1935)는 한국 교회의 순교자 가운데 한 명이다. 나라와 민족, 하나님 나라 확장과 뭇 영혼을 위한 순회 전도 사역에 평생을 바쳤다. 민족의 고난을 함께한 사도 중의 사도였다. 그리고 순전히 기독교인이라는 이유만으로 시련과 고통을 당한 사람이다. 사랑과 용서와 화해의 복음을 전하다가 핍박당한 것이다.

그는 평안도 의주군 양광면 송정리에서 태어났다. 큰돈과 권력을 지닌 아버지 한승주와 자애롭기로 소문난 어머니 달성서씨의 셋째 아들이었다. 가정이 넉넉하고 여유로웠기 때문에 어려서는 별 어려움 없이 자랐다. 하지만 부당하게 정치적 압력을 받으면서 집안은 기울기 시작했다. 가세가 기울자 인근 마을로 이사하여 농사를 지으며 살았는데, 이때부터 고생길로 접어들었다. 힘들게 가족을 먹여 살리던 아버지가 병으로 앓아눕자 가세는 더욱 기울었다. 한경희는 집안을 일으켜 세우기 위해서는 공부를 해야 한다고 여겨 서당에 다녔지만, 아버지가 세상을 떠난 뒤에는 더 이상 다닐 수 없었다. 가재도구를 팔아 가며 연명하던 가족은 결국 의주로 나가 장사를 시작했다.

다시 가까스로 서당에 들어간 한경희는 전통 학문에 매달렸다. 하지만 어려운 가정 형편 때문에 오래 지속하지 못했다. 어린 나이에 가족을 위해 생업전선에 뛰어들어 장사를 시작한 것이다. 온 나라가 관리들의 부패와 삼정의 문란 등으로 극도로 혼란한 시절이었다. 더구나 해마다 이어진 가뭄과 홍수는 엎친 데 덮친 격이었다. 게다가 청·일본·러시아가 한반도를 중심으로 치열하게 각축을 벌이고 있었다. 이런 상황에서 가족들이 함께 뭉쳐 경제적 난관을 극복해 나갔고, 손님들에게 신용과 인심도 얻었다. 다행히 장사도 잘되어 사업은 나날이 번창했다.

하지만 다시 불행이 찾아왔다. 청일전쟁이 일어나 가산을 모두 잃고 만 것이다. 의욕을 상실한 가족들은 모두가 망연자실했다. 한경희도 실망한 나머지 방탕한 생활에 빠져 들었다. 술로 세월을 보내면서 불량한 친구들과 어울렸다. 공순하고 효순하던 그가 부모와 형제들을 막대하는 부랑자가 되었다. 교회에 다니는 사람을 만나면 조상에게 불경(不敬)하다며 구타를 일삼았고, 전도하려는 사람들을 방해하며 괴롭혔다. 그는 당시 상황을 회고하기를, "자신의 신분을 지키는 일은 말할 것도 없고, 수치도 모르고 막 덤비는 그야말로 대낮에 날뛰는 악마와 같은 생활을 하며 살았다."(『만주의 사도 바울 한경희 목사』, UCN, 2005. 이하 생략)라고 했다.

가족 전도

복음을 거부하던 그에게 변화가 나타나기 시작했다. 어느 청년에게서 『구세론(救世論)』이라는 전도 책자를 받아 읽다가 감화를 받은 것이다. 그리하여 예수를 믿기로 결심했다. 1903년 20세 때 일이다. 예수를 믿은 지 2년 후에는 세례를 받고 집사가 되었다. 주일예배에는 빠지지 않고 꼬박꼬박 참여했다. 깊은 성경 묵상의 시간을 갖고, 기도 시간도 늘려 나갔다. 밭을 갈면서도 기도하였고, 밭머리에는 늘 성경책을 갖다 놓고 틈날 때마다 읽었다. 교회에서는 평신도 전도인으로 활발히 활동했다. 그가 농사를 짓고 집안일을 돌보자, 가족 간의 화목도 다시 찾아왔다. 신앙심으로 가족애를 회복한 것이다. 가족과 친척을 교회로 인도하는 일에도 앞장섰다. 시간이 날 때마다 동네 구석구석을 찾아다니면서 전도에 열중했다. 하지만 집안 어른들은 이것이 인륜을 거스르는 일이라며 강하게 반대했다. 형들도 형제간의 의리를 끊겠다며 압력을 가했다. 그래도 굴하지 않고 그는 계속 기도하며 전도하여, 결국 모두 복음을 믿는 신앙인 가족으로 만들었다. 큰형은 그를 도와 교회에서 봉사하는 장로가 되었다. 신앙으로 형제간의 공경과 의리를 새롭게 정립한 것이다. 좀 더 적극적인 전도자가 되고자 1910년 평양신학교에 입학했고, 1914년 목사 안수를 받았다. 그리고 북만주 지역에 전도 목사로 파송되어 이 지역에서 방황하던 동포들에게 복음을 전했다.

교육사업과 독립운동

신앙심에서 출발한 그의 새로운 삶은 교육사업으로 나아갔다. 창신학교 교장을 맡아 서간도 지역에서 선교와 교육에 앞장섰다. 당시 각지의 교회들은 학교를 설립해서 전도와 교육을 병행하고 있었다. 처음에는 대개 사숙(私塾)이라는 형태의 작은 학교로 시작했지만, 점차 발전하여 정부의 허가를 얻어 정식 학교로 성장하면서, 이른바 미션 스쿨들이 곳곳에 생겨난 것이다. 얼마나 학교가 많이 생겨났던지, 1912년에는 평북 용천군에만 20개에 달했다. 대부분의 교회가 우후죽순처럼 학교를 세운 것이다. 당시를 기록하고 있는 노해리(魯解理, 영문명 Harry A. Rhodes) 선교사는 『조선 선교 역사』에서 이때를 가리켜 '교육혁명의 해'라고 했다. 학교가 너무 많이 생겨 "보잘것없는 선생 하나에 일곱 학교가 줄을 서는 격이 되었다."라고 기록할 정도였다. 평안북도에만 500개 이상의 소학교와 야학이 생겼으니, 가히 일반인들의 교육열이 얼마나 강했는지 알 수 있다.

한경희 목사는 가는 곳마다 학교를 세우고 애국사상을 고취했다. 학교를 항일 구국정신을 함양하고 독립운동의 지도자를 배출하는 본산으로 만든 것이다. 교재는 자체적으로 편찬하여, 민족 독립사상의 고취에 중점을 두었다. 국치일에는 단상에 태극기를 걸고 만세를 불렀다. 격정이 넘쳐나는 애국애족 웅변대회도 개최했다. 이 일로 그는 일제 특무기관의 감시를 받게 되었고, 때로는 학교가 폐교당하는 고통도 겪었다. 1915년 삼원포교회 담임으로 부임함과 동시에 교장으로 취임했던 은양학교가 그 경우이다. 1920년의 일이다. 연이어 교장으로 부임한 삼성여학교에서도 역시 학생들에게 애국사상을 고취시키다가, 1928년 말경에 일본 경찰에 체포되었다. 그가 얼마나 나라의 독립을 염원하고 이를 교육에 반영했었는지, 그가 직접 작사한 삼성여학교

교가가 증명한다.

(1절) 대한민국 자주독립 굳은 기치는
　　　세 번 길을 흐른 길이 우리 학굘세

(2절) 백절불굴 망명장애 용감력으로
　　　만리종진 일보일보 전진하면서

(3절) 대한민국 팔도에 선도자 되려면
　　　유진무퇴 사자로 신을 신고서

(후렴) 합심하는 마음으로 나아갑시다
　　　삼성학교 만세라 만세 만세 삼성학교 만세
　　　구원하는 목적으로 노래 부르세
　　　삼성학교 만세라.

　이어서 그는 민족을 깨우치는 일에 발 벗고 나섰다. 국권을 상실한 조선을 위해 밤새도록 기도하는 날도 많았다. 신학교에 재학하던 중 나라를 위한 기도 시간을 점점 늘려나갈 때 노백린을 만났다. 노백린은 일본 육군사관학교를 나와, 독립운동에 투신한 사람이다. 무력적 방법을 동원해서라도 나라의 독립을 찾아야 한다고 주장한 사람이다. 하지만 한경희는 의견을 달리했다. 비록 독립을 쟁취하는 방법에 대한 의견은 서로 달랐지만, 두 사람은 절실한 친구 관계를 유지하며 나라를 위해 기도했다. 평소에 아버지의 친구 한경희를 존경하던 노백린의 아들 노선경이 삼원포에 '조선국민회'를 조직했다. 반일전선, 조선인 자녀교육, 독립자금 모금운동을 펼친 이 조직에 한경희도 가담했다. 1919년에는 한경희 본인이 담임자로 있던 삼원포 지역에서 3.1 독립만세운동을 주도했다. 이후로 전개된 독립군 활동에도 적극적으로 후원했다.

만주 지역 독립운동의 구심 역할을 한 것이다.

미개척지 북만주를 찾아서

한경희 목사가 활동하던 만주 땅은 역사적으로 수많은 사연을 간직한 곳이다. 일제 시기에는 새로운 독립운동 기지로 삼겠다는 사람들, 망국의 비극속에서 경제적으로 연명하기 힘든 사람들, 손문의 삼민주의에 영향을 받은 사람들, 민족 종교를 부르짖는 사람들, 복벽주의(復辟主義: 왕조 회복)를 주장하는 사람들 등등이 이곳으로 몰려들었다. 물론 그 전의 1900년 경에는 러시아가 철도를 부설하던 시절, 노동자로 이주한 동포들도 상당수 살고 있었다. 한경희 목사는 이들을 일컬어 '각색주의자(各色主義者)'라고 했다. 다양한 색깔과 이념을 지녔다는 뜻이었다. 그런데 이렇게 이주민이 많았던 이 지역은 중국 정부의 경찰력이 미치지 못하여 치안 부재의 상황이 되자, 마적 떼도 활개를 쳤다. 또 돈이나 재물을 강탈하고 방화를 일삼는 모리배들 때문에 주민들의 생명은 늘 위험에 처해 있었다.

1920년대 이후로는 민족주의자, 중국과 일본의 경찰, 공산주의자 등이 갈등하면서 양민들이 피해를 입기도 했다. 조선인 양민들은 이처럼 많은 피해를 당하면서도 만주 땅을 개척하는 데 앞장섰다. 중국 관리들은 조선 출신 양민을 일본의 앞잡이라고 여겨 탄압을 일삼았다. "조선 농민계급의 발전은 만주 경내에 일본 국토의 확대"라고 생각하여, 조선인들을 억압한 것이다. 한경희 목사는 이런 만주 지역의 조선인들을 동정하며, 그곳을 선교지로 선택했다. 사도 바울처럼 미개척지에서 동포들을 위한 삶의 질 개선과 복음 전파에 대한 의욕을 불태웠다.

이곳은 워낙 지세가 험하고 척박해서 이동하는 것도 쉽지 않았다. 사람이

사는 마을로 가기 위해서는 백 리가 넘는 숲과 깊은 골짜기를 지나고, 60리나 되는 험한 산길을 넘어야만 했다. 험한 지세와 환경 때문에 공권력이 미치지 못하고, 대신 마적들이 활개를 치던 오지 중의 오지였다. 간혹 정부군이 나서면 마적들의 저항은 만만치 않았다. 이렇게 위험하고 열악한 지역에서 한경희 목사는 자신의 삶을 바쳤다. 농상조합(農商組合)을 만들어 동포들의 안정된 생활을 유도하였고, 자녀들 교육에도 앞장섰다. 농상조합은 농사에 필요한 물품 구입과 수확한 곡식을 판매하는 일을 공동으로 하는 조직이다. 대부분의 동포들이 소작인들이었기 때문에 지주의 온갖 횡포에 속수무책으로 당하고 있던 터라, 문제를 함께 풀어 간다면 피해를 줄일 수 있다는 취지로 결성된 조합이었다.

한편 소작농에서 자작농이 되는 길을 열어 주기도 했다. 만주 정부는 귀화하여 입적한 사람들에게 토지를 구입할 수 있는 기회를 주었지만, 만주 침략의 발판을 마련하려고 노심초사하는 일제의 집요한 방해로 이마저 쉽지 않을 때였다. 이런 사정을 감안하여 한경희 목사는 동포들이 현지에 뿌리를 내리고 정착해서 잘 사는 것이 진정한 애국이라며 설득했다. 남의 나라 땅에 와서 종 노릇을 하며 힘들게 사는 것보다는, 내 땅을 갖고 떳떳하게 보란 듯이 사는 것이 애국이라 강조했다. 이를 위해 만주 정부의 관리들을 만나 동포들의 입적을 돕기도 했다. 그리고 그들의 생활 향상을 위한 교육과 전도에도 열성을 다했다. 다섯 개의 학교와 일곱 개의 교회를 세운 것이다.

중국말이 서툴고 경제적 어려움으로 인신구속까지 당하는 동포들의 민원 해결에도 앞장섰다. 한번은 우리 동포가 딸을 빼앗기는 일이 벌어졌다. 사연을 접한 한경희 목사는 동포애적 울분을 참지 못하여, 범죄를 저지른 중국인의 집을 찾아갔다. 중국인은 350원이라는, 당시로서는 제법 큰돈을 가져오면 딸을 풀어 주겠다고 말했다. 달리 방법이 없다고 판단한 그는 한인 교회들을 찾아다니며 호소했다. 돈보다 동포를 사랑하는 마음이 교회 성도들의 마음을 움직여, 교인들의 성금을 모아 결국 그 동포의 딸을 되찾아 주었다. 이 사실이 알려지자 신자는 물론 비신자들도 한경희 목사를 존경하고 따르게 되었다. 심지어 중국인들까지도 감동했다.

금주운동으로 민족을 계몽하다

한겨울에는 사람 키 높이만큼이나 쌓인 눈을 헤쳐 가며, 가난하고 굶주린 이웃들을 찾아다녔다. 의료시설이 부족한 산간 오지를 다니며 위로하였고, 병을 낫게 해 달라고 간절히 기도하였다. 동포들과 동고동락하며 함께 호흡하고 고통받는 이웃에게 하늘나라의 산 소망과 복음을 전했다. 온갖 악조건 속에서 술에 절어 자포자기 상태로 살고 있던 동포들을 위로하고 깨우치기 위한 노래인 〈허사가〉도 직접 작사해서 불렀다.

(1절) 술 마시는 동포들이여 너의 살림 어이하랴
　　　술만 먹고 춤만 추면 너의 희망이 족할까?

(2절) 호미(胡米)밥에 된장찌개 하루 두 번 어려운데
　　　술만 먹고 춤만 추면 너의 희망 족할까?

(후렴) 어린 처자는 주린 배를 움켜쥐고 앉았으니
　　　 네 장차 가련하다 술 마시는 자여.

삶의 고통을 술로 해결하려는 동포들을 일깨우는 교훈가다. 술이 문제 해결의 열쇠가 될 수 없다는 내용이다. 결국 한경희 목사의 금주운동은 동포 사회에서 결실을 맺어, 1920년 한족회에서는 금주령을 내렸다. 전 동포 사회

에 한족회 총장 명의로 금주·금연을 선포한 것이다. 종교에 관계없이 결혼이나 제사 등과 같이 특별한 경우가 아니면 술을 마실 수 없다는 금령이었다. 위반자는 태형이나 벌금형에 처한다는 처벌 조항도 들어 있다.(『독립신문』, 1920. 5. 1)

〈졸업가〉에 담긴 뜻

한경희 목사가 교장으로 있던 삼성여학교의 〈졸업가〉에는 그의 교육 목표가 담겨 있다.

> 4천여 년 두 강 속에 슬픈 눈물 흘려 탄식할 적에
> 하나님의 크신 사랑이 소녀의 낮은 몸 높였도다.
> 공득 시작이 있겠사오며 끝까지 힘쓰고 힘써 주시오.
> 산에 나는 까마귀도 단포지성이 있사옵거든
> 아모리 녀자인들 왜 모를까요?
> 고국강산을 이별하고서 외지에 와서 곤란한 중에
> 푼푼전전을 모아 가지고 양육하신 이는 부모님이라
> 하나님 전 믿을 신자와 부모님 전 효도효자로
> 우리의 공력을 전달하여서
> 돌리고 돌리고 돌려봅시다.

노래 속에는 신앙심·효심·애국심이 묻어난다. 한경희 목사가 품은 뜻이 이 세 가지 마음이었음을 알 수 있다. 가는 곳마다 학교를 세우고 청년들을 교육하면서 독립사상을 고취하자, 일본 경찰의 감시는 점점 강해졌다. 조사해야 한다는 명목으로 수시로 강제 연행하여 활동을 제한했다. 체포와 투옥이 반복되었지만 그의 활동은 전혀 위축되지 않았다. 옥중에 잡혀 와서도 재

소자들을 전도하고 교육하면서 그들의 존경을 받자, 일본 경찰은 당황했다고 한다. 홀로 있을 때는 부족했던 성경 묵상과 기도로 시간을 보냈다.

마지막 순회 전도

출옥 후에는 북만주 지역으로 가서 전에 하던 활동을 다시 이어갔다. 변방 지역이라 위험한 길이 많았지만, 개의치 않고 자신을 필요로 하는 곳이면 어디든지 달려갔다. 특별히 치안이 불안한 지역으로 갈 때면 주변에서 위험하다고 말렸지만, "만주에서 전도하다가 순교하는 것은 나의 소원"이라며 뿌리치고 나섰다. 1935년 1월 1일의 아침 가정 기도회 시간, 그는 "이번에 가는 이 여행은 위험한 길이 됩니다. 주님, 주님의 뜻이라면 죽음이라도 달게 받으려 하옵니다. 이 몸은 사나 죽으나 주의 것이오니, 주님의 뜻이라면 불러 주시옵소서."라고 기도했다. 아침 식사를 마치고 북만주 지역의 어려움을 겪고 있는 교회들을 둘러보기 위해 길을 나섰다.

하지만 그 길은 한경희 목사에게는 이 세상에서의 마지막 길이었다. 도중에 비적을 만나 순교한 것이다. 함께 있던 이낙섭이라는 사람이 구사일생으로 살아 와서 그 사실을 전했다. 전국의 교회들에 이 사실이 알려지면서 애도의 물결이 일었다. 손양원 목사는 그의 순교 사실을 듣고는 "우리 조선 기독교 교역자는 모두들 순교자 한경희 목사와 같이 순교정신으로 선교에 종사하지 않으면 아니 된다."라며 그를 추모하며 기렸다. 1996년 대한민국 정부는 그에게 건국훈장 애국장을 추서했다.